中国人事科学研究院
·学术文库·

人力资源开发法制建设研究

徐 维○著

中国社会科学出版社

图书在版编目（CIP）数据

人力资源开发法制建设研究/徐维著．—北京：中国社会科学出版社，2021.10
（中国人事科学研究院学术文库）
ISBN 978-7-5203-9231-0

Ⅰ.①人… Ⅱ.①徐… Ⅲ.①人力资源开发—劳动法—研究—中国
Ⅳ.①D922.504

中国版本图书馆 CIP 数据核字（2021）第 197510 号

出 版 人	赵剑英
责任编辑	孔继萍
责任校对	李　莉
责任印制	郝美娜

出　　版	中国社会科学出版社
社　　址	北京鼓楼西大街甲 158 号
邮　　编	100720
网　　址	http://www.csspw.cn
发 行 部	010-84083685
门 市 部	010-84029450
经　　销	新华书店及其他书店

印刷装订	北京市十月印刷有限公司
版　　次	2021 年 10 月第 1 版
印　　次	2021 年 10 月第 1 次印刷

开　　本	710×1000　1/16
印　　张	15.5
插　　页	2
字　　数	254 千字
定　　价	98.00 元

凡购买中国社会科学出版社图书，如有质量问题请与本社营销中心联系调换
电话：010-84083683
版权所有　侵权必究

序　言

　　严格说来，对"人力资源开发法制建设"的思考和写作已历经有8年的时间。有出书这个想法，是因为自博士毕业参加工作以来，大量接触了相关主题的研究，对"人力资源开发法制建设"的认识处在不断的发展变化当中。本书是对这一过程的记录，也是对这一主题深入研究的尝试。

　　2012年我博士毕业后进入中国人事科学研究院，成了当时刚成立的法制与规划研究室的一员。我接触的第一个相关课题是"人才开发促进法立法难点问题研究"。当时的我，对这一提法有一种本能的抵抗。我认为，作为"人才开发立法"的立法对象"人才"是个无法从法律层面界定的概念。随着越来越多地承担或参与人才立法相关课题研究，随着对人才这一概念的认识逐渐清晰，这种认识开始慢慢转变。将"人才"放在"人力资源"的语境下去理解，人才概念可以被清楚界定的观点开始形成。

　　在这8年的时间里，我承担了国家层面的人才开发促进立法研究。从法理上探讨人才综合立法、人才法治环境建设等理论问题，厘清人才开发各相关主体之间的关系，界定人才开发中带有普遍性、确定性、权利义务明确、需要国家强制力保障的关系，为人才开发综合立法、地方立法提供理论支撑。2012年，我作为主要执笔人的部级课题"人才开发促进法立法难点问题研究"获人社部领导肯定性批示。时任人社部副部长王晓初同志在批示中指出："人科院积极开展人才开发促进法立法研究对厘清思路、推动立法进程有重要意义。请专技司、职业能力司加强与人科院的协调，进一步发挥好人科院的智库作用，深化课题研究，为立法奠定扎实的理论基础。"

在这8年的时间里，我承担了部委层面的人才立法、执法相关工作研究。围绕健全人力资源和社会保障法律制度体系推进人力资源开发立法研究。梳理人社系统执法依据，分析人社系统行政执法的现状和存在的问题，提出了进一步做好人社系统行政执法的对策建议。紧密围绕为部中心工作服务的宗旨，我参与"人力资源社会保障工作法治问题研究"，完成部交办任务"人才开发促进立法相关资料"的撰写和收集，参加人社部中长期立法规划专家研讨会，为部法规司交办"人力资源社会保障部关于贯彻'谁执法谁普法'普法责任制的实施意见（征求意见稿）"的修改提供意见。

在这8年的时间里，我积极推动地方人才立法实践，承担北京、珠海、深圳、前海、莱芜等地方层面的人才立法研究工作。作为执笔人之一的"珠海经济特区人才开发促进条例编制研究"课题获人科院2013年课题质量奖，该课题成果直接成为立法文本，于2013年7月经珠海市人大常委会通过，自2013年10月1日起施行，是《国家中长期人才发展规划纲要（2010—2020年）》实施以来全国首部人才地方性法规。时任人社部副部长王晓初同志在批示中指出："这在人才立法中开了一个好头，是一项重要探索，对加快人才立法、依法加强人才工作具有重要意义"。

人才立法是人力资源开发法制建设的重要组成部分，但显然不是全部。从人才立法研究到人力资源开发法制建设研究，既是我对人力资源开发工作认识的深化过程，也是我走出"人才"概念的束缚、拥抱更广阔的"人力资源"的开始。人力资源开发法制建设的研究，立足于建构一套体系化的人力资源开发法律框架，设定灵活高效的人力资源开发行为模式，设计制约与激励相容的人力资源开发机制，从关系的视角设定各相关主体的权利义务关系……总之，需要研究的内容要远超人才立法，而本书，仅仅是一个开始。这其中牵涉的很多问题我并没有思考得很清楚。然而，有了本书，此后这方面的讨论就有一个靶子，或许这就是我的研究最大的意义。

即便只是个开始，也是因为有了自己之前8年的积累，有了周围太多给我支持的人。感谢中国人事科学研究院院长余兴安，感谢他为我们营造了积极自由的研究氛围，感谢他教导我以国际的视野、务实的作风、严谨的态度对待每一项研究。感谢中国人事科学研究院的唐志敏书记、吴江原院长、李志更副院长、袁娟研究员、南连伟、张赢方等,他们或带领我进行课题研究,或跟我一起参与课题、交流思想、收获快乐。感谢绩效管理与考核奖惩研究室的任文硕主任、张琼、杜明鸣、毕占方等同事对我的大力支持,感谢清华大学法学院刘洋同学协助我收集整理资料。感谢科研处的黄梅处长和柏玉林同志对本书出版的鼎力相助,感谢中国社会科学出版社孔继萍老师为本书出版所作的各种努力!

最后,感谢我的父母、爱人和孩子的默默支持,我的点滴成长都受惠于他们爱的滋养!

走过不平常的2020年,未来的日子,研究继续,学术思考继续,期待着下一个8年、10年,我能有更多的成果奉献出来。致敬所有能让我们潜心研究的你们……

徐 维
2021年4月22日

目 录

导 论 ………………………………………………………………… (1)
    一 研究背景 …………………………………………………… (1)
    二 研究必要性 ………………………………………………… (5)
    三 研究框架 …………………………………………………… (8)

第一章 概念界定与理论阐释 ……………………………………… (9)
  第一节 概念界定 ……………………………………………… (9)
    一 人力资源 …………………………………………………… (10)
    二 人力资源开发 ……………………………………………… (12)
    三 人才 ………………………………………………………… (13)
    四 法制建设 …………………………………………………… (28)
  第二节 理论阐释 ……………………………………………… (32)
    一 人力资本理论 ……………………………………………… (32)
    二 善治理论 …………………………………………………… (33)
    三 国家竞争力理论 …………………………………………… (34)
    四 中国特色社会主义法治理论 ……………………………… (34)

第二章 我国的人力资源开发法律体系 ………………………… (36)
  第一节 我国人力资源开发法律体系的基本框架 …………… (37)
    一 根本依据：《宪法》………………………………………… (38)
    二 基础：《劳动法》《公务员法》……………………………… (39)
    三 主体：《劳动合同法》《就业促进法》
       《劳动争议调解仲裁法》 ………………………………… (40)

四　重要组成部分：其他单项法律和行政法规 ……………… (41)
　第二节　我国人力资源开发法律体系的构成 …………………… (41)
　　一　以不同开发环节为划分标准 ………………………………… (41)
　　二　以不同身份类别为划分标准 ………………………………… (44)
　　三　以不同效力层级为划分标准 ………………………………… (46)
　第三节　我国人力资源开发工作的法律保障机制 ……………… (49)
　　一　党管人才是基本的人力资源开发制度 …………………… (49)
　　二　人力资源培养的法律保障机制 …………………………… (51)
　　三　人力资源使用的法律引导机制 …………………………… (52)
　　四　人力资源激励的法律促进机制 …………………………… (53)
　　五　人力资源流动的法律规范机制 …………………………… (54)

第三章　人力资源开发中的政府职责 ……………………………… (56)
　第一节　理论探讨
　　　　　——以文献和政策法规为依据 ………………………… (56)
　　一　政府职责的分析 …………………………………………… (57)
　　二　政策法规中关于政府职责的规定 ………………………… (59)
　　三　文献资料中关于政府职责的论述 ………………………… (61)
　　四　本书关于政府人力资源开发应然职责的界定 …………… (63)
　第二节　实践分析
　　　　　——以人才引进中的政府职责为例 …………………… (66)
　　一　宏观层面的应然职责 ……………………………………… (66)
　　二　微观层面的应然职责 ……………………………………… (68)
　　三　"有所为"与"有所不为" ………………………………… (70)

第四章　人力资源开发各相关主体的应然权利和义务 ………… (72)
　第一节　权利和义务的基本理论问题 …………………………… (72)
　　一　权利和义务的类别 ………………………………………… (73)
　　二　权利之间的冲突 …………………………………………… (74)
　　三　权利和义务的关系 ………………………………………… (75)
　第二节　不同主体的权利和义务分析 …………………………… (75)

一　人才与公民、普通劳动者权利和义务的共同点…………（76）
　　二　人才与公民、普通劳动者权利和义务的不同点…………（76）
　　三　人才及用人单位重点关注的权利和义务…………………（78）
　第三节　不同主体的法定权利和义务………………………………（85）
　　一　人才的法定权利和义务……………………………………（87）
　　二　用人单位的法定权利和义务………………………………（90）
　第四节　人力资源开发各相关主体的关系…………………………（92）
　　一　政府与人力资源之间的关系………………………………（92）
　　二　政府与用人单位、社会组织之间的关系…………………（92）
　　三　用人单位、社会组织与人力资源之间的关系……………（93）

第五章　人力资源开发各相关主体的实然权利和义务………………（94）
　第一节　人力资源开发过程中的政府履责…………………………（94）
　　一　政府通过人才政策与产业政策的宏观调控有待加强……（95）
　　二　政府提供公共服务的职责需进一步完善…………………（96）
　　三　政府投入的长效机制亟待建立……………………………（98）
　　四　影响人才自由流动的体制性障碍尚未破除………………（98）
　　五　政府主导的传统评价机制尚未改变………………………（99）
　　六　人才权利实现的政府支持仍需加强………………………（99）
　第二节　用人单位主体存在的作用发挥等问题……………………（100）
　　一　用人单位自主使用人才权利的保障问题…………………（100）
　　二　用人单位引才权利的合法性与权利行使的合理性
　　　　问题……………………………………………………………（101）
　　三　人才流动过程中人才与用人单位的权利和义务平衡
　　　　问题……………………………………………………………（101）
　第三节　人才的利益分享权实现及
　　　　守信义务履行等问题………………………………………（102）
　　一　人才利益分享权的实现问题………………………………（102）
　　二　人才与用人单位诚实守信义务的履行问题………………（102）
　　三　与人才权利和义务相关的司法案例………………………（103）
　第四节　人力资源开发相关主体关系的规范调整…………………（110）

一　以法制的顶层设计来完善政府履责效能 …………… (111)
　　二　以立法、执法、司法的多元途径落实用人单位及人才
　　　　权利和义务 ………………………………………… (116)

第六章　人力资源开发法制建设的重点任务 ………………… (122)
　第一节　加快推进人才开发综合立法 ………………………… (122)
　　一　人才开发综合立法的必要性论证 …………………… (123)
　　二　人才开发综合立法的可行性论证 …………………… (132)
　第二节　加快实现人才规划纲要的法制化 …………………… (141)
　　一　我国人才规划纲要的制定情况 ……………………… (142)
　　二　人才规划纲要的法律效力分析 ……………………… (144)
　　三　人才规划纲要的效力保障需重点关注 ……………… (145)
　　四　完善人才规划纲要的法制化建设 …………………… (145)
　第三节　加快完善地方人才开发立法 ………………………… (146)
　　一　地方人才综合立法的基本情况 ……………………… (147)
　　二　地方人才综合立法的评价标准 ……………………… (151)
　　三　地方人才开发综合立法的实效分析 ………………… (154)
　　四　地方人才立法的具体分析——以北京市为例 ……… (164)
　第四节　加快健全人力资源开发的专门立法 ………………… (177)
　　一　加快完善职业培训的法制建设 ……………………… (178)
　　二　健全人力资源权益保障的法律救济 ………………… (179)
　　三　强调特殊人群人力资源开发的法制建设 …………… (182)

第七章　国外人力资源开发法制建设概况 …………………… (186)
　第一节　美国引进国外人力资源的法制保障 ………………… (188)
　　一　移民法是规范所有移民事务的基本法 ……………… (188)
　　二　具体行政规章提供可操作性的具体标准和程序 …… (188)
　　三　移民法案例为移民事务的法律规定提供重要补充 … (189)
　　四　美国引进高层次人力资源的现状 …………………… (191)
　　五　美国引进海外高层次人力资源的相关启示 ………… (195)
　第二节　引进国外人力资源的法律法规比较 ………………… (197)

一　移民法制建设兼具"选择"和"融合"两种理念 …………（198）
　二　移民管理部门的设置略有差异 ……………………………（198）
　三　移民管理法律法规均较为完备 ……………………………（200）
　四　移民管理的发展趋势 ………………………………………（204）
　五　思考和建议 …………………………………………………（206）
第三节　人力资源开发法律制度调整的趋势
　　　　——以美国、德国、韩国为例 …………………………（207）
　一　美国立法适应发展形势且及时调整 ………………………（208）
　二　德国立法重点关注人力资源开发成效提升 ………………（211）
　三　韩国立法规制松紧有度 ……………………………………（213）

第八章　我国人力资源开发法制建设的发展思路 ……………（217）
第一节　完善保障人力资源开发的法律体系 ……………………（219）
　一　提高立法层级 ………………………………………………（219）
　二　及时进行相关法律法规的清理和修订 ……………………（220）
　三　完善相关领域的立法 ………………………………………（221）
第二节　我国人才开发综合立法的基本设想 ……………………（223）
　一　人才综合立法的基本定位 …………………………………（224）
　二　人才开发各环节的立法边界 ………………………………（226）
　三　人才综合立法的框架内容 …………………………………（228）
第三节　完善我国地方人才综合立法 ……………………………（231）
　一　问题引导立法的同时需关注立法解决问题 ………………（231）
　二　立法基础完备的同时需突出人才工作的阶段特征 ………（232）
　三　主客观条件兼备方可表明立法时机成熟 …………………（233）

参考文献 ……………………………………………………………（234）

中国人事科学研究院学术文库已出版书目 ………………………（237）

导　　论

"经过多年努力，中国逐步形成以宪法为依据，以劳动法规和公共人事管理法规为主体，有关单项法律和行政法规为组成部分的人力资源开发法律体系"。[①] 人力资源开发法律体系的形成，标志着我国人力资源开发法制建设的巨大进步。但"人力资源开发法制建设"的研究，不能止步于法律体系的构建，而应当起步于对法律体系的认知。

以不同身份类别的人力资源来划分，我国的人力资源开发法律体系包括规范对象为普通劳动者、公务员、专业技术人员、企业经营管理人员、特殊人群等的法律规范。以不同的效力层级来划分，我国的人力资源开发法律体系包括宪法、法律、行政法规、地方性法规、部门规章、地方政府规章等。以人力资源开发的不同环节来划分，我国的人力资源开发法律体系包括培养培训、流动、评价、权益保障等方面的法律规范。

人力资源开发法制建设从对人力资源开发法律体系的认知出发，从理论层面廓清人力资源开发的基本概念、人力资源开发中的政府职责、各相关主体的法律关系等，从实践层面探究人力资源开发法律体系存在的主要问题、高端人力资源开发立法的地方经验等；同时，借鉴国外人力资源开发法制建设的相关经验，为完善我国人力资源开发法制建设提供参考。

一　研究背景

"十四五"时期已经开启，站在新的历史起点上，中国面临着新航程

[①] 吴江、田小宝主编：《中国人力资源发展报告（2011—2012）》，社会科学文献出版社2012年版，第4页。

的机遇与挑战。我们在谈论人力资源开发法制建设时，不能脱离人力资源开发工作的时代背景、国际背景等。每一个阶段的人力资源开发工作重点不同，人力资源开发工作需要关注的问题不同，每一个国家经济发展阶段不同、所处环境不同，受国际形势变化的影响程度不同，人力资源开发法制建设所要解决的突出问题也存在较大差异。

比如，新冠肺炎疫情席卷全球，疫情带来劳动方式的改变，其中，远程办公成为一种重要的用工方式。但劳资双方在界定是否提供劳动等方面容易产生分歧，司法实践中因远程用工产生的纠纷不在少数。基于此，远程工作的立法完善亟待解决，比如，可考虑将远程工作纳入《劳动法》或《劳动合同法》，对远程工作的概念及基本原则和基本制度作出规定。又如，应对人口老龄化问题，老年人力资源开发的法律保障被提上日程。再如，乡村振兴背景下，积极促进农村人力资源开发是乡村振兴各项政策法规的主要着力点。

总体来看，我们目前讨论的人力资源开发法制建设，处于当前建设人才强国、建设法治中国等大的时代背景下，处于国际人才争夺战等复杂的国际背景下。在此背景下讨论我国人力资源开发法制建设，自然应当体现时代要求、直面国际国内环境需要。

（一）人力资源开发先行的人才强国战略背景

党和国家高度重视人才发展，进入21世纪以来，作出实施人才强国战略的重大决策，确立了人才优先发展战略布局。2002年中央下发《2002—2005年全国人才队伍建设规划纲要》，明确实施人才强国战略。加快推进人才立法是人才工作的重要组成部分，也是建设人才强国的重要内容。2003年中央印发的《关于进一步加强人才工作的决定》提出，要加大人才工作立法力度，围绕人才培养、吸引、使用等基本环节，建立健全中国特色人才工作法律法规体系。2010年《国家中长期人才发展规划纲要（2010—2020年）》把用法制保障人才发展作为一项重大任务列入议事日程，提出建立健全涵盖国家人才安全保障、人才权益保护、人才市场管理、人才资源开发管理等方面的人才法律法规。

在人才强国战略背景下进行人力资源开发法制建设，一方面需要重点关注人力资源开发法制建设的主旨。通过人力资源开发法制建设要达到怎样的目的、规制何种行为、形成何种稳定的预期，这些在多年的人才工作中已经形成初步的认识。另一方面还要突出人力资源开发法制建设的重点，包括建设人才强国的过程中，如何选择人力资源开发的不同方法①，人才工作中的突出矛盾需要哪个效力层级的法律进行规制，哪些问题需要强制力进行保障等。

(二) 坚持依法治理的法治中国背景

党的十八届三中全会通过的《中共中央关于全面深化改革若干重大问题的决定》提出建设法治中国的奋斗目标，强调法治思维，要求"坚持依法治理，加强法治保障，运用法治思维和法治方式化解社会矛盾"。党的十八届四中全会通过的《中共中央关于全面推进依法治国若干重大问题的决定》提出，全面推进依法治国，总目标是建设中国特色社会主义法治体系，建设社会主义法治国家。党的十九大报告对这一总目标进行了重申。在法治中国的大背景下，各项工作的开展都必须在法治的轨道上进行，人力资源开发工作亦不例外，完善我国人力资源开发法律体系的需求更加迫切。

法治中国背景下的人力资源开发法制建设，需要厘清四个问题。一是党管人才与建设人力资源开发法律体系的关系。人力资源开发法律体系是党管人才的法治保障，法律手段可以促进人才工作不断科学化、规范化。党管人才是完善人力资源法律体系要遵循的主线，同时还需理顺组织部门与其他人才工作职能部门的关系，充分发挥党管人才的制度优势。二是人力资源开发中政府职责的界定。有限政府是法治的应有之义，法治有助于造就有限政府。人力资源开发的主体包括自我、组织、社会、国家等，人力资源开发中的政府职责应当与自我责任、企业责任、社会责任等严格区分开来，需要清晰界定人力资源开发中的政府职责，确保政府不缺位、不越位。三是人力资源开发各相关主体之间法律关系的界定，包括界定人力资源、企业、社会组织、政府等相关主体之间的权利与义务等。四是目前

---

① 国家行政学院课题组在"人力资源开发的基本方法"中，将人力资源开发的基本方法总结为四个方面：一是政策开发，要创造一个有利于人才脱颖而出的宏观环境，这是人力资源开发的前提；二是制度开发，要建立和完善与市场经济相适应的现代人力资源管理体制与制度，这是人力资源开发的基础；三是投资开发，要加大对人力资本的投资力度，这是人力资源开发的根本；四是使用开发，要充分发挥人才的创造力，追求人与事的合理结合，这是人力资源开发的关键。参见中央人才共工作协调小组办公室：《人才工作理论研究报告》，党建读物出版社2003年版，第110页。

我国人力资源开发法律体系中存在的主要问题。分析完善法律体系所要解决的主要问题和突出矛盾，实现法律体系的不断完善。

（三）强调法治环境竞争的国际人才争夺战背景

国际人才争夺战对我国人力资源开发工作的国际化要求更加明显。人力资源开发工作的思路要更加开放，从体制内选人要转变为从全球70亿人中发现人力资源。人力资源开发的国际化需要建立一套跟国际接轨的体制机制，让国际人才"来得了、待得住、用得好、流得动"。法治是国际通行的治理工具，法治环境是国际共通的人才制度环境。人才工作国际化的首要工作是人力资源开发的法制化。国际人才争夺战背景下，完善我国的人力资源开发法律体系应当着重把握国家需要，地方的人力资源开发立法应充分体现地方特色。立足自身发展阶段，解决我国突出问题，营造良好法治环境，形成制度优势。

不容忽视的一个问题是，国际人才争夺战背后有着极为复杂的国际关系局势。折射到人力资源开发的法制建设上，如何运用法律手段进行反制是我们不得不考虑的问题。比如，美国将法律制裁作为压制中国的主要手段，在人才、科技等领域将我国实体及个人作为法律制裁的主要对象，国会立法、执法机关指控、联邦法院审判三个环节相互支撑，实现对中国的单边法律制裁。理性推进法律反制，需要我们全面落实习近平法治思想。全面落实习近平总书记关于"要加快涉外法治工作战略布局……综合利用立法、执法、司法等手段开展斗争，坚决维护国家主权、尊严和核心利益"[1] 的讲话精神，运用法治思维和法治方式来解决中美科技、人才交流中的疑难、重大问题。[2]

---

[1] 习近平：在中央全面依法治国工作会议上的讲话，2020年11月16日至17日。

[2] 理性推进法律反制的举措很多，比如：一是在尊重国际基本法律准则的基础上，选择对我国国家利益至关重要的法律，如《反国家分裂法》《国家安全法》《网络安全法》等，通过修法或出台立法解释的方式扩大其域外效力，掌握法律斗争的主动权。二是培养高层次的涉外法治人才。推动更多法治人才在国际商会（ICC）、国际保护知识产权协会（AIPPI）等国际经济、贸易组织的专家机构、评审机构、争端解决机构任职。推动中国法治人才更加深入地参与国际规则的制定和实施，促进形成公正合理透明的国际规则体系，提高我国涉外法治人才在国际经济、贸易组织中的话语权和影响力。三是强化我国涉外法律服务。加强对企业和个人的合规指引和司法救济，加大对涉外法律服务的政策和资金支持力度。限于本书的主题聚焦国内人力资源开发问题，故不作过多探讨。

二 研究必要性

人力资源开发的过程就是不断实现人力资源作为生产要素的增值过程。人力资源开发法制化建设就是采用完善法制的手段促进人力资源潜能的显现，充分发挥人力资源的作用。完善人力资源开发法制建设有助于直面人力资源开发的新问题，应对科学技术发展的新趋势，适应社会经济发展的新态势，融入国际形势发展的新格局。

（一）有助于直面人力资源开发的新问题

进入新时代，人力资源开发工作进入新阶段，高质量发展对人力资源开发提出新要求，需要直面人力资源开发所面临的总量、结构、开发重点、流动等方面的新问题。

一是人力资源总量有增长放缓的趋势。根据《中华人民共和国2019年国民经济和社会发展统计公报》，截至2019年年底，全国大陆总人口14005万人①，比上年年末增加467万人，增长率为0.33%，增量较之2018年年底的0.38%有所降低。2019年末，全国劳动力人口数量为81104万人，比2018年增加579万人。劳动力人口占总人口比重为5.79%，较之2018年底的5.77%有所提升。但是，随着经济持续发展，年轻人的生育观发生变化，生育意愿降低，尽管生育政策放宽，但生育意愿对人口总量的影响最终会体现在人口总量的变化上。中国经济发展的"人口红利"正在消失，"用工荒"正成为我国各地普遍现象。

二是人力资源结构变动危机加深。这种结构的变化主要体现在年龄结构、城乡结构等方面。一方面，人口老龄化已经成为不可逆转的严酷现实，少子化导致未来人力资源堪忧。另一方面，工业化进程中，劳动力过剩向劳动力短缺的转折点已经到来，随着农村劳动力向非农产业的逐步转移，农村富余劳动力逐渐减少，很快将达到瓶颈状态。

三是人力资源开发的重点发生改变。随着职业技术教育和继续教育的迅速发展，教育水平的不断提升，知识型劳动者不断增加，劳动力质量不断提高。出生于20世纪90年代的年轻人大量进入就业市场，与上一代的劳动力相比，他们是与互联网、移动通信相伴成长起来的，从互联网获得

---

① 数据来源于国家统计局《中华人民共和国2019年国民经济和社会发展统计公报》。

大量知识，具备上一代所不具备的、快速获得和处理信息的能力。但同时，他们的价值观更加多元，在知识爆炸时代，各种信息充斥，需要培养信息甄别和选择能力，人力资源的开发重点从技能培养更多地转为方向的引导。

四是人力资源流动速度加快、范围扩大。改革开放以来，尤其是进入互联网、移动通信、高铁时代，我国人力资源流动发生了深刻变化，就业信息容易获得，就业机会增多，区域、行业、职业间流动频繁；农村劳动力转移出现新趋势，城乡一体化程度加深；人力资源发挥作用的形式多元化，灵活就业增多；出入国留学人数增加，出入国就业工作人员增多，国际人力资源流动频繁。

人力资源的总量、结构、开发的重点、流动发生一系列的变化，带来了人力资源开发的不平衡、不充分问题凸显。人力资源开发的法制建设可以为保障人力资源开发的公平、竞争、有序提供法律支持和规范依据。

(二) 有助于应对科学技术发展的新趋势

科学技术发展的新趋势带来人力资源开发工作的变化主要体现在职业类型、技能需求、开发工具和核心竞争力等方面。一是新职业不断出现。随着信息化、网络化发展进程，移动互联不断普及，电子商务蓬勃发展，人力资源领域变化日新月异，快递、自由职业、网络作家、自媒体等新型职业层出不穷。与新职业相伴而生的是一系列的法律问题，包括数据隐私、算法歧视、劳动保护等。二是新技能需求不断提升。创新驱动推动产业升级，从以资源、环境为代价的产业向技术创新、高附加值发展。人工智能、机器人的不断发展，对人力资源技能和综合素质提出更高要求。尽管劳动法、职业教育法、就业促进法都确立并强调了职业技能培训在促进劳动者就业中的法律地位，对职业技能培训的实施和保障条件提出具体要求，但实践中如何通过法律制度的完善构建长效的培训机制仍是当下的工作重点。三是人力资源开发呈现新的态势，运用移动互联网、自媒体的新的人力资源开发平台和工具出现，人力资源开发功能提升、成本降低、效益增强，相应的引导和有效利用也提上日程。四是科技的发展越来越凸显创新力的重要作用，创新力成为国家发展的原动力，国家的核心竞争力越来越体现为对智力资源的培育开发能力。无论是经济发展、科技进步还是创新力的提高，都需要强大的、源源不断的人力资源支撑。2011年我国提出"创新驱动发展"战略，创新驱动实际上要靠人力资源驱动，人力资源开发成为重大战略需求，要求从国家层面进行人力资源开发制度安排，科技发展和创新驱动引导出完善人力资源开发法制建设的战略需要。

（三）有助于适应经济社会发展的新态势

面对错综复杂的国内外形势，在以习近平同志为核心的党中央坚强领导下，全国各族人民团结一心，我国经济社会持续健康发展。在人力资源开发方面，一些新态势的出现亟须法制建设的推动。一是用人单位形成多元用工格局。随着社会主义市场经济的发展，企业为降低人力成本，大量采用临时聘用、劳务派遣、外包等方式，尤其是新冠肺炎疫情影响下，企业大量采用共享用工模式。此外，我国人力资源服务业蓬勃发展，人力资源开发路径不断扩展，人力资源进一步获得有效利用。但传统的劳动法律规则对新型用工模式的回应显然不够，其调整和覆盖能力有待进一步提升。二是小微企业发展需要人力资源开发支持。随着经济形势和市场需求变化，资源枯竭地区大型厂矿企业、纺织厂等老国企不断消失，国营大中型企业内部传统的大规模大一统的培训模式越来越少；互联网、电子商务企业的新兴培训开发方式正在成为潮流；小微企业数量不断增加，我国中小微企业数量已达5600万，小微企业大多不具备独立进行人力资源开发的能力，对公共部门提供人力资源开发公共服务提出强烈需求。政府在公共服务提供方面的职责履行、各相关主体的权利义务关系都有助于更好地满足小微企业人力资源开发的培训需求。三是体制机制和政策局限需要进一步突破。身份管理、流动不畅等问题依然存在；人才政策、人才项目、人才工程多，但知晓度不高，约束力不强；政策碎片化或牵涉多个部门而难以实施；人才称号成为待遇授予，而非人才作用发挥的手段。所有这些问题的根源，在于缺乏普适性、公平性的制度。人力资源开发法制建设有助于构建全覆盖、基础性、综合性、长期性的制度，推动经济社会的持续健康发展。

（四）有助于融入国际形势发展的新格局

全球经济一体化的发展加速了世界人力资源的环流。随着我国对外开放力度的不断加大，跨国公司大量进入我国，拓展国际经营，实施人力资源本土化策略；我国企业走出国门进行国际投资，开展国际化经营，大量使用国际人力资源；来华的海外就业者不断增加，既有高素质人才，也有边境季节工,我国对海外人力资源呈现多元需求。与此同时,国际局势更加复杂多变,国际敏感问题层出不穷。我国人力资源的国际形象参差不齐,迫切需要加强培训引导、应对国际风险、提升整体形象。法律是国际通行的治理工具,完善人力资源开发法制建设,对于建设具有国际竞争力的人力资源制度优势,具有重要的现实意义。

三 研究框架

本书共分为八章,从基本概念和基础理论入手,勾勒出我国人力资源开发的法律体系,分析人力资源开发各相关主体的职责和权利义务关系,挖掘存在的问题,紧扣法制建设的重点任务,同时借鉴国际经验,形成完善我国人力资源开发法制建设的思路,具体内容如下。

第一章为概念界定与理论阐释,主要研究内容包括:人力资源、人力资源开发、人才、法制建设等相关概念的界定;相关理论的阐释。第二章为我国的人力资源开发法律体系,主要内容包括:法律体系的基本框架;法律体系的构成;我国人力资源开发工作的法律保障机制。第三章为人力资源开发中的政府职责,主要研究内容包括:政府职责的理论探讨;政府职责的实践分析。第四章为人力资源开发各相关主体的应然权利和义务,主要研究内容包括:权利和义务的基本理论问题;不同主体的权利和义务分析;各相关主体的关系界定。第五章为人力资源开发各相关主体的实然和权利义务,主要研究内容包括:政府履责问题;用人单位主体作用发挥问题;人力资源权益保障问题;人力资源开发各相关主体关系的规范调整。第六章为人力资源开发法制建设的重点任务,主要研究内容包括:加快推进人才开发综合立法;加快实现人才规划纲要的法制化;加快完善地方人才开发立法;加快健全人力资源开发的专门立法。第七章为国外人力资源开发法制建设概况,主要研究内容包括:美国引进国外人力资源的法制保障;引进国外人力资源的法律法规比较;人力资源开发法律制度调整的趋势。第八章为我国人力资源开发法制建设的发展思路,主要研究内容包括:完善保障人力资源开发的法律体系;我国人才开发综合立法的基本设想;完善我国地方人才综合立法。

第一章

概念界定与理论阐释

> 概念乃是解决法律问题所必须的和必不可少的工具。没有限定严格的专门概念，我们便不能清楚地和理性地思考法律问题。[①]
>
> ——博登海默

概念界定与理论阐释是进行研究的前提和基础。基于此，本章主要界定"人力资源开发法制建设"相关概念和基础理论。人力资源开发法制建设的目标是构建一整套人力资源开发的法律体系，设计一系列灵活高效的人力资源开发行为模式，平衡一揽子人力资源开发相关主体的权利和义务关系。要实现这一目标，需要借助相关理论，阐释从人力资源到人力资本的过程，分析政府职责的界定对治理效能的关键作用，强调提升人力资本国际竞争力的重要意义以及探究中国特色社会主义法治理论在人力资源开发方面的具体要求。

第一节 概念界定

"人力资源""人力资源开发""法制建设"是组成"人力资源开发法制建设"命题的关键词。"人力资源"概念的界定旨在厘清人力资源开发的对象范围。"人力资源开发"概念的界定旨在明确开发的路径、方式、任务、目标等。"法制建设"概念的界定旨在确定人力资源开发目标

[①] [美]博登海默：《法理学——法律哲学与法律方法》，邓正来译，中国政法大学出版社2004年版，第504页。

实现的效果。换言之,"人力资源"概念强调的是范畴,"人力资源开发"概念强调的是过程,"法制建设"强调的是结果。除此之外,区分与这三个关键词相关的概念,如"人才""法治建设"也十分必要。

一　人力资源

比较公认的现代人力资源概念是由彼得·德鲁克于1954年在其著名的《管理的实践》一书中提出的。不同的学科对人力资源的界定有所不同。经济学把为了创造物质财富而投入于生产活动中的一切要素通称为资源,包括人力资源、物力资源、财力资源、信息资源、时间资源等,其中人力资源是一切资源中最宝贵的资源,是第一资源。经济学视角下的人力资源,强调的是其资本特性,对人力资源的投资可使其转变为人力资本。社会学视角下的人力资源,强调的是人力资源与社会的关系,对人力资源的开发应重视人与社会的关系。不同的国家对人力资源的界定也不完全相同。比如,《韩国人力资源开发基本法》第2条规定,"人力资源"是指人们所具备的在国民个人、社会以及国家发展中所必需的知识、技术、态度等能力和素质。韩国关于"人力资源"概念的界定强调的是"发展必需"和"能力、素质"要求。英国对"人力资源"的界定可以从积分制签证(Points – based system(PBS))中窥见一斑,强调的是"有助于社会发展和生产力提高"和"具备填补劳动力短缺的技术"。

总体来看,目前学术界对人力资源概念的界定主要有以下几种方法。

一是将人力资源与人口资源、人才资源、劳动力资源等区分开来,将人力资源界定为"一个国家或地区一切具有为社会创造物质财富和精神、文化财富的,从事智力劳动和体力劳动的人口的总称"[①]。这种概念界定的方法突出强调了劳动的能力和价值,即一切具备劳动能力且能创造劳动价值的人都是人力资源。具体来说,就是所有人口资源剔除掉已经丧失劳动能力的人口,其余的都是人力资源。人口资源中拥有劳动能力且进入法定劳动年龄的劳动者就是劳动力资源。

二是从宏观和微观两种意义上界定人力资源。"从宏观意义上讲,人力资源指能够推动特定社会系统发展进步并达成其目标的该系统人们的能

[①] 李兴军、徐文胜:《人力资源管理》,中国人民大学出版社2017年版,第18—20页。

力的总和。从微观意义上讲，人力资源指特定社会组织所拥有的能推动其持续发展、达成其组织目标的成员能力的总和。"①

三是基于组织的战略目标来界定人力资源。"人力资源是指一定时期内组织中的人所拥有的，能够支持组织目标实现的体力和脑力的总和。"②这种定义基本上采用的是"能力观"。对人力资源含义的概括主要有两种解释："即'能力观'与'人员观'。持'能力观'的学者认为，人力资源的含义应当从能力的角度来界定，认为人力资源是指人的能力或潜力，持这种观点的人所占比例较大。持'人员观'的学者则从人员或人口的角度来界定人力资源的含义，认为人力资源就是具有劳动能力的全部人口或人员。"③

此外，还有学者总结了三种比较有代表性的观点："一是把劳动力等同于劳动者，人力资源就是具有劳动能力的全部人口，也就是16岁以上具有劳动能力的全部人口；二是认为人力资源是目前正在从事劳动的全部人；三是把人综合素质发挥所产生的生产力看作人力，认为人力资源就是可以直接投入劳动生产过程中的体力、心力和脑力的总和。"④

本书在人力资源开发法制建设的语境下进行概念的界定，即人力资源是作为人力资源开发对象而存在的一个概念。首先，人力资源开发的对象应当是广义的人力资源，既包括法定年龄之外的人口资源（如16周岁以下或男性60周岁以上、女干部55周岁以上、女工人50周岁以上），也包括劳动者当中能力和素质较高的那一部分人才资源。其次，人力资源是能够且必须被开发的一种资源。1954年德鲁克在其著作《管理的实践》中明确，人力资源是一种特殊的资源，必须通过有效的激励机制才能被开发利用，并能为企业带来可观的经济价值。"激励是激励主体通过运用一定手段和方式，让激励客体产生积极行动，进而实现激励主体所期望的目标。"⑤最后，保障人力资源被开发的有效途径是法律制度建设。通过法

---

① 王亚利、罗堰、杨治国：《人力资源管理》，电子工业出版社2015年版，第15—16页。
② 方振邦、鄢定国：《人力资源管理》，人民邮电出版社2017年版，第20页。
③ 方振邦、鄢定国：《人力资源管理》，人民邮电出版社2017年版，第19—20页。
④ 侯靖璇：《论人力资源及人力资源开发的概念及特性》，《人才资源开发》2016年第2期。
⑤ 余兴安：《激励的理论与制度创新》，国家行政学院出版社2004年版，第15页。

制建设明确各开发主体的权利义务,尤其是保障人力资源作为主体的权利实现。

二 人力资源开发

国内外学者从目的、过程、主体、综合等不同视角来解释人力资源开发的概念,形成具有代表性的观点如下。

一是主要从人力资源开发的目的出发,认为人力资源开发是实现一定的经济目标与发展战略的手段。比如,萧鸣政等认为,"开发者通过学习、教育、培训、管理、文化等有效方式为实现一定的经济目标与发展战略,对既定的人力资源进行利用、塑造、改造与发展的活动。"①

二是主要从人力资源开发的过程出发,将人力资源开发视作一个提高特定社会成员能力和素质、挖掘潜能的过程。比如,有学者认为人力资源开发是"为实现一定的经济目标与发展战略,针对特定社会成员学习、教育、培训、管理、重塑、改造,从而提高其各方面的能力和素质,挖掘其潜能的活动过程"②。

三是主要从人力资源开发与人力资源管理的区别出发,将人力资源开发界定为"包括培训、职业生涯开发、组织开发和管理开发"③。认为人力资源开发建立在人力资源管理的基础上,但比人力资源管理更强调战略性与长期性。

狭义的人力资源开发仅指人的能力开发,主要通过培训手段来实现。而广义的人力资源开发涵盖整体人力资源开发体系,跨度广、范围宽,指有助于提升人力资源能力素质的各种活动,包括直接的培训开发和间接的管理激励等活动,包括招聘、培训、评价、激励、保障等人力资源管理与开发的各个环节,年龄跨度涵盖人的整个职业生涯。本书所界定的人力资源开发是将潜在的人力资源(人和人的劳动能力)通过各种途径和手段转变为现实的人力资源的活动。

---

① 萧鸣政、王霄勇、李鑫:《科学发展观与人力资源开发》,《中国人力资源开发》2010年第4期。
② 侯靖璇:《论人力资源及人力资源开发的概念及特性》,《人才资源开发》2016年第2期。
③ 宋源:《人力资源管理》,上海社会科学院出版社2017年版,第9—10页。

此外，关于人力资源开发的方法很多，有学者概括为政策开发、制度开发、投资开发和使用开发四个方面①。其中，政策开发当中，该学者提出政府要加强人力资源管理与开发的各类立法。本书所界定的人力资源开发的方法是采用法制的方法，法制建设既是人力资源开发的保障，也是人力资源开发的工具，以完善的法律制度确保人力资源开发在法治的轨道上运行。

三 人才

《国家中长期人才发展规划纲要（2010—2020年）》指出，"人才是指具有一定的专业知识或专门技能，进行创造性劳动并对社会作出贡献的人，是人力资源中能力和素质较高的劳动者"。这意味着，人才概念根植于人力资源概念，以能力和素质水平的高低区别于一般的人力资源。然而，仅仅从这个角度无法形成相对清晰的人才概念。基于此我们从历史、国际以及法学三个维度展开人才概念的梳理。历史维度主要考察人才概念在我国现代的沿革和演变，国际维度主要梳理国外人才相关概念以期提供参考，法学维度则主要梳理法学意义上的人才概念。基于三个维度的分析，形成对人才概念的基本判断。

（一）历史维度的人才概念

早在两千多年前的《诗·小雅·菁菁者莪序》中，就出现"菁菁者莪，乐育材也，君子能长育人材，则天下喜乐之矣"的表述。古语中"材"与"才"通用，"人材"即"人才"。不同的历史阶段，对人才的界定有所不同。从人才概念的现代演变来看，其内涵和外延与我国人才工作管理体制的改革变迁以及我国人才工作的发展历程密切相关，体现着鲜明的时代性。厘清我国人才概念的现代演变，在某种程度上也是对我国人才工作的梳理和总结。结合我国人才工作事业发展和人才工作管理体制变革的历程，可以将我国人才概念的现代演变划分为模糊不清时期、讨论探索时期、规范调整时期、明确定型时期、战略提升时期五个阶段。

---

① 人才强国战略课题组：《人力资源开发的基本理论与基本方法》，《国家行政学院学报》2004年第3期。

1. 人才概念的模糊不清时期（1949—1977年）

中华人民共和国成立初期，我国人才工作处于起步阶段。"团结、教育、改造知识分子"一度成为人才工作领域的主要方针政策。1966—1976年那段特殊历史时期，人才工作呈现鲜明的政治色彩，强调人才的阶级属性且处于停滞状态，"人才""知识分子"等概念经常混淆在一起。

"1950年6月6日，毛泽东在中共七届三中全会上发表《为争取国家财政经济状况的基本好转而斗争》的书面报告，并在会上进行解释，提出'不要四面出击'的战略策略方针。"[①] 1950年8月20日，中央人民政府公布《政务院关于划分农村阶级成份的决定》。该决定规定：凡有专门技能或专门知识的知识分子，受雇于国家的、合作社的或私人的机关、企业、学校等，从事脑力劳动，取得高额工资以为生活之全部或主要来源的人，例如工程师、教授、专家等，称为高级职员，其阶级成分与一般职员同。而职员为工人阶级的一部分。只有私人经济机关和企业中的资方代理人不得称为职员。[②] 据此，可以推断出当时划定为工人阶级一部分的知识分子具备四个相关要素：一是有专门技能或专门知识；二是受雇于国家或私人的单位；三是从事脑力劳动；四是取得高额工资以为生活之全部或主要来源。

1956年周恩来同志《关于知识分子问题的报告》着重讨论高级知识分子，但也明确大部分原则同样适用一般知识分子（如高等学校毕业生、各级技术员等）。报告指出："所谓高级知识分子和一般知识分子，中间并没有严格的界限。"在分析对知识分子的安排存在所学非用的问题时，报告指出，"我们必须采取坚决的步骤，来纠正这种对待人才的官僚主义、宗派主义和本位主义的错误，以便把专门人才用在最需要的地方。"知识分子与人才的表述是通用的，并没有进行专门区分。报告当中没有提及知识分子的具体界定标准和概念，但从报告当中可以得知，对知识分子的统计标准是客观存在的，比如，报告中提到"现在就已经有统计数目的科学研究、教育、工程技术、卫生、文化艺术五个方面的知识分子来

---

① 《毛泽东文集》第6卷，人民出版社1999年版，第74、75页。
② 中共中央文献研究室：《建国以来重要文献选编》第1册，中央文献出版社1992年版，第399页。

看，共有 384 万人"。

1961 年，国家科学技术委员会党组、中国科学院党组提出《关于自然科学研究机构当前工作的十四条意见（草案）》并经中共中央同意。该文件中多次提及"人才"，但没有进行界定，将其与"辅助工作人员"进行了区分，即"对于见习员、实验员、技工等辅助工作人员，应该通过边干边学和业余教育的方法，帮助他们提高技术和文化水平，逐步培养他们成为掌握熟练技术的人才。"

1966 年 8 月 8 日，党的八届十一中全会通过《中国共产党中央委员会关于无产阶级文化大革命的决定》，该决定中提到"广大的工农兵、革命的知识分子和革命的干部，是这场文化大革命的主力军……对于科学家、技术人员和一般工作人员，只要他们是爱国的……都应该继续采取团结、批评、团结的方针……要在广大工农兵、广大干部和广大知识分子中，开展活学活用毛主席著作的运动"。该文件将"知识分子"与"工农兵""干部"并列，同时又单列出"科学家""技术人员"和"一般工作人员"。但无论是政策文件还是实际工作，均没有出现人才这一概念。

2. 人才概念的讨论探索时期（1977—2003 年）

一是党和国家领导人明确提出"尊重知识、尊重人才"的口号。1977 年 5 月 24 日，邓小平在《尊重知识，尊重人才》的讲话中指出："靠空讲不能实现现代化，必须有知识，有人才……一定要在党内造成一种空气：尊重知识，尊重人才。要反对不尊重知识分子的错误思想。不论脑力劳动，体力劳动，都是劳动"[①]。

二是党报发表评论员文章，明确人才界定的三要素，即"有知识、有才干、能够胜任本职工作"。《人民日报》在 1981 年 5 月 29 日发表题为《广开视野　发现人才》的评论员文章，指出："在有些人看来，所谓人才仅仅是那些有过贡献的专家、学者，而看不起那些人才苗子。毫无疑问，专家、学者是我们国家的宝贵财富，我们必须尊重他们，充分发挥他们的作用，但是还必须善于发现那些在平凡的工作岗位上兢兢业业，勇于探索，掌握了实际本领和专业知识的人。要求所有的人才都是专家或学者是不现实的。应当说，凡是比较有知识，有才干，能够胜任本职工作的

---

① 《邓小平文选》第 2 卷，人民出版社 1994 年版，第 41 页。

人,都是人才。这种人才,在各行各业中是大量存在的。如果把名人看作是人才的'流',那么后者就是人才的'源',只要做好开'源'工作,人才就会涌流。"

三是国家层面的政策文件第一次明确界定"专门人才"。1982年《国务院批转国家计划委员会关于制定长远规划工作安排的通知》将"专门人才"界定为具有中专及以上规定学历者或者具有技术员或相当于技术员及以上技术职称者。"学历"或"技术职称"成为界定人才的标准。由于该标准具有易操作的优点,便于统计,因此很长一段时间人才工作一直沿用此标准。1997年6月20日,原国家人事部关于印发《1996—2010年全国人才资源开发规划纲要》的通知明确"本规划纲要所称人才,系指具有中专以上学历和初级以上职称的人员"。《2002—2005年全国人才队伍建设规划纲要》中的人才数据就是依此标准统计出来的。"到2000年底,我国具有中专及以上学历或专业技术职称的各类人员达到6360万,其中党政干部585.7万,企业经营管理人员780.1万,专业技术人员4100万,其他人员894.2万……"事实上,这一标准备受争议,如《人民日报》1986年9月22日的《技术工人也是人才》一文指出,人才是分层次的,有突出才能、对社会贡献较大的就是人才,许多没有大专学历但有丰富的实践经验、有相当水平的管理干部、技术工人也是人才。这篇文章认为具备"有突出才能""对社会贡献较大"两大要素即为人才。

四是人才开发专门立法[①]中出现"人才"的概念。2002年《深圳经济特区人才市场条例》第3条规定:本条例所称人才,是指具有中专以上学历或者取得专业技术资格以及其他从事专业技术或者管理工作的人员。该条例于2017年进行了修正,但关于人才的界定没有变。

3. 人才概念的规范调整时期(2003—2010年)

基于对"人才资源是第一资源"的认识不断深化,党中央、国务院开始调整人才工作的思路,部署实施人才强国战略,人才概念的规范调整也被提上日程。

一是人才概念与人才标准问题得到有组织的研究和探讨。2003年6

---

① 人才开发专门立法指的是人才开发特定环节的立法,如人才培养、引进、使用、评价、流动、激励、保障等。《深圳经济特区人才市场条例》属于人才流动环节的立法。

月9日,中央批准成立中央人才工作协调小组。6月24日,中央人才工作协调小组办公室召开全国部分人才研究机构负责人会议并商定研究课题,为中央决策提供理论依据。中国人事科学研究院课题组承担了"人才概念与人才标准问题"的研究任务。2003年12月,党建出版社出版了中央人才工作协调小组办公室编写的《人才工作理论研究报告》。尽管该书并没有对"人才概念与人才标准问题"作出确切的界定,但梳理了人才学研究与人才工作中的人才概念,探索性地给出了如何进一步明确界定人才标准的思路,为中央决策提供了一定的理论参考。

当然,关于"人才"概念的争论一直存在。有学者发表《建议弃用"人才"概念》的文章,建议弃用"人才"概念,认为"人才概念与制度创新、市场经济不相融,把人分为人才与非人才的歧视性和僵化性在本质上是不尊重人、不尊重人格。设定所谓的人才标准,如学历、年龄等都是不科学的。如果说人的才能认定有标准,真正的标准只能是实践"①。

二是人才观念实现重大突破,人才标准的"四不唯"被倡导。2003年12月19日,党中央、国务院召开了新中国历史上第一次全国人才工作会议。2003年12月26日,《中共中央国务院关于进一步加强人才工作的决定》强调,坚持德才兼备原则,把品德、知识、能力和业绩作为衡量人才的主要标准,不唯学历、不唯职称、不唯资历、不唯身份,不拘一格选人才。决定明确:"只要具有一定的知识或技能,能够进行创造性劳动,为推进社会主义物质文明、政治文明、精神文明建设,在建设中国特色社会主义伟大事业中作出积极贡献,都是党和国家需要的人才。"

三是形成了"人才资源是第一资源、人人都可以成才、以人为本"等理念为核心的科学人才观。自2003年至2010年,"近7年来,伴随着一次次思想解放的浪潮和经济社会的快速发展,束缚人们精神的枷锁被不断打破,我们党逐渐形成了以人才资源是第一资源、人人都可以成才、以人为本等理念为核心内容的科学人才观"②。

---

① 顾海兵:《建议弃用人才概念》,《南方周末》2007年7月12日第E31版。
② 盛若蔚:《2003年全国人才工作会议以来我国人才发展纪实》,http://news.nwafu.edu.cn/ssyw/6982.htm,2021年6月1日。

四是地方人才综合立法①当中开始出现"人才"概念。2006年《云南省人才资源开发促进条例》第2条明确指出,"本条例所称人才,是指具有一定的知识或者技能,能以其创造性劳动为经济社会发展作出贡献的人。"2009年《宁夏回族自治区人才资源开发条例》第2条规定,"本条例所称人才,是指具有一定的知识或者技能,能够进行创造性劳动,为经济建设、政治建设、文化建设、社会建设和生态文明建设作出积极贡献的人,包括党政人才、企业经营管理人才、专业技术人才、高技能人才和农村实用人才等"。这两个地方性法规中关于人才的概念基本上还是延续《中共中央国务院关于进一步加强人才工作的决定》中"一定的知识或技能""创造性劳动""为经济社会发展作出贡献"的界定标准。

4. 人才概念的明确定型期（2010—2017年）

2010年6月6日,中共中央、国务院印发《国家中长期人才发展规划纲要（2010—2020年)》,该纲要对人才概念进行了清晰界定,至此人才概念已经明确定型。纲要指出,"人才是指具有一定的专业知识或专门技能,进行创造性劳动并对社会作出贡献的人,是人力资源中能力和素质较高的劳动者。人才是我国经济社会发展的第一资源"。从这一概念当中可以分析出界定人才的三个要素,"具有一定的专业知识或专门技能""进行创造性劳动""对社会作出贡献"。

学者指出人才概念已有新内涵。"一是专业性,'具有一定的专业知识或专门技能'。二是价值性,能够进行创造性劳动,产生新增价值,对社会作出贡献。三是时代性,为体现人才的地位和作用,对'人才资源是第一资源'的重要思想作了进一步丰富,提出人才是我国经济社会发展的第一资源,是科学发展的第一动力,突出了时代性特征。"②

人才概念的内涵不断清晰,且衡量的标准也日益明确。对人才概念的内涵和衡量标准达成的基本共识包括：一是具备专业知识和专门技能。学历证书可以作为体现专业知识能力的重要方式,职业资格水平证书则是体现专门技能的重要方式。专业知识和专门技能都需要经过认证,认证的主

---

① 人才综合立法指的是适用于各类人才队伍和人才开发工作各环节的立法,调整和规范人才工作和人才事业发展中的基本问题。

② 吴江：《人才概念新内涵》,《中国组织人事报》2010年6月25日。

体既可以是国家相关权力部门，也可以是行业机构，或是经过授权的其他专业机构。二是，能够进行创造性劳动。创造性劳动主要反映在专利发明上，以国家批准授权专利的方式进行认证。各国一般通过专利法对创造性劳动进行保护。三是要为社会作出贡献。衡量是否对社会作出贡献的方式有多种，包括政府颁发的奖励，如劳动模范等，社会公认的某些民间组织、社会组织颁发的奖励等，还有一种是通过成果转化在市场上带来效益等。总体而言，为社会作出贡献体现为能够提高社会生产率，促进社会发展等。

地方立法当中沿用人才的概念。2013年7月26日，珠海市第八届人民代表大会常务委员会第十二次会议通过《珠海经济特区人才开发促进条例》，该条例于2013年10月1日起施行，首次通过立法将《国家中长期人才发展规划纲要（2010—2020年）》中关于人才的界定和分类纳入地方立法，并对人才开发各项工作进行了详细规定，促进人才开发工作有法可依。

5. 人才概念的战略提升期（党的十九大至今）

党的十九大报告指出，"人才是实现民族振兴、赢得国际竞争主动的战略资源"。这既是对人才工作提出的新要求，要将"人才"放在"战略资源"的位置，也赋予了人才概念新内涵，是对人才概念的战略提升。主要体现为：首先，肯定人才的价值，无论是实现民族振兴还是赢得国际竞争主动，对内对外，人才都是关乎全局、不可或缺、具有战略地位和意义的资源。其次，强调人才的稀缺。基于人才是"战略资源"的认识，要"实行更加积极、更加开放、更加有效的人才政策"，"聚天下英才而用之"。最后，突出人才资源的有效配置以形成竞争优势。人才这一战略资源处于关乎国计民生的重要地位，必须得到有效配置方能形成竞争优势，因此要以"识才的慧眼、爱才的诚意、用才的胆识、容才的雅量、聚才的良方，把党内和党外、国内和国外各方面优秀人才集聚到党和人民的伟大奋斗中来"[①]。

---

① 习近平：《在庆祝中国共产党成立95周年大会上的讲话》，《人民日报》2016年7月1日。

（二）国际维度的人才概念

与人才意思较为相近的英语单词有"talent""human resource"等。但"talent"较多地指"天赋""才能"，而"human resource"又无法体现人才是人力资源当中素质较高的那一部分。因此，实际上我们无法找出一个与中文"人才"完全对等的英文。但我们可以从国外的评价体系或法律法规中分析出国外对"人才"的相关界定标准。简言之，"技术技能和社交/管理能力的结合""符合美国经济社会发展需要""会运用才能、有社会价值、在组织中有适当的岗位、组织所需的卓越能力""大学学历""就业能力""年收入水平"等成为不同国家或组织界定人才的相关标准。

1. 全球人才竞争力指数

技术技能与项目管理能力的结合是新经济环境下人才的必备素质。2017年1月，Adecco集团、英士国际商学院（INSEAD）和新加坡人力资本领导能力研究院（HCLI）联合发布了2017年全球人才竞争力指数（Global Talent Competitiveness Index）报告。全球人才竞争力指数（见图1—1）分为投入和产出两大部分。投入部分主要衡量一个国家或地区对人才的赋能、吸引、发展、保留能力。产出部分则主要衡量基于投入，人才的职业和技术技能、全球化知识技能情况。

该报告指出[1]，由于新经济下创新来自协作，因此新的人才必备素质应当是技术技能和项目管理能力的结合。常规工作的劳动者和专业人才将会被机器取代，因此国家或地区的教育政策应当着力培养既具备技术技能，同时又能与不同学科的人进行合作的人才。在新的形势下，人才还应当具备个人使命感、灵活性和学习敏捷性。

2. 美国强调"符合美国经济社会发展需要"的标准

"美国在不同时期对'人才'有不同的解读。20世纪初比较强调智力的成分，后来又加入特殊才能，50年代后强调创造性，80年代后则强调环境的作用，所以它是融智力、才能、创造性、环境等因素在内的复

---

[1] INSEAD (2016): The Global Talent Competitiveness Index 2017, Fontainebleau, France. First edition, printed December 2016. p. 12.

```
                    全球人才竞争力指数
              Global Talent Competitiveness Index
                            │
            ┌───────────────┴───────────────┐
           投入                            产出
          Input                          Output
            │                              │
   ┌────┬───┴─┬────┐              ┌────────┴────────┐
  赋能  吸引  发展  保留          职业和技           全球化知
 Enable Attract Grow Retain       术技能            识技能
```

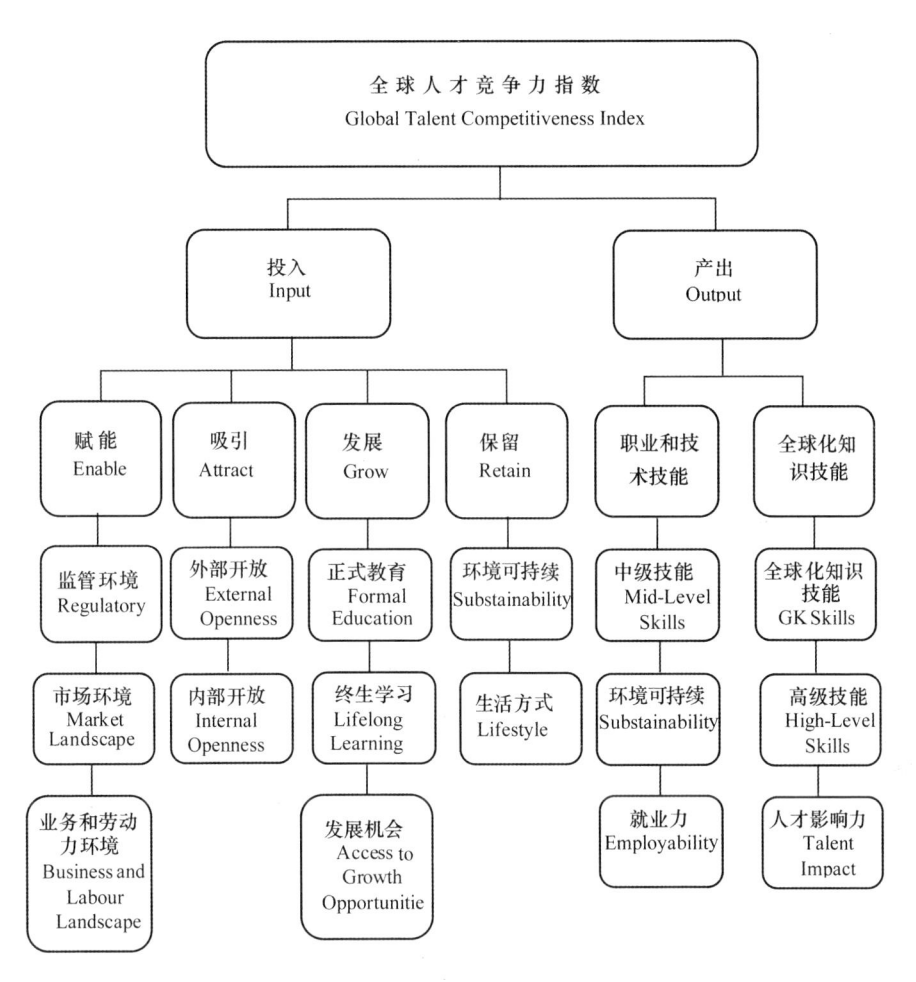

图1—1　全球人才竞争力指数

赋能 Enable: 监管环境 Regulatory, 市场环境 Market Landscape, 业务和劳动力环境 Business and Labour Landscape

吸引 Attract: 外部开放 External Openness, 内部开放 Internal Openness

发展 Grow: 正式教育 Formal Education, 终生学习 Lifelong Learning, 发展机会 Access to Growth Opportunitie

保留 Retain: 环境可持续 Sustainability, 生活方式 Lifestyle

职业和技术技能: 中级技能 Mid-Level Skills, 环境可持续 Sustainability, 就业力 Employability

全球化知识技能: 全球化知识技能 GK Skills, 高级技能 High-Level Skills, 人才影响力 Talent Impact

合体。"[①]

我们可以从美国移民签证当中了解美国所注重的人才标准。美国移民签证有五种，分别是 EB-1、EB-2、EB-3、EB-4、EB-5。EB-1 是第一类优先签证，主要面向杰出人才、杰出教授或研究员、跨国经理或管理人员，具体条件如表1—1所示。

---

① 钟祖荣：《走向人才社会》，党建读物出版社2014年版，第61—63页。

表 1—1　　　　　　美国移民 EB-1 签证的职业类别和要求

类别	描述	证明
杰出人才	你需要在科学、艺术、教育、商业或体育方面具备特殊才能，通过享有国家或国际声誉来证明。你的成就需要被你所在的领域所认可，通过大量的文件证明。不需要雇主提供担保	你必须符合以下十项标准中的三项，或者提供一次性成就的证据（例如普利策奖、奥斯卡奖、奥运奖牌）。十项标准分别为：全国性或国际性奖项；专业协会的会员资格；专业刊物及主要商业出版物的报道；专业领域担任评委进行评审鉴定；学术研究或艺术上的独创、原创性重要贡献；在专业领域的国内国际媒体上发表重要作品；在重要专业组织担任主要领导；薪资、报酬、待遇远高于其他同行；表演、艺术上的商业成功可以用票房销售量等予以佐证
杰出教授或研究员	你必须证明你在某一特定学术领域的杰出成就获得了国际认可。必须具备在该学术领域内执教或研究至少三年的经验。你必须是为了在高校或其他类似机构获得任期制或终身制教学或相关研究职位而进入美国	你必须提供下述六项条件的至少两项文件以及美国雇主的雇佣承诺。六项条件分别是：在学术领域因杰出成就获得荣誉或奖项；有专业协会组织会员的身份；有媒体对本人及其工作的报道；曾在本人专业领域参加审稿或评审、评委工作；对本行业领域作出原创重大贡献；拥有发表学术性论文、文章或书籍的著作权
跨国经理或管理人员	在提出申请至少一年以前，你必须已经被一个公司或机构在美国以外雇佣三年，并且希望进入美国之后继续服务该公司或机构。你的就业必须是已经具备在美国之外的经营或管理能力，同时受雇于同一雇主、联属公司或附属公司	为你提出申请必须是美国雇主。你的雇主作为在国外雇佣你的一个联属公司、附属公司或是同一机构或其他法律实体，必须从事该商业至少一年

　　EB-2 是第二类优先签证，主要面向具有高等学位的特殊技能专业人士。申请者必须拥有高学位或在科学、艺术、商业领域等方面拥有特殊才能，且才能是为美国雇主所需要的，如果司法部认为符合国家利益，也可

不要求为美国雇主所需要的条件。此处的特殊才能的证明方式包括但不限于学位、证书、学校颁发的奖励。具体条件如表 1—2 所示。

表 1—2　　　　美国移民 EB-2 签证的职业类别和要求

类别	描述	证明
高等学位	你必须拥有所申请工作要求的高学位或同等学力（学士学位加上该领域持续 5 年的工作）	文件，如正式的学习成绩记录，表明你拥有美国高等学位或国外同等学位，或正式的学历证明你拥有美国学士学位或国外同等学位，以及来自现任或前任雇主的信函表明你本科毕业后至少有 5 年该领域的工作经验
卓越的能力	你必须能够在科学、艺术或商业方面表现出超凡的能力。卓越的能力"意味着远远高于在科学、艺术或商业同人的能力"	你必须至少符合以下三种标准：正式的能够证明申请人学历的如学位/毕业证/证书或者从学院/大学/学校或者与申请人能力相关的其他学术机构颁发的奖；在申请人的工作岗位上至少有 10 年以上全职工作经历；本专业的执照或者证书；因为申请人的杰出能力使申请人的工资或者其他报酬更高的证据；专业协会的会员资格；具有被同事/政府机构/专业或者商业组织所认可的成就或者贡献；其他能够证明申请人能力的证据
国家利益豁免	寻求国家利益豁免的外国人可以不具备劳工证，因为这符合国家利益。尽管法规当中并没有界定符合国家利益豁免条件的工作，但国家利益的豁免通常授予那些具有非凡能力的人（见上文），而他们在美国的工作对国家有很大的好处。那些寻求国家利益豁免的人可能会自愿申请（他们不需要雇主来担保），并可以直接向移民局提交劳工证书和 I-140 表格，即外国工人申请表	你必须至少符合以下三种标准，并且证明你在美国永久工作是符合美国国家利益的。正式的能够证明申请人学历的如学位/毕业证/证书或者从学院/大学/学校或者与申请人能力相关的其他学术机构颁发的奖；在申请人的工作岗位上至少有 10 年以上全职工作经历；本专业的执照或者证书；因为申请人的杰出能力使申请人的工资或者其他报酬更高的证据；专业协会的会员资格；具有被同事/政府机构/专业或者商业组织所认可的成就或者贡献；其他能够证明申请人能力的证据

EB-3的签证主要面向技术熟练人士、专业人士、非技术工人等，该类签证主要强调申请者从事的必须是美国无胜任者的工作，具体的标准和要求如表1—3所示。

表1—3　　　　美国移民EB-3签证的职业类别和要求

类别	证明	证书
技术熟练人士	你必须能够证明你有至少两年的工作经验或培训。 你所从事的工作在美国找不到胜任者	需要劳工证以及美国雇主的雇佣
专业人士	你必须能够证明你拥有美国学士学位或国外同等学位，且学士学位是获取工作的通常要求。 你必须正在从事美国无胜任者的工作。 教育和经验不能替代学士学位	需要劳工证以及美国雇主的雇佣
非技术工人（其他工人）	在您提交申请的时候，你必须有能力从事此时在美国找不到胜任者的临时性、季节性工作（需要少于两年的工作经验或培训）	需要劳工证以及美国雇主的雇佣

EB-4主要是宗教工作者、G-4国际组织或北约-6员工及其家属、美国国外的国际雇员、武装部队成员、巴拿马运河区员工、某些医生、阿富汗和伊拉克译员、为支持美国行动而提供信仰服务的阿富汗和伊拉克国民等。EB-5主要是投资者，在美国的公司投资一定数额且为美国公民创造或保留10个永久的全职工作。

美国还有十几种非移民签证，其中涉及科技、工程和教育人才流动的签证主要有6种，分别是工作类签证：H-1B、L1、O1、TN以及学生和交换类签证F1、J1。H-1B签证（workers in speciality occupations美国公司雇佣的有专业技能的工人），是美国为引进国外专业技术人员提供的一类专业签证。每年的配额为65000个，其中5000个是专门留给新加坡公民的。另外，对于在美国获得美国学校硕士或以上学历的人士，每年有额外20000个配额。国会每几年会针对美国经济、企业需求等情况增减H1B配额数。O1/O2签证（workers with extraordinary ability/achievement，杰出人才工作签证）是为在科技、艺术、教育、商业及体育等专业领域的杰出人才到美国工作而设立的签证，是在某个领域中具有非常强的研究能力、突出贡献或者具有全国知名甚至国际知名度的人。O1 签证由其在美国的雇主进行申请，没有有效期的时间限制，但需每年申请延期一次。O2 签证颁发给随同 O1 签证持有人来美的随行人员。TN 签证是在 1994 年 1 月的北大西洋公约组织框架下专门为该组织成员国的专业技工来美国工作而提供的签证。

从移民签证所要求的标准可以推断出，美国通过移民签证所引进人才至少符合"享有国家或国际声誉""具备某领域一段时间的工作经验""高等学位""卓越的能力""符合国家利益""从事美国无胜任者的工作"等的某一项要求。非移民签证则主要强调"专业技能""知名度""研究能力""突出贡献"等因素。尽管美国没有与中国相对应的人才概念，但从签证所涉及的条件和标准可以看出，与中国的人才概念所包含的因素大致相同，且出发点和落脚点均为符合美国经济社会发展需要。

3. 其他关于人才的相关表述

2009 年欧盟指令设定了相应条款和资格条件，允许某些非欧盟国家的高素质且技术熟练的公民更容易获得居留许可。2012 年 8 月德国制定了实施该指令的立法，立法中引入了被称为欧盟蓝卡的新型居留许可，我们称之为"德国蓝卡计划"。2017 年"德国蓝卡计划"的申请者必须满足以下条件：必须具有大学学历且必须与德国公司签订雇佣合同，该公司每年至少支付 50800 欧元（2017 年）的工资。对于工程师、合格的通信和技术专家、医生和其他缺乏熟练劳动力领域的某些职业，工资水平则可放宽至每年 39624 欧元（2017 年）（见表 1—4）。从"德国蓝卡计划"可以看出，德国的人才标准主要包括"大学学历""就业能力""年收入水平"三个因素。

表1—4　　　　　　"德国蓝卡计划"的工资水平要求

年度	2014 年	2015 年	2016 年	2017 年
常规（欧元）	47600	48400	49600	50800
紧缺（欧元）	37128	37752	38688	39624

(三）法学维度的人才概念

法学意义上的人才概念，包括以立法方式存在于立法文本当中的法律概念，如民法中的"自然人""法人""公民"等，还包括存在于法学教科书或法学论文中的法学概念。

1. 以立法方式存于立法文本中的人才法律概念

《中华人民共和国宪法》中没有界定人才概念，但有关人才的相关表述是人才立法必须遵循的前提和基础。其中直接提及人才的是宪法第 23 条，该条规定，"国家培养为社会主义服务的各种专业人才，扩大知识分子的队伍，创造条件，充分发挥他们在社会主义现代化建设中的作用。"与人才培养相关的是宪法第 19 条，"国家发展社会主义的教育事业，提高全国人民的科学文化水平。国家举办各种学校，普及初等义务教育，发展中等教育、职业教育和高等教育，并且发展学前教育。国家发展各种教育设施，扫除文盲，对工人、农民、国家工作人员和其他劳动者进行政治、文化、科学、技术、业务的教育，鼓励自学成才。国家鼓励集体经济组织、国家企业事业组织和其他社会力量依照法律规定举办各种教育事业"。与创造性工作相关的是《宪法》第 47 条，"中华人民共和国公民有进行科学研究、文学艺术创作和其他文化活动的自由。国家对于从事教育、科学、技术、文学、艺术和其他文化事业的公民的有益于人民的创造性工作，给以鼓励和帮助"。

地方立法当中对人才进行了相关界定，但基本上是沿用政策文件的表述，2006 年《云南省人才资源开发促进条例》、2009 年《宁夏回族自治区人才资源开发条例》是沿用了《中共中央国务院关于进一步加强人才工作的决定》中关于人才的表述。2013 年《珠海经济特区人才开发促进条例》则是沿用了《国家中长期人才发展规划纲要（2010—2020 年）》中的表述，该条例第 2 条第二款规定，"本条例所称人才，是指具有一定的专业知识或者专门技能，进行创造性劳动并对社会做出贡献的，在人力资源中能力和素质较高的劳动者。"除此以外，目前并无综合性立法对人才概念的内涵外延进行明确界定。

2. 存在于法学教科书或法学论文中的人才法学概念

法学意义上的人才概念，还包括存在于法学教科书或法学论文中的法学概念。《科技进步与对策》1985 年出版了人才管理立法专辑，对人才立法进行专题讨论。如王金池的《试论人才立法的范围》分析了人才立法的范围，指出人才立法包括组织法、职位分类法、人才选拔法、人才使用法、人才流动法、人才考核法、人才奖惩法、人才培训法、人才报酬法等内容。除此以外，更多学者围绕人才学学科建设探讨人才的定义，如王通讯、王康指出"人才是指在一定社会条件下，能以其创造性劳动，对社会发展、人类进步作出较大贡献的人"。

最早从法学角度来界定人才概念的论文应该是 1987 年程干远在《中国法学》上发表的《对人才立法几个理论问题的探讨》一文，论文明确，"人才是指具有一定政治、文化、科学、技术、业务专业知识水平的知识分子和从事教育、科学、技术、文学、艺术和其他文化事业创造性工作的公民。"① 在此之后关于人才概念的法学视角探索并不多见，对于人才立法的研究也很少，零星可见几篇论文，如唐宏强的"人才立法体系与对策研究"（载《法制现代化研究》2000 年第 5 期），张呈琮、郑连保的"人才立法问题初探"（载《人才开发》2003 年第 1 期）。这些论文并没有涉及人才的概念，仅探讨了人才立法的相关问题。

3. 人才综合立法中的人才概念

人才综合立法中的"人才"概念应当基于"社会性""组织属性""岗位属性"来判断。第一，判断一个人是不是人才，不仅要看其知识、技能、创造力和贡献，还要看其"社会性"，即是不是社会所需要的知识和技能，是不是对社会作出的贡献，类似美国强调的"符合美国经济社会发展需要"的标准。第二，要重视人才的组织属性。人才综合立法的目的在于促进人才的开发，除人才本身以外，人才开发主体多以组织的形式出现。这里所说的组织，不仅指的是用人单位，还包含政府、行业协会、中介组织，包括与人才开发相关的各种社会组织、管理组织、服务组织等。第三，要重视人才的岗位属性。人才的岗位属性强调的是人才的知识、技能与人才发挥作用的平台之间的匹配，即人才所具备的知识、能力

---

① 程干远：《对人才立法几个理论问题的探讨》，《中国法学》1987 年第 4 期。该学者还在《政治与法律》1987 年第 2 期发表题为《关于人才立法的指导原则》一文，探讨人才立法既具有宪法规定的一般指导原则，又应该具有其根据自身法律调整对象的特殊性所形成的特殊的指导原则。

是否为发挥岗位作用所需要的，是否符合岗位要求。

四 法制建设

法律制度包括法律规范本身以及配套的立法制度、执法制度和司法制度。广义的法律制度不仅是指静态的法律制度，还包括法律实施的整个过程，即"有法可依、有法必依、执法必严、违法必究"。法学界目前通常从静态意义上理解法律制度概念。法律制度作为一种制度工具，其功能主要是明确什么该做、什么不该做，引导和规范人们的行为，并提供公平公正解决社会矛盾和纠纷的有效方法。

人力资源开发法律制度的主要功能在于对人力资源及人力资源开发相关主体的行为进行引导和规范，明确规定他们应该做什么、不应该做什么，提供公平公正解决矛盾和纠纷的有效方法，在人力资源开发相关法律制度中贯彻落实社会的公平正义理念。

（一）法制建设

法制建设是指建立健全社会主义法律体系，将国家治理纳入法制轨道，用法律制度引导、规范和约束政府、社会组织和个人的行为，实现政府工作有法可依、社会管理于法有据、公民权利依法保障。中国特色社会主义法律体系的形成是我国法制建设的重要里程碑。2011年3月，时任全国人大常委会委员长吴邦国同志在十一届全国人大四次会议上宣布，一个立足中国国情和实际、适应改革开放和社会主义现代化建设需要、集中体现党和人民意志的，以宪法为统帅，以宪法相关法、民商法等多个法律部门的法律为主干，由法律、行政法规、地方性法规等多个层次的法律法规构成的中国特色社会主义法律体系已经形成。这是多年来我国立法工作取得的重大成就，也是国家法制建设的重大进步。

中国人民为争取民主、自由、平等，建设法治国家，进行了长期不懈的奋斗。中华人民共和国成立以来，我国的法治建设取得了巨大的成就。实行依法治国，建设社会主义法治国家成为国家的基本方略和全社会共识；中国共产党依法执政的能力显著增强，科学执政、民主执政、依法执政的自觉性和坚定性不断增强；以宪法为核心的中国特色社会主义法律体系基本形成；人权得到可靠的法制保障；促进经济发展与社会和谐的法治环境不断改善；依法行政和公正司法水平不断提高；对权力的制约和监督得到加强。

党的十八大以来，习近平总书记多次就法治建设发表重要论述，对推进法治建设作出了全面部署，将法治建设上升到党和国家事业全局的高度。党的十八届四中全会通过的《中共中央关于全面推进依法治国若干重大问题的决定》对全面推进依法治国的目标作出了科学的论述：全面推进依法治国，总目标是建设中国特色社会主义法治体系，建设社会主义法治国家。这就是，在中国共产党领导下，坚持中国特色社会主义制度，贯彻中国特色社会主义法治理论，形成完备的法律规范体系、高效的法治实施体系、严密的法治监督体系、有力的法治保障体系，形成完善的党内法规体系，坚持依法治国、依法执政、依法行政共同推进，坚持法治国家、法治政府、法治社会一体建设，实现科学立法、严格执法、公正司法、全民守法，促进国家治理体系和治理能力现代化。

（二）人力资源开发的法制建设

人力资源开发法制建设就是通过法律对人力资源开发工作的各项活动、各个环节进行调节和规范，将人力资源开发工作的管理体制、技术方法、协调手段、行为方式、步骤和程序法律化，为人力资源开发提供法律依据和法律保障。人力资源开发法制建设的基础是加强立法，建立健全人力资源相关的各项法律制度。具体来说，就是在人力资源开发相关法律制度出现空白和缺位时进行立法，在相关法律制度失去效力时进行废止，在某些条款对人力资源形成障碍时进行相关法律制度的修改和完善。

人力资源开发法制建设的最终目标是实现人力资源开发工作法治化，其内涵比人力资源开发工作法制化更加全面和丰富。人力资源开发工作法治化不仅要求人力资源相关法律制度完备，还要求人力资源相关法律制度体现权力制约、权利保障、公平正义等法治精神和理念，更重要的是，这些法律制度要得到良好的贯彻实施。人力资源开发工作法治化必然会形成适应人力资源发展的法治环境，实现与人力资源引进、培养、使用、评价、流动、激励、保障密切相关的政治、经济、社会、文化环境的法治化。人力资源开发法治环境，简言之就是法治化的人力资源发展环境。这里的法治化是一种全方位的要求，包括科学立法、严格执法、公正司法、全民守法，完善的人力资源法律制度体系是实现法治化的第一步，更为重要和艰难的是确保法的民主性和科学性，确保已经制定的法律得到良好地贯彻执行。这是一个宏大的目标，也是一项长期和系统工程，不可能毕其功于一役，更不可能一蹴而就，应当总体规划，合理布局，有序推进，适时调整，长期坚持。

（三）法制建设的功能与作用

营造人力资源开发的法治环境具有重大的现实意义，主要体现为：一是依靠法制力量营造开放包容的环境以集聚人力资源。开放集聚人力资源。集聚人力资源的体制是一个包容开放型的体制，是面向社会、面向国际的。我们过去是在体制范围内寻找发现人力资源中素质和能力较高的那部分人，现在则是在全社会13亿人口，乃至全球70亿人范围内寻找发现人才，这是理念上的巨大变革。要实现人力资源开发的社会化，关键在于确保体制机制的公平性，用公平的体制机制破除人力资源开发的体制壁垒，保障人人都有成长成才的机会和脱颖而出的通道，保障人力资源开发中机会平等。公平是法治的基本价值，法治是维护公平的根本路径。建设人才法治环境，由过去的"一人一政策、一事一政策、一时一政策、一地一政策"转变为"大家一部法"，才能逐步消除社会化聚才选才的制度壁垒和不公平竞争，真正做到从全社会13亿人口中寻找发现人才。要实现人力资源开发的国际化，前提是建立一套国际接轨的体制机制，让国际人才"来得了、待得住、用得好、流得动"，而法治是国际通行的治理工具，人力资源开发法治环境是国际共通的制度环境，人力资源开发的国际化首先应当是人力资源开发的法治化。当然，建设人力资源开发法治环境，不仅是为了实现制度环境的国际接轨，让国际人才能够适应中国，更重要的要在国际接轨的基础上逐步形成制度优势，让全球人才能够向往中国，从而在国际人才竞争中获得制度话语权，占据有利地位。

二是建立法制规范维护市场公平竞争的环境以激活人力资源。竞争激活人才。集聚人力资源的体制是一个动态竞争型的体制，是高度市场化的人力资源开发体制。人力资源在竞争中使用，就要"动"得起来，充满活力，在竞争中双向选择，哪里有需要、哪里能发挥作用、哪里效率高就往哪里流。这样的体制机制需要打通人力资源流动通道，使人力资源"能进能出、能上能下、非升即走、优胜劣汰"。动态竞争型的体制机制本质要求就是优胜劣汰、最大限度地激发人力资源的活力。而优胜劣汰能不能常态化、普遍化，核心问题还是公平。只有让优胜劣汰成为人人必须遵行的规则，没有例外，没有特事特办，这种机制才能真正发挥促进竞争、激发活力的作用。优胜劣汰也离不开人力资源的顺畅、高效流动，这就需要破除人力资源市场的制度性分割或者说政策性分割，建立统一、规范的"大市场"，切实让市场在人力资源配置中发挥决定性作用。建设人力资源开发法治环境，有利于保障公平的优胜劣汰，有利于建立统一的市场规则，消除人力资源市场的制度性分割，维护市场的规范和高效运转，真正建立起动态竞争的制度体制，实现竞争集聚人力资源。

三是确立法制保障构建尊重成长规律的环境以发展人力资源。环境塑造人才。集聚人力资源的体制是一个环境依赖型的体制。社会化、国际化、市场化的聚才选才，将越来越少地受制于行政强制力，而越来越多地依赖环境的吸引力。我们的改革就是要以"形成人人皆可成才和优秀人才脱颖而出的良好环境"为宗旨。这里的环境包括自然环境，但更重要的还是制度环境、经济环境、社会环境、文化环境。最好的制度环境应当是法治环境，民主、自由、秩序、安全、公平、正义是法治的题应有之义，也是促进人力资源成长发展的重要制度土壤。最好的经济环境应当是市场环境，最好的社会环境应当是安全、包容、和谐、开放的环境，最好的文化环境应当是尊重劳动、尊重知识、尊重人才、尊重创造的环境，这些都离不开法治的规范和保障。因此，法治环境是基础性的，环境集聚人才，这里的环境应当是法治化的人才环境。在当前的经济形势下，中国进入经济发展新常态，大力实施创新驱动发展战略，需要强有力的人才支撑和法治保障。

四是发挥法制优势形成体制机制创新的环境以解放人力资源。改革激励人力资源。当前的改革已经不同于40多年前，要啃的都是"硬骨头"，改革所面临的复杂形势和强大阻力都是前所未有的，尤其是在体制机制方面，长期以来形成了一些难以疏通的"堰塞湖"，直接涉及人的利益，推进改革创新的难度更大。全面深化人力资源开发事业改革，必须有坚定的政治决心和强大的政治勇气，还要运用科学、民主、强有力的方式方法。在这些方式方法中，法治不是唯一的，但法治是必不可少的，甚至是决定性的。在我国人力资源开发事业发展的历史进程中，政策和法律都扮演过重要的角色，尤其是政策，它所发挥的历史作用是不容否认的。新时期推进改革，仍然要高度重视和科学运用政策工具，但同时也要清醒地认识到,政策和法律的根本特性是不同的,政策的优势在于灵活和具体,而法律的优势在于与生俱来的公开性、普遍性、稳定性、国家强制性和国际共通性,这些特性是政策工具不能完全具备的。新时期全面深化改革,要综合运用政策和法律这两种方式,尤其要充分发挥法治对于改革的引领和推动作用。改革具有阶段性、系统性和复杂性,先行先试可以靠政策,但全面推行应当靠法律,而当前存在的政策过多、过滥的问题也需要通过法治化的方式来解决。

第二节 理论阐释

经济学的人力资本理论可以解释政府为什么要进行人力资源开发,履行人力资源开发的职责;政治学的善治理论可以解释政府应当如何进行人力资源开发,政府职责应当如何履行;管理学中的国家竞争力理论可以解释政府履行人力资源开发职责会产生什么效果。中国特色社会主义法治理论可以为人力资源开发法制建设提供方向和路径。

一 人力资本理论

诺贝尔奖经济学奖获得者西奥多·W. 舒尔茨(Thodore W. Schults)是公认的人力资本理论的构建者。舒尔茨提出人力资本理论最为著名的观点,即在影响经济发展诸因素中,人的因素是最关键的,经济发展主要取决于人的质量的提高,而不是自然资源的丰瘠或资本的多寡。人力资本的概念,可以概括为几个要点:首先,人力资本体现在人的身上,表现为人的知识、技能、资历、经验、熟练程度等能力和素质;其次,在前者既定的情况下,人力资本表现为从事工作的总人数及劳动市场上的总工作时间;再次,人力资本是对人力的投资而形成的资本,是投资的结果;最后,对人力的投资会产生投资收益,人力资本是劳动者收入提高的最主要源泉。

人力资源开发的过程就是促进人力资本形成的过程。一般而言,在人力资本形成的前期,政府在人力资本投资中起主导作用,这表现为教育经费主要来源于国家的财政支出。政府的基本职能为宏观调控、市场监管、社会管理和公共服务等。在人力资本投资方面,政府不仅是投资者,也是宏观管理者和调控者。政府应当运用经济、法律、行政等手段对人力资本总投资进行宏观管理，创造和改善人力资本投资环境，为其他的人力资本投资主体营造良好的社会经济环境。由于人力资本投资具有不确定性和风险性，人力资本投资的巨大风险使得企业和个人积极性不高，此时需要政府积极弥补市场的缺陷，履行政府在人力资本投资中的职责。此外，政府还需维护人力资本投资的社会公平。经济落后地区的人力资本投资往往受制于经济发展水平，难以形成经济发展与人力资本投入的良性循环，政府可通过投资补助等政策扶持的方式平衡地区之间的差异，引导人才的有序流动。

二 善治理论

20世纪90年代以来，学术界普遍关注善治理论。简言之，善治是政府与公民对公共生活的合作管理。从语义上来看，善治指的是良好的治理。治理与传统统治的主要区别有四个方面：一是主体不同，统治的主体就是政府，治理的主体除了政府，还有民间组织、企业、各种自治组织等，是多元治理主体。在人力资源开发领域，主体除了政府还有企业、社会组织、个人等。二是范围不同，治理的范围要大得多，以人力资源开发为例，不仅涉及国内人力资源培养、使用、权益保障等内容，还涉及国际人才流动等非一国法律管辖之事务。三是权力的向度不一样，二者都要管理，对于统治而言，权力是自上而下单一向度的，而治理更多的是协商，权力向度是平行的。人力资源开发中的治理体现为人力资源开发各环节中的公众参与。四是依据不同，统治依据的是国家法律，而治理的依据除了国家的法律，更多的是规范，既包括社会的规范，也包括各项政策。人力资源开发领域目前尚无统领性的法律规范，多为政策，如何有效发挥政策灵活性以及法律稳定性的优势，创造良好人力资源发展环境，是政府在治理过程中不得不直面的问题。

根据善治理论，政府在人力资源开发中职责的履行应当注意以下几个问题：首先，治理主体的多元化。这主要体现在投入主体的多元化，政府应当充分发挥引导作用，倡导企业、社会组织与个人积极进行人力资源开发投入，形成多元化的投入机制。其次，人力资源开发中的公众参与度。政府履行人力资源开发职责时，应当明确权力的向度并非自上而下，改变传统的命令—控制模式，充分发挥用人单位的主体作用。最后，人力资源开发的法制化建设。人力资源开发的依据应当是一种一元多样化的结构，即在宪法和法律的框架下，硬法与软法并存的形式。目前政府应当积极推动相关立法研究，及时将稳定可行的政策上升为法律法规，实现人力资源开发的稳定性和持续性。

三 国家竞争力理论

在专门研究国家竞争力的学者当中，迈克尔·波特的国家竞争优势理论是从企业的竞争力入手的，但该理论强调必须解释国家在创新过程中的角色，解释了国家怎样为企业提供环境，使其能在特定产业中的创新超越其竞争对手。在波特的国家竞争力理论模型中，有四种决定性要素，而政府的角色在于影响这四种决定性要素。其中一项重要的要素为要素环境，包括人力资源、物质资源、知识资源、基础设施等。政府政策的宗旨在于为企业创造良好的外部环境，政府行为的尺度要在"干预主义"和"自由放任主义"之间折中。政府行为和政策对国家竞争力的影响至关重要。政府有效的财政政策、货币政策、产业政策与人才政策是提高企业和产业竞争力的重要条件。政府履行人力资源开发的职责，通过提升人才国际竞争力的方式影响国家竞争力结构当中的要素环境。国家竞争力来自政府和市场，而在中国市场经济尚不成熟的阶段，政府的作用尤为重要。政府要发挥引导、协调、促进的作用；事实上，我们在调研过程中也发现，中国的地方政府在人力资源开发方面发挥了强大的作用，为提升人力资本的国际竞争力作出了重要贡献。

四 中国特色社会主义法治理论

中国特色社会主义法治理论是中国共产党根据马克思主义国家与法的基本原理，在传承中华法律文化精华、汲取世界法治文明精髓理论成果的基础上，从当代中国改革开放和社会主义现代化建设的实际出发，对中国特色社会主义法治最新实践经验进行科学总结和理论升华，逐步形成的具有中国特色的社会主义法治理论。

党的领导是中国特色社会主义最本质的特征，也是中国特色社会主义法治之魂。中国特色社会主义法治语境下的党的领导，指的是法律体现党的主张和人民意愿的统一，党领导人民制定宪法法律，党领导人民实施宪法法律，党自身必须在宪法法律范围内活动。具体到人力资源开发法制建设工作中，坚持党的领导是开展人力资源开发工作的前提，是进行人力资源开发法制建设的首要原则。党在宪法法律的框架下领导人民制定人力资源开发的法律法规，实施人力资源开发的法律法规。

实现良法善治是中国特色社会主义法治理论的必然要求。党的十八届三中全会提出全面深化改革总目标，即完善和发展中国特色社会主义制度、推进国家治理体系和治理能力现代化。实现良法善治是推进国家治理体系现代化建设和实现治理能力现代化的具体要求。具体到人力资源开发法制建设工作中，实现良法善治就是要形成一套系统完备、科学规范、运行有效的人力资源开发制度体系，同时运用这些制度提升管理人力资源开发各方面事务的能力。

第二章

我国的人力资源开发法律体系

> 有理智的人在一般法律体系中生活比在无拘无束的孤独中更为自由。
>
> ——斯宾诺莎

党的十五大提出建设中国特色社会主义法律体系的目标。截至2010年年底，我国形成了以宪法为统帅，以宪法相关法、民法、商法等多个部门法律为主干，由法律、行政法规、地方性法规等多个层次法律规范构成的中国特色社会主义法律体系。

中国特色社会主义法律体系的价值取向是"良法"，一般而言，良法应当具备的形式要件包括国家政体的正当性、立法程序的民主性、法律规范的权威性等，良法应当具备的实体要件包括实现法律所追求的公平、正义、平等、自由等。

人力资源开发法律体系，是指国家立法机关或其授权的行政机关依法制定的人力资源开发相关法律法规的统称。人力资源开发法律体系是我国法律制度的重要内容，是中国特色社会主义法律体系的组成部分，其建设应当严格遵循中国特色社会主义法律体系的建设规则，遵循中国特色社会主义法律体系的价值取向，以宪法为依据，符合宪法的精神和原则，通过法律体系的实施，实现从"良法"到"善治"的转变。

完善的人力资源开发法律体系是实现人力资源开发的有法可依，在法治的轨道上构建人力资源开发机制，推动人力资源开发的精准化、有效性、科学化，实现人力资源潜力的最大化挖掘和利用，促进人力资源全面发展。因此，需要建构一套体系化的人力资源开发法律框架，设定灵活高效的人力资源开发行为模式，设计制约与激励相容的人力资源开发机制。

我国的人力资源开发法律体系包含一套体系化的人力资源开发法律框架。人力资源是一个有机的整体，既分各种层级也分各种类别，需要进行结构化、系统化的考量。面向人力资源整体的人力资源开发法律制度，将各种分散的人力资源开发法律制度联结为一个系统化、结构化的有机整体，将人力资源开发机制贯穿于人力资源开发法律制度安排的始终。一套平衡的人力资源开发法律框架应当具有和谐之体，其中的国内法规范与国际法规范、实体法规范与程序法规范、组织行为法规范与救济法规范、中央立法与地方立法等保持协调一致。这套平衡的人力资源开发法律框架的核心是实现人力资源开发主体权力/人力资源开发对象权利配置的结构性均衡，应当具有回应人力资源开发现实需要之用和保证人力资源开发效益之实。

我国的人力资源开发法律体系包含一系列灵活高效的人力资源开发行为模式。法律之治主要是通过预先理性设定具有普遍适用性的行为模式的方式来实现对社会关系的规范和调整。要实现人力资源开发工作的法治化，关键是要依靠平衡的人力资源开发法律设定灵活高效的人力资源开发行为模式。在设定人力资源开发行为模式时，要综合考虑我国当前的人力资源开发工作需要，以及我国面临的经济全球化背景，在全面总结我国人力资源开发工作经验教训的基础上，设计出一套职能配置合理、主体权责统一的人力资源开发体系。

我国的人力资源开发法律体系包含一揽子人力资源开发机制。要实现人力资源开发工作的法治化，就需要建立健全一种内外协调一致、制约与激励相容的人力资源开发机制，既要依法规范人力资源开发主体与人力资源开发对象的行为选择，并依法追究违法行为的法律责任，又要充分运用物质待遇与精神奖励等各种手段激励人力资源开发主体与人力资源开发对象。

第一节　我国人力资源开发法律体系的基本框架

2010年9月10日，国务院新闻办公室发表的《中国的人力资源状况》白皮书指出，中国逐步形成以宪法为根本依据，以《劳动法》、《公务员法》为基础，以《劳动合同法》、《就业促进法》、《劳动争议调解仲裁法》为主体，其他单项法律和行政法规为重要组成部分的人力资源开发法律体系。

一　根本依据：《宪法》

中国特色社会主义法律体系以《宪法》为统帅、为核心。作为中国特色社会主义法律体系的组成部分，人力资源开发法律体系同样必须维护《宪法》的统帅地位，以《宪法》为依据，以《宪法》的精神和原则为指引。《宪法》是我国的根本大法，其规定具有最高的法律效力。《宪法》是我国人力资源法律体系构建最根本的合法性依据。《宪法》对我国人力资源法律体系构建的指引主要体现如下。

一是《宪法》规定了国家进行人力资源开发的责任和义务，包括提高劳动生产率、建立社会保障制度、开展教育、保障劳动者权益等。比如，《宪法》第十四条规定："国家通过提高劳动者的积极性和技术水平，推广先进的科学技术，完善经济管理体制和企业经营管理制度，实行各种形式的社会主义责任制，改进劳动组织，以不断提高劳动生产率和经济效益，发展社会生产。……国家建立健全同经济发展水平相适应的社会保障制度。"第十九条规定："国家举办各种学校，普及初等义务教育，发展中等教育、职业教育和高等教育，并且发展学前教育。国家发展各种教育设施，扫除文盲，对工人、农民、国家工作人员和其他劳动者进行政治、文化、科学、技术、业务的教育，鼓励自学成才。国家鼓励集体经济组织、国家企业事业组织和其他社会力量依照法律规定举办各种教育事业。"

二是《宪法》明确了不同人力资源在劳动、休息、休假等方面的权利，为人力资源发挥作用创造条件。比如，《宪法》第四十二条规定："中华人民共和国公民有劳动的权利和义务。国家通过各种途径，创造劳动就业条件，加强劳动保护，改善劳动条件，并在发展生产的基础上，提高劳动报酬和福利待遇。"第四十三条规定："中华人民共和国劳动者有休息的权利。国家发展劳动者休息和休养的设施，规定职工的工作时间和休假制度。"第四十四条规定："国家依照法律规定实行企业事业组织的职工和国家机关工作人员的退休制度。退休人员的生活受到国家和社会的保障。"《宪法》将劳动权上升为公民基本权利的高度，意味着公民的劳动权既排除他人的妨害，同时也免于公权力机关的侵害。完善人力资源开发法律体系是保护公民劳动权的重要举措。

二　基础：《劳动法》《公务员法》

《宪法》仅对权利义务作出原则性的规定，具体的行为规范需要通过其他相关法律法规来体现，例如刑法规定刑罚、民法调整平等主体间的法律关系、诉讼法规定诉讼程序等。此外，从权利救济的角度而言，法院不能直接援引《宪法》作为判决的依据。《宪法》规定的国家进行人力资源开发的责任和义务、公民的劳动权利保障等需要通过相关的法律法规进行落实。

《劳动法》《公务员法》是我国人力资源开发法律体系的基础。《劳动法》是保护劳动者的合法权益，调整用人单位与劳动者之间的劳动关系，建立和维护适应社会主义市场经济的劳动制度，促进经济发展和社会进步的一部基本法。《劳动法》包括就业促进、劳动合同和集体合同、工作时间和休息休假、工资、劳动安全卫生、女职工和未成年工特殊保护、职业培训、社会保险和福利、劳动争议、监督检查以及法律责任等内容。

《劳动法》的适用范围包括在中华人民共和国境内的企业、个体经济组织和与之形成劳动关系的劳动者。显然，《劳动法》不适用于人力资源的重要组成部分——公务员。这部分行使国家行政权力、执行国家公务的人员，由《公务员法》予以规制和保障。《公务员法》包括公务员的条件及义务和权利、职务职级与级别、录用、考核、任免、升降、奖励、监督与惩戒、培训、交流与回避、工资福利与保险、辞职与辞退、退休、申诉与控告、职位聘任、法律责任等内容，基本涵盖了对作为人力资源的公务员进行开发的所有环节。

《劳动法》和《公务员法》尽管不能覆盖全部劳动者或劳动关系，也不能囊括人力资源开发的所有环节，但两者的适用范围相结合覆盖了大部分的劳动者与劳动关系[1]，成为人力资源开发法律体系的基础。

---

[1] 实行聘用制的事业单位与其工作人员的关系，法律、行政法规或国务院另有规定的；从事农业劳动的农村劳动者（乡镇企业职工和进城务工、经商的农民除外），现役军人、军队的文职人员，家庭雇佣劳动关系，在中华人民共和国境内享有外交特权和豁免权的外国人等，超过法定退休年龄的人等均不适用《劳动法》。

三　主体：《劳动合同法》《就业促进法》《劳动争议调解仲裁法》

随着经济社会的发展，《劳动法》中关于促进就业、劳动安全卫生、劳动合同和集体合同、劳动争议等内容已被新的法律所替代。比如，《就业促进法》《职业病防治法》《安全生产法》《劳动合同法》《劳动争议调解仲裁法》等，这些法律规范成为我国人力资源开发法律体系的主体。

人力资源的开发无外乎"开源"和"节流"两条路径。2007年通过的《就业促进法》是解决"开源"问题的主要法律，为确立促进就业、再就业的政策体系和长效机制提供了法律保障。《就业促进法》包括政策支持、公平就业、就业服务和管理、职业教育与培训、就业援助、监督检查、法律责任等内容。"节流"在人力资源开发层面表现为维护劳动者的权益，而劳动者权益的维护有赖于事前预防和事后救济两条渠道的畅通。

《劳动合同法》着力解决的是劳动者权益保护事前预防机制的完善问题。1994年《劳动法》已确立起规范劳动用工的法律制度。随着改革开放与经济体制改革的不断深化，市场经济逐步建立和繁荣，劳动合同制度面临诸多新问题和新挑战，例如劳动合同签订率低、劳动合同试用期滥用、劳动合同规定违法条款等。而《劳动法》中关于劳动合同问题的规定篇幅较小，难以适应现实发展需要。《劳动合同法》从合同的订立、履行和变更、解除和终止等环节，从集体合同、劳务派遣、非全日制用工等特别规定，以及监督检查、法律责任等方面全面完善劳动合同制度，明确劳动合同双方当事人的权利和义务，构建和发展和谐稳定的劳动关系。

《劳动争议调解仲裁法》与劳动者权益保护的事后救济机制密切相关。劳动争议的解决有调解、仲裁和诉讼等途径。根据《劳动法》第七十九条的规定，劳动仲裁是劳动争议的前置程序，当事人如果要起诉到法院，必须先经过仲裁程序，但《劳动法》中关于劳动争议的调解仲裁的规定较为笼统。《劳动争议调解仲裁法》从调解、仲裁、一般规定、申请和受理、开庭和裁决等方面详细规定了解决劳动争议的具体方式，有利于公正及时地解决劳动争议，保护当事人合法权益，促进劳动关系的和谐稳定。

四　重要组成部分：其他单项法律和行政法规

当然，上述法律既没有穷尽人力资源开发的所有对象，如特殊群体的就业与保障等，也没有涵盖人力资源开发的所有环节，如市场配置和流动、人力资源培养培训等。大量的单项法律和行政法规对特殊群体的开发、人力资源的培养、流动等作出了具体规范，是我国人力资源开发法律体系的重要组成部分。比如，《残疾人就业条例》《妇女权益保障法》《教育法》等。下文将按照不同的划分逻辑详细进行说明，在此不再赘述。

第二节　我国人力资源开发法律体系的构成

人力资源开发法制建设离不开健全完善的人力资源开发法律体系作为支撑。人力资源开发法律体系旨在调整政府及其有关机构、社会组织、用人单位、人力资源等主体在人力资源开发活动中发生的各种社会关系，包括人力资源开发工作中的行政管理关系、人力资源活动中的经济协作关系、人力资源活动中的民事关系等。按照根本依据、基础、主体、重要组成部分四个要素的逻辑，我们勾勒出了一幅法律体系的框架图。事实上，按照不同的划分标准，我国人力资源开发法律体系的构成也会有所区别。为了多角度全方位地考察我国的人力资源开发法律体系，按照不同的划分标准，将我国的人力资源开发法律体系描述如下。

一　以不同开发环节为划分标准

人力资源开发各项工作的法律规范折射到法律体系中，可以将法律体系划分为《宪法》、人才规划纲要、综合管理、教育培训、流动配置、考核奖惩、权益保障和争议解决等。

《宪法》是一切法律制度的合法性依据，是人力资源开发所有法律制度的源头和基础，是具有国家强制力保障实施的规范。

人才规划纲要是人力资源开发工作的方向指导、战略谋划和整体部署，是我国实现由人力资源大国向人才强国转变的时间表和路线图。

综合管理方面的法律制度是人力资源开发的主要依据。《公务员法》是全面规范行政机关人力资源开发的基本法律，为行政机关人力资源开发提供法律依据。《事业单位人事管理条例》是事业单位规范人事管理，建设高素质工作人员队伍，促进公共服务的法律依据。《事业单位人事管理条例》对岗位设置、公开招聘和竞争上岗、聘用合同、考核和培训、奖励和处分、工资福利和社会保险、人事争议处理、法律责任等方面的内容进行了详细规定。除此以外，具体的管理环节也有相应的法律规范。《中国人民解放军文职人员条例》为规范文职人员管理，保障文职人员合法权益，在军事人力资源领域贯彻军民融合发展战略，建设高素质文职人员队伍提供法制保障。《中国人民解放军文职人员条例》明确了文职人员的基本条件、义务和权利，规范了岗位设置、招录聘用、培训和考核、职务任免、岗位等级调整、教育和管理、待遇保障、人员退出等内容。

教育培训方面的法律制度是人力资源培养培训的主要依据。《教育法》是落实教育优先发展战略地位，维护教育关系主体合法利益，提高全民族素质，规范各级各类教育的法律依据。《教育法》强调，公民不分民族、种族、性别、职业、财产状况、宗教信仰等，依法享有平等的受教育机会。保障适龄儿童、少年接受义务教育，通过全民教育的普及，可以确保我国实现从人口大国向人力资源大国的转变。《义务教育法》是专门规范义务教育的法律，明确了学生、学校、教师在义务教育中的权利义务，明确了教育教学、经费保障的具体要求，并对各相关主体违反要求的法律责任作出了规定。职业教育是国家教育事业的重要组成部分，是促进经济、社会发展和劳动就业的重要途径。《职业教育法》对各级各类职业学校教育和各种形式的职业培训进行了专门规范。《国防教育法》对普及和加强公民国防教育提供了法律依据。

流动配置方面的法律制度是规范人力资源流动的主要依据。《就业促进法》填补了我国就业立法上的空白，突出就业在经济社会发展中的重要地位，为提升劳动者职业技能，促进人力资源作用发挥提供法律依据。《劳动合同法》明确为建立既稳定又具有流动性的劳动关系提供了规范要求。《人力资源市场暂行条例》为促进人力资源合理流动和优化配置提供了规范依据。

考核奖惩方面的法律制度是对人力资源进行考核与奖惩的主要依据。比如《公职人员政务处分法》《公务员奖励规定》《公务员考核规定》《事业单位工作人员考核暂行规定》《事业单位工作人员处分暂行规定》等。

第二章　我国的人力资源开发法律体系　/　43

```
划分标准：人力资源开发的环节
├─《宪法》
├─《人才规划纲要》
│    ├─《2002—2005年全国人才队伍建设规划纲要》
│    ├─《国家中长期科学和技术发展规划纲要》
│    ├─《国家中长期人才发展规划纲要(2010—2020年)》
│    └─……
├─《综合管理》
│    ├─《公务员法》
│    ├─《事业单位人事管理条例》
│    ├─《中国人民解放军文职人员条例》
│    ├─《劳动法》
│    └─……
├─《流动配置》
│    ├─《就业促进法》
│    ├─《人力资源市场暂行条例》
│    ├─《劳动合同法》
│    └─……
├─《考核奖惩》
│    ├─《公职人员政务处分法》
│    ├─《公务员考核规定》
│    ├─《公务员奖励规定》
│    ├─《事业单位工作人员考核暂行规定》
│    ├─《事业单位工作人员处分暂行规定》
│    └─……
├─《教育培训》
│    ├─《教育法》
│    ├─《高等教育法》
│    ├─《义务教育法》
│    ├─《国防教育法》
│    ├─《职业教育法》
│    ├─《民办教育促进法》──《民办教育促进法实施条例》
│    └─……
├─《权益保障》
│    ├─《残疾人保障法》──《残疾人就业条例》
│    ├─《妇女权益保障法》──《女职工劳动保护规定（失效）》──《邮电女职工劳动保护规定实施细则》
│    ├─《未成年人保护法》──《禁止使用童工规定》
│    ├─《国务院关于事业单位工作人员养老保险制度改革的决定》
│    └─……
└─《争议解决》
     ├─《人事争议处理暂行规定（失效）》
     ├─《劳动争议调解仲裁法》
     ├─《劳动争议仲裁委员会办案规则》
     ├─《劳动人事争议仲裁组织规则》
     └─……
```

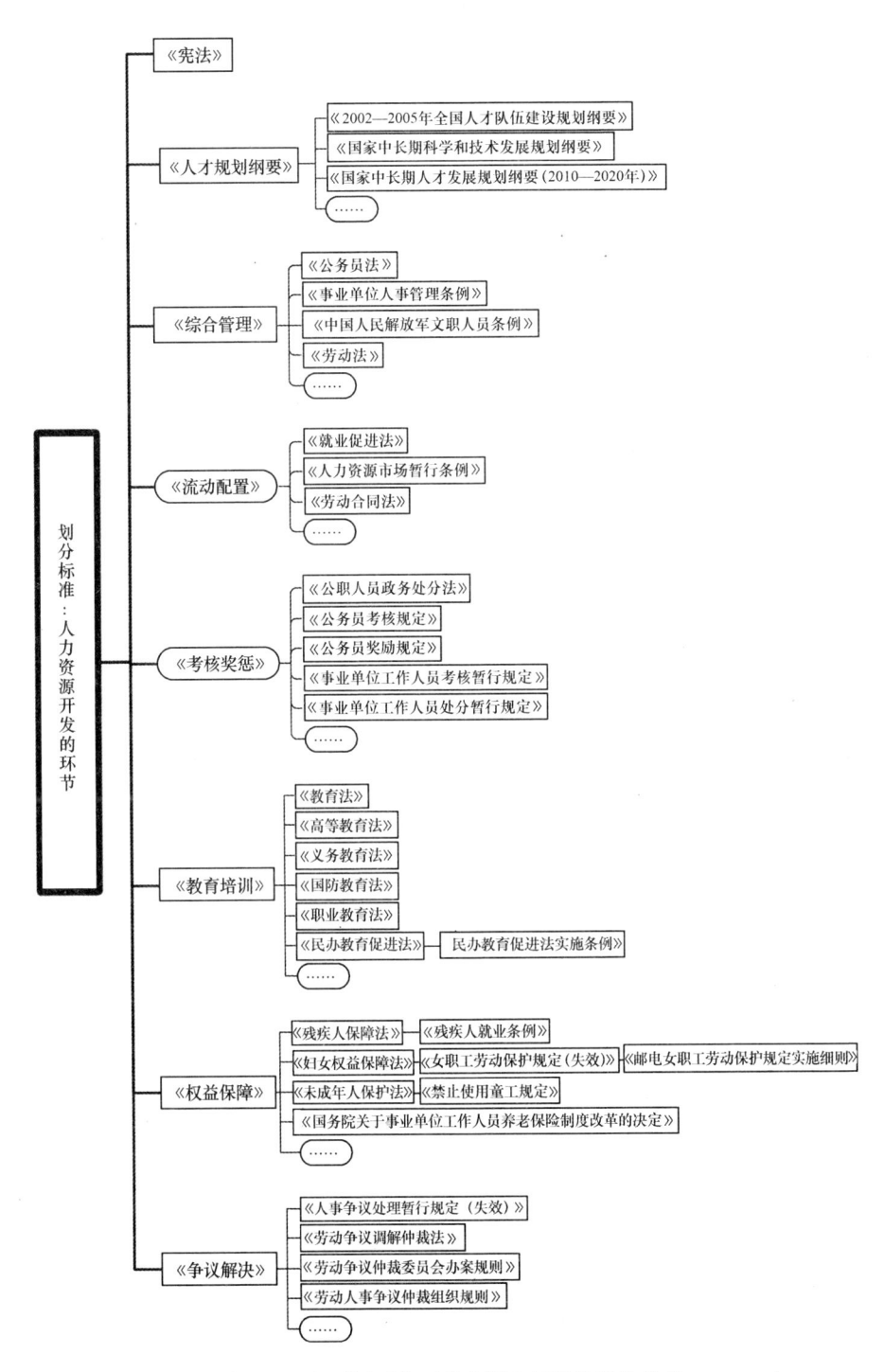

图2—1　以不同开发环节为划分标准的法律体系

权益保障方面的法律制度是人力资源权益保障的主要依据。严格意义来说，所有人力资源开发相关的法律法规都涉及人力资源的权益保障内容，除此之外，还有一些针对特殊群体的权益保障专门规定。比如，《残疾人保障法》《未成年人保护法》《妇女权益保障法》等。《残疾人保障法》保障残疾人平等地充分参与社会生活，共享社会物质文化成果，从康复、教育、劳动就业、文化生活、社会保障、无障碍环境、法律责任等方面进行了具体规范。《未成年人保护法》保障未成年人合法权益，促进未成年人全面发展，从家庭保护、学校保护、社会保护、网络保护、政府保护、司法保护等方面进行了具体规范。《妇女权益保障法》保障妇女合法权益，充分发挥妇女在现代化建设中的作用，从政治权利、文化教育权益、劳动和社会保障权益、财产权益、人身权利、婚姻家庭权益、法律责任等方面进行了具体规范。

争议解决方面的法律制度是劳动人事争议解决的主要依据。《劳动争议调解仲裁法》为公正及时解决劳动争议，保护当事人合法权益，促进劳动关系和谐稳定提供了法律依据。除此之外，《劳动争议仲裁委员会办案规则》《劳动人事争议仲裁组织规则》等为规范仲裁委员会及其办事机构，厘清仲裁员的权利和义务，明确办案规则等提供了法制保障。

二 以不同身份类别为划分标准

按照人力资源开发的不同对象以及相应法律法规的适用范围，可以将人力资源开发法律体系划分为普通劳动者、公共部门人员、专业技术人员、特殊群体等，具体如图2—2所示。需要说明的是，这样的一种划分并不能涵盖所有的人力资源。同时，人力资源开发对象的分类尚未形成类似六类人才队伍的分类共识。因此，以此标准进行的分类只是为了满足阐释人力资源开发法律体系的需要。

具体到人才法律体系，按照适用范围的不同，人才法律规范可以分为人才综合立法、人才队伍专门立法和人才开发专门立法，如表2—1所示。人才综合立法适用于各类人才队伍和人才开发工作的各环节，调整和规范人才工作和人才事业发展中的基本问题，如《珠海经济特区人才开发促进条例》。人才队伍专门立法适用于特定人才队伍或特定人才群体，如公务员、律师、教师等，是人才综合立法在特定人才队伍或人才群体的具体

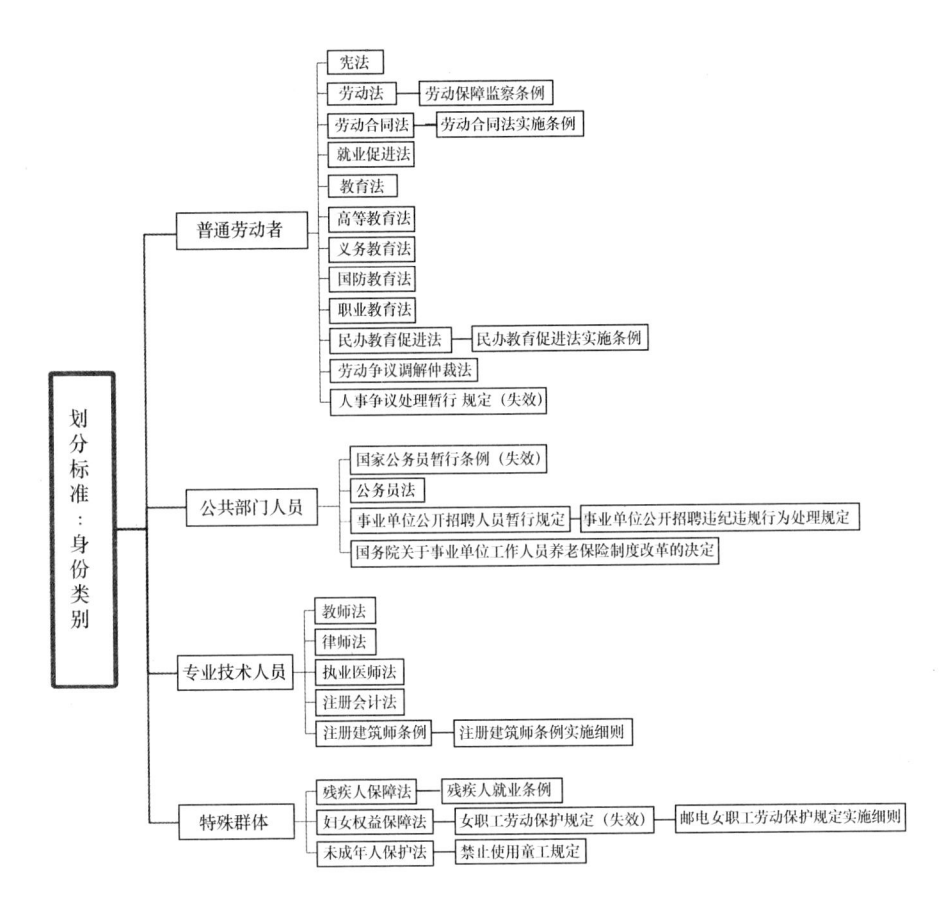

```
                              ┌─ 宪法
                              ├─ 劳动法 ── 劳动保障监察条例
                              ├─ 劳动合同法 ── 劳动合同法实施条例
                              ├─ 就业促进法
                              ├─ 教育法
                    ┌ 普通劳动者─┤ 高等教育法
                    │         ├─ 义务教育法
                    │         ├─ 国防教育法
                    │         ├─ 职业教育法
                    │         ├─ 民办教育促进法 ── 民办教育促进法实施条例
                    │         ├─ 劳动争议调解仲裁法
                    │         └─ 人事争议处理暂行规定（失效）
                    │
  划分              │         ┌─ 国家公务员暂行条例（失效）
  标准              │         ├─ 公务员法
  ：    ────────────┤ 公共部门人员┤ 事业单位公开招聘人员暂行规定 ── 事业单位公开招聘违纪违规行为处理规定
  身                │         └─ 国务院关于事业单位工作人员养老保险制度改革的决定
  份                │
  类                │         ┌─ 教师法
  别                │         ├─ 律师法
                    ├ 专业技术人员┤ 执业医师法
                    │         ├─ 注册会计师法
                    │         └─ 注册建筑师条例 ── 注册建筑师条例实施细则
                    │
                    │         ┌─ 残疾人保障法 ── 残疾人就业条例
                    └ 特殊群体 ─┤ 妇女权益保障法 ── 女职工劳动保护规定（失效）── 邮电女职工劳动保护规定实施细则
                              └─ 未成年人保护法 ── 禁止使用童工规定
```

图 2—2 以不同身份类别为划分标准的法律体系

化，调整和规范特定人才队伍或人才群体发展中的问题，如《公务员法》《律师法》《事业单位人事管理条例》等。人才队伍专门立法又可以分为党政人才队伍立法、企业经营管理人才队伍立法、专业技术人才队伍立法、高技能人才队伍立法、农村实用人才队伍立法、社会工作人才队伍立法等。人才开发专门立法适用于人才开发活动的特定环节，如人才培养、引进、使用、评价、流动、激励、保障等，是人才综合立法在特定人才开发环节的具体化，调整和规范人才开发特定环节中的问题，如《专业技术人员继续教育暂行规定》《事业单位工作人员处分暂行规定》等。人才开发专门立法又可以分为人才培养立法、人才引进立法、人才使用立法、人才评价立法、人才流动立法、人才激励立法、人才保障立法等。

表 2—1　　　　　　人才法律规范体系的适用范围分类

立法类别	适用范围	内容	举例
人才综合立法	适用于各类人才队伍和人才开发工作的各环节。	调整和规范人才工作和人才事业发展中的基本问题。	《珠海经济特区人才开发促进条例》
人才队伍专门立法	适用于特定人才队伍或特定人才群体，如公务员、律师、教师等。	人才综合立法在特定人才队伍或人才群体的具体化，调整和规范特定人才队伍或人才群体发展中的问题。	《公务员法》《律师法》《事业单位人事管理条例》
人才开发专门立法	适用于人才开发活动的特定环节，如人才培养、引进、使用、评价、流动、激励、保障等。	人才综合立法在特定人才开发环节的具体化，调整和规范人才开发特定环节中的问题。	《专业技术人员继续教育暂行规定》《事业单位工作人员处分暂行规定》

三　以不同效力层级为划分标准

按照制定机关和效力层次不同，人才法律规范体系可以分为法律、行政法规、部门规章、地方性法规和地方政府规章，如表 2—2 所示。法律的制定机关为全国人大及其常委会，其效力相对最高，主要对全国人才工作领域内的根本性、长远性重大问题进行规范，如《公务员法》；行政法规的制定机关为国务院，其效力低于法律，主要对法律条款进行细化，对重大问题出台试行规定，调整各部委的人才开发工作行政关系，如《事业单位人事管理条例》；部门规章的制定机关为国务院直属机构，如人力资源和社会保障部等，其效力低于法律和行政法规，主要是对法律行政法规具体化和补充，如《事业单位工作人员处分暂行规定》等；地方性法规的制定机关为有立法权的地方人大及其常委会，其效力低于法律和行政法规，主要是将法律、行政法规在本辖区内进行具体贯彻，如《珠海经济特区人才开发促进条例》；地方政府规章的制定机关为有立法权的地方人民政府，其效力低于法律、行政法规和同级或上级地方法规，主要是将法律、行政法规、地方性法规在本辖区内进行具体贯彻，如《北京市人才招聘管理办法》等。

表2—2　　　　　　　　人才法律规范体系的效力层级分类

立法类别	制定机关	效力	内容	举例
法律	全国人大及其常委会	相对最高	全国人才工作领域内的根本性、长远性重大问题的规范，"××法"	《公务员法》
行政法规	国务院	低于法律	对法律条款的细化，对重大问题的试行规定，调整各部委的人才工作行政关系，"××条例"	《事业单位人事管理条例》
部门规章	人力资源社会保障部等	低于法律和行政法规	对法律行政法规具体化和补充，"××办法或规定"	《人才市场管理暂行规定》《事业单位工作人员处分暂行规定》
地方性法规	有立法权的地方人大及其常委会	低于法律和行政法规	将法律、行政法规在本辖区内具体贯彻，"××办法或条例"	《珠海经济特区人才开发促进条例》
地方政府规章	有立法权的地方人民政府	低于法律、行政法规和同级或上级地方法规	将法律、行政法规、地方性法规在本辖区内具体贯彻，"××规定"	《北京市人才招聘管理办法》

人力资源开发的法律体系与人才法律规范体系的差别不大，具体如图2—3所示。

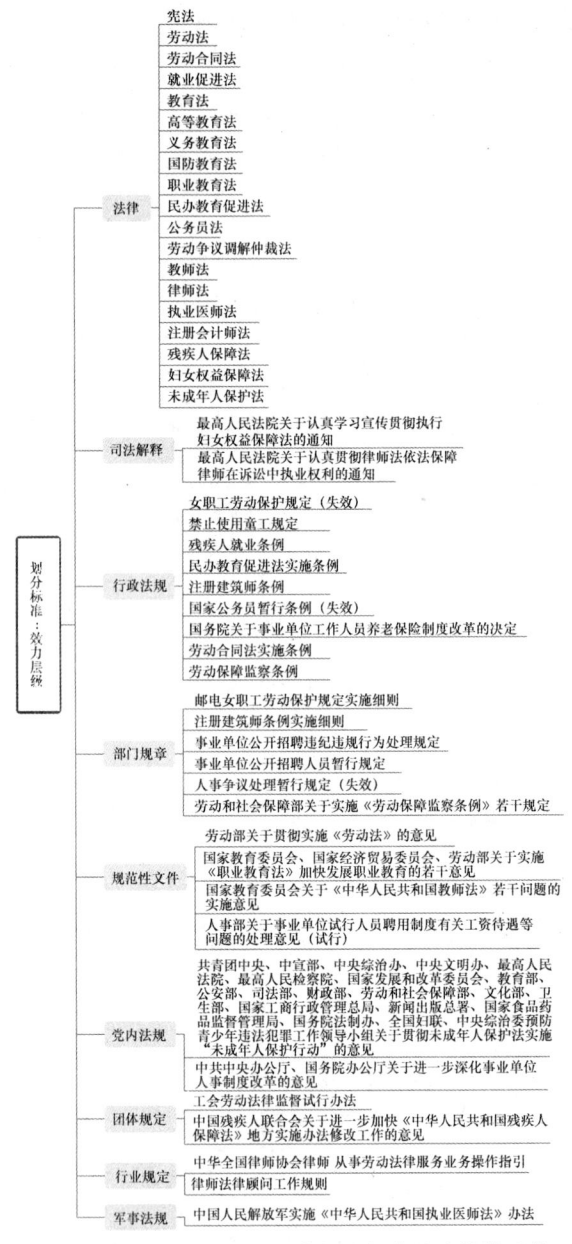

```
                    ┌ 宪法
                    ├ 劳动法
                    ├ 劳动合同法
                    ├ 就业促进法
                    ├ 教育法
                    ├ 高等教育法
                    ├ 义务教育法
                    ├ 国防教育法
                    ├ 职业教育法
          ┌ 法律 ───┤ 民办教育促进法
          │         ├ 公务员法
          │         ├ 劳动争议调解仲裁法
          │         ├ 教师法
          │         ├ 律师法
          │         ├ 执业医师法
          │         ├ 注册会计师法
          │         ├ 残疾人保障法
          │         ├ 妇女权益保障法
          │         └ 未成年人保护法
          │
          │         ┌ 最高人民法院关于认真学习宣传贯彻执行
          ├ 司法解释┤   妇女权益保障法的通知
          │         └ 最高人民法院关于认真贯彻律师法依法保障
          │            律师在诉讼中执业权利的通知
          │
          │         ┌ 女职工劳动保护规定（失效）
          │         ├ 禁止使用童工规定
          │         ├ 残疾人就业条例
          │         ├ 民办教育促进法实施条例
          ├ 行政法规┤ 注册建筑师条例
          │         ├ 国家公务员暂行条例（失效）
          │         ├ 国务院关于事业单位工作人员养老保险制度改革的决定
          │         ├ 劳动合同法实施条例
          │         └ 劳动保障监察条例
划分       │
标准：     │         ┌ 邮电女职工劳动保护规定实施细则
效力       │         ├ 注册建筑师条例实施细则
层级 ──────┤ 部门规章┤ 事业单位公开招聘违纪违规行为处理规定
          │         ├ 事业单位公开招聘人员暂行规定
          │         ├ 人事争议处理暂行规定（失效）
          │         └ 劳动和社会保障部关于实施《劳动保障监察条例》若干规定
          │
          │            ┌ 劳动部关于贯彻实施《劳动法》的意见
          │            ├ 国家教育委员会、国家经济贸易委员会、劳动部关于实施
          ├ 规范性文件┤   《职业教育法》加快发展职业教育的若干意见
          │            ├ 国家教育委员会关于《中华人民共和国教师法》若干问题的
          │            │  实施意见
          │            └ 人事部关于事业单位试行人员聘用制度有关工资待遇等
          │               问题的处理意见（试行）
          │
          │         ┌ 共青团中央、中宣部、中央综治办、中央文明办、最高人民
          │         │  法院、最高人民检察院、国家发展和改革委员会、教育部、
          │         │  公安部、司法部、财政部、劳动和社会保障部、文化部、卫
          │         │  生部、国家工商行政管理总局、新闻出版总署、国家食品药
          ├ 党内法规┤  品监督管理局、国务院法制办、全国妇联、中央综治委预防
          │         │  青少年违法犯罪工作领导小组关于贯彻未成年人保护法实施
          │         │  "未成年人保护行动"的意见
          │         └ 中共中央办公厅、国务院办公厅关于进一步深化事业单位
          │            人事制度改革的意见
          │
          ├ 团体规定┬ 工会劳动法律监督试行办法
          │         └ 中国残疾人联合会关于进一步加快《中华人民共和国残疾人
          │            保障法》地方实施办法修改工作的意见
          │
          ├ 行业规定┬ 中华全国律师协会律师 从事劳动法律服务业务操作指引
          │         └ 律师法律顾问工作规则
          │
          └ 军事法规── 中国人民解放军实施《中华人民共和国执业医师法》办法
```

图2—3 以不同效力层级为划分标准的法律体系①

---

① 其一，其中"司法解释"下属两个文件严格意义上而言属于"司法解释性质的文件"。其二，规范性文件、党内法规、团体规定三个类别由于下属文件众多，在图中仅选取了最具代表性的文件。

第三节 我国人力资源开发工作的法律保障机制

党管人才是我国人才工作的根本保证和首要原则，也是我国人力资源开发的基本制度。党管人才是人力资源开发的基本遵循，强化制度建设是坚持党管人才原则的关键。加强党内法规制度建设，将党管人才的政策性原则转化为规范性原则，是推动党管人才原则发挥人力资源开发积极作用的重要保障。在党管人才原则的指引下，人力资源培养培训、使用、激励、流动等各环节的法律规范是我国人力资源开发工作的重要法律保障。

一 党管人才是基本的人力资源开发制度

习近平总书记强调，"择天下英才而用之，关键是要坚持党管人才原则，遵循社会主义市场经济规律和人才成长规律"。[1] 习近平总书记多次强调法治，明确指出："凡属重大改革都要于法有据。在整个改革过程中，都要高度重视运用法治思维和法治方式，发挥法治的引领和推动作用，加强对相关立法工作的协调，确保在法治轨道上推进改革。"[2] 党管人才工作要实现新的发展和突破，就必须在遵循社会主义市场经济规律、人才成长规律与法治发展规律的基础上开展探索。

（一）党管人才要遵循社会主义市场经济规律

党管人才工作的开展在法治中国的背景下进行，同时党的领导是全面推进依法治国、加快建设社会主义法治国家的根本保证。党管人才工作要遵循社会主义市场经济规律，通过党的领导实现人才工作的法治化。

一方面，市场决定资源配置是市场经济的一般规律。党管人才工作的开展遵循社会主义市场经济规律就是要遵循价值规律、竞争规律和供求规律，发挥市场在人才资源配置中的决定性作用，推动人才资源配置依据市场规则、市场价格、市场竞争实现效益最大化和效率最优化。另一方面，社会主义市场经济本质上是法治经济。完善社会主义市场经济法律制度，

---

[1] 习近平：《在〈中央人才工作协调小组关于 2013 年工作情况的报告〉上的批示》，2014年5月3日。

[2] 习近平：《论坚持全面依法治国》，中央文献出版社 2020 年版，第 35 页。

是社会主义市场经济运行规律的客观要求。遵循社会主义市场经济规律，就是要以法律原则和法律精神为指导实现党管人才，通过党的领导实现人才工作的法治化。在党的领导下健全以公平为核心原则的产权保护制度，实现用人单位和人才权利不受侵犯，以保护产权、维护契约、统一市场、平等交换、公平竞争、有效监管为基本导向，完善社会主义市场经济法律制度。

需要注意的是，遵循社会主义市场经济规律并不排除党委、政府对人才流动的宏观调控。一味强调市场的决定性作用而忽视对人力资源流动的宏观调控，忽视对人力资源公共服务的提供，将不利于人才吸引能力弱、留才环境不佳的经济欠发达地区之发展，也有悖社会公平正义之原则。

（二）党管人才要遵循人才成长规律

党管人才工作要在坚持人才资源是第一资源理论的指导下，充分尊重和利用人才成长规律，在人才规划、人才评价、人才引进、人才培养和人才使用等环节形成良性循环，进而形成具有一般性特征、体现共性规律的人才工作方法。

人才的成长与发展有两个关键因素，即自身素质的培养和成才环境的营造。人才的成长需要通过学习获得知识和技能，也需要通过实践活动开发自身能力、积累经验。在党管人才原则的指引下，破解人才培养瓶颈，促进人才自身素质的提高，激发其创造的能力。注重人才培训开发服务的提供，由中介培训机构为主体，构建人才知识技能培训开发服务市场。在党管人才原则的指引下，营造良好的人才发展环境，促进人才更好地发挥作用。在全社会营造尊重人才、尊重创造的环境，增强人才的社会地位和政治荣誉感，用公开公平公正的制度环境和敢于为事业不拘一格用人才的政务环境吸引人才。良好人才发展环境的建立有赖于全方位人才服务体系的完善。党管人才工作要根据人才成长的个体差异，分类指导不同地域、不同领域、不同行业制定人才服务政策措施，提高人才服务政策的灵活性和可操作性，因时、因地、因人开展人才服务工作，注重人才个体需求差异，形成差异化、多样化的人才服务体系。

（三）党管人才要遵循法治发展规律

我国党管人才工作的开展是在法治中国的背景下进行的，党的领导是全面推进依法治国、加快建设社会主义法治国家的根本保证。党管人才是人才工作的重要原则①。

党管人才应遵循法治规律。"所谓法治规律，就是指世界各国在走向现代化的过程中，必须在民主的基础上制定良法，必须确立法律的最高权威，必须依法治理国家的政治、经济和社会事务"②。党管人才工作的依法开展既要把坚持中国共产党的领导作为首要原则，也要遵循法治规律，依法治理，更好地落实党管人才原则。

落实党管人才原则，应当致力于实现法律规范的一元多样化和人才开发的法治化。法律规范的一元多样化是指调整党管人才原则的法律规范应当在宪法这个"一元"主体之下，实现软硬并举的混合法治理模式。党管人才的方式应当从管理转变为治理，改变过去命令-控制型的管理模式，把"管"的着力点放在为人才提供服务上，使人才的巨大创造潜力转化为现实生产力的巨大进步。人才开发的法治化指的是在宪法的框架下，在法律规范允许的范围之内，实现人才开发的有法可依、执法必严、违法必究。

二　人力资源培养的法律保障机制

教育是人力资源开发的主要途径。我国聚焦教育教学活动，针对各级各类教育，基本上形成了"以宪法为统领，以8部教育法律为主体（框架），16部教育行政法规，100余项省级人大、政府制定的地方性教育法规，200多项教育部门规章和地方性规章构成的中国特色社会主义教育法律法规体系"③。这些教育法律法规为保障我国以教育促进人力资源内涵式开发提供了法律依据。

教育法律体系对人力资源培养培训的推动主要体现为：一是法律明确教育经费投入的国家责任。法律明确中央政府和地方政府在教育投入上的

---

① 有学者将人才与执政党的地位紧密联系，提出"政权更迭的周期律直接表现为使用人才的周期律"的观点，足以表明人才工作以及党管人才工作的重要性。参见邵景均《人才问题决定执政成败》，《学习时报》2005年4月11日。习近平总书记更是将人才问题提升到事关国家民族前途和命运的高度。

② 袁曙宏、韩春晖：《社会转型时期的法治发展规律研究》，《法学研究》2006年第4期。

③ 叶齐炼：《完善我国教育法律体系的思考》，https://www.sohu.com/a/296239601_284354，2021年4月12日。

相应责任，提高教育经费投入。在法律规定中，建立教育投入逐步增长的监督机制，规定相应的法律责任，通过法律的引导功能，确保城乡之间教育投入比例的合理分配；基础教育、职业教育之间教育投入比例的合理分配；平衡地区之间的差异，使教育投入向西部不发达地区倾斜。

二是国家在坚持以政府投入为主的前提下，支持和鼓励社会力量办学，建立国家、个人和社会的多元经费投入机制。在确定适当门槛的前提下，不仅提供政策的支持，而且通过财政直接投入的手段鼓励和支持社会力量办学，建立国家、社会和个人多元教育经费投入机制。

三是国家法律支持和鼓励大力发展职业教育，从学历教育的"一枝独秀"逐渐发展到多元化的教育体制。把发展职业教育作为我国人才培养体制中的一个重要环节来抓，从教育投入和政策上给予充分的支持，实现职业教育的跨越式发展。

四是国家致力于从"一次性学历教育"向终身教育转变，通过法律手段推行继续教育。通过立法赋予用人单位和员工相应的权利和义务，以鼓励和强制继续教育的发展。

除此以外，科技领域的法律规范也为人力资源的培养提供了依据。比如，《科学技术进步法》规定，国家设立自然科学基金，资助基础研究和科学前沿探索，培养科学技术人才。

三 人力资源使用的法律引导机制

人力资源使用的法律引导机制主要体现为以下三个方面。

一是通过法律确立用人单位对人力资源的选拔和使用制度。比如，《公务员法》规定，录用担任一级主任科员以下及其他相当职级层次的公务员，采取公开考试、严格考察、平等竞争、择优录用的办法。《事业单位人事管理条例》规定要进行岗位设置和公开招聘，为建立公平竞争、择优录用的人才选拔和使用制度提供法律依据。事业单位根据职责任务和工作需要，按照国家有关规定设置岗位。岗位应当具有明确的名称、职责任务、工作标准和任职条件。事业单位新聘用工作人员，应当面向社会公开招聘。但是，国家政策性安置、按照人事管理权限由上级任命、涉密岗位等人员除外。

二是通过法律禁止人力资源使用方面的歧视，保障人力资源的权益。

比如，《就业促进法》对公平就业进行了具体规定，明确保障妇女、少数民族劳动者、残疾人、传染病病原携带者、进城就业的农村劳动者等的平等权利。用人单位招用人员，除国家规定的不适合妇女的工种或者岗位外，不得以性别为由拒绝录用妇女或者提高对妇女的录用标准。用人单位招用人员，应当依法对少数民族劳动者给予适当照顾。用人单位招用人员，不得歧视残疾人，不得以是传染病病原携带者为由拒绝录用，不得对农村劳动者进城就业设置歧视性限制。

三是通过法律规范人力资源使用过程中的相关关系。比如，《劳动法》规范了在中华人民共和国境内的企业、个体经济组织和劳动者之间的劳动关系，清晰界定了国家、用人单位、劳动者的相关权利义务，明确要求建立劳动关系应当订立劳动合同。此外，《劳动法》明确禁止用人单位招用未满十六周岁的未成年人。文艺、体育和特种工艺单位招用未满十六周岁的未成年人，必须遵守国家有关规定，并保障其接受义务教育的权利。

四　人力资源激励的法律促进机制

人力资源激励的法律促进机制主要体现为以下两个方面。

一是通过法律明确物质激励的方式方法、资金来源、主体对象等。人力资源开发的物质激励制度包括薪酬、奖金、期权、股权等收入分配制度。通过法律确立新的收入分配方式的合法性。在收入分配上，改变吃大锅饭的传统做法，收入体现人力资源的价值，对于确有贡献的高新科技人才、高级管理人才和科技人员等给予合理的技术权益分配和奖酬政策。比如，《劳动法》规定，工资应当以货币形式按月支付给劳动者本人。不得克扣或者无故拖欠劳动者的工资。《科学技术进步法》规定，各级人民政府和企业事业组织应当采取措施，提高科学技术人员的工资和福利待遇；对有突出贡献的科学技术人员给予优厚待遇。国有企业应当建立健全有利于技术创新的分配制度，完善激励约束机制。《公务员奖励规定》对工作表现突出，有显著成绩和贡献，或者有其他突出事迹的公务员、公务员集体给予奖励。

二是建立国家表彰奖励制度促进人力资源精神激励。我国目前已经建立了以中共中央《关于建立健全党和国家功勋荣誉表彰制度的意见》为指导,《中华人民共和国国家勋章和国家荣誉称号法》为主体,《中国共产党党内功勋荣誉表彰条例》《国家功勋荣誉表彰条例》《军队功勋荣誉表彰条例》为补充的制度体系。即"党中央制定一个指导性意见、全国人大常委会制定一部法律、有关方面分别制定党内、国家和军队3个功勋荣誉表彰条例"①。我国的表彰奖励制度全面规范了以国家、党中央、国务院、中央军委或部门、地区、系统的名义对为国家和社会发展作出贡献的杰出人士或组织团体,通过授予荣誉称号、勋章、奖章、奖金等形式进行精神、物质奖励的行为。

五 人力资源流动的法律规范机制

我国人力资源流动法律规范的整体方向是进一步打破人才流动的体制机制障碍,保障个人择业自由权和单位用人自主权,充分发挥人才作用。确保人力资源自由流动需要从两个方面进行规范,一方面规范用人单位因担心人才流失限制流动,另一方面规范人力资源因个人利益不顾用人单位利益辞职。人力资源流动的法律规范机制主要体现在以下几个方面。

一是通过法律规范流动的对象。比如,《人才市场管理规定》明确,用人单位不得招聘以下五类人员,分别是:(一)正在承担国家、省重点工程、科研项目的技术和管理的主要人员,未经单位或主管部门同意的;(二)由国家统一派出而又未满轮换年限的赴新疆、西藏工作的人员;(三)正在从事涉及国家安全或重要机密工作的人员;(四)有违法违纪嫌疑正在依法接受审查尚未结案的人员;(五)法律、法规规定暂时不能流动的其他特殊岗位的人员。再如,《干部调配工作规定》明确,见习期未满的或者正在接受有关部门审查处理的,一般不得调动。

二是通过法律规范从事人力资源流动的机构。比如,《人力资源市场暂行条例》对人力资源服务机构从事人力资源服务业务,人力资源市场活动等进行了具体规范。同时规定,人力资源流动应当遵守法律、法规对服务期、从业限制、保密等方面的规定。

---

① 新华社:《营造见贤思齐崇尚英雄争做先锋的良好氛围》,《人民日报》2017年7月28日第2版。

三是通过法律规范流动的方式。比如，在入口方面，《公务员录用规定》明确，录用公务员采取公开考试、严格考察、平等竞争、择优录取的办法。《事业单位人事管理条例》强调，事业单位新聘用工作人员，应当面向社会公开招聘。但是，国家政策性安置、按照人事管理权限由上级任命、涉密岗位等人员除外。在过程方面，《公务员转任规定》明确了公务员在公务员队伍内部不同职位之间的交流或交流到参照公务员法管理的机关（单位）工作人员职位的行为规范。《干部调配工作规定》详细规定了在国家机关和事业、企业单位之间调配干部的条件[①]、程序等。在出口方面，《公务员辞去公职规定》明确了公务员依照法律法规规定，申请终止与任免机关任用关系的行为规范。《公务员辞退规定》明确了机关依照法律法规规定，解除与公务员的任用关系的行为规范。《全民所有制事业单位辞退专业技术人员和管理人员暂行规定》对事业单位辞退人员的范围、条件、程序及法律后果作了明确规定。

四是通过法律规范人力资源流动的方向。国家通过规定法律责任的形式，排除用人单位对于人才流动采用非市场的阻碍手段。通过对法律责任的规定，对用人单位引进人才的不正当竞争行为进行惩戒。制定优惠政策，引导人才向企业流动，引导人才向西部地区流动，促使人才资源在分布结构上能有利于经济社会的发展。

---

① 第七条 各级人事部门可据下列原因之一，在国家机关和事业、企业单位之间调配干部：（一）改善干部队伍结构进行的人员调整；（二）满足国家重点建设、重大科研项目及国家重点加强部门的需要；（三）充实基层单位，支援边远贫困地区和艰苦行业；（四）补充国家机关和事业、企业单位人员空缺；（五）安置因单位撤销、合并或缩减编制员额而富余的人员；（六）调整现任工作与所具有的专业、特长不相适应的人员；（七）解决干部夫妻两地居或其他特殊困难；（八）符合政策规定的易地安置；（九）满足国家机关、事业、企业单位其他工作需要。

第三章

人力资源开发中的政府职责

> 在任何政府设计中,最大的便利就是确保稳定、正直而不偏不倚的法律执行。[①]
>
> ——《联邦党人文集》,第七十八篇

政府是人力资源开发的重要主体。从法学的角度,主体是指权利义务的承受者。人力资源开发主体即承担人力资源开发权利和义务的人与组织。以人力资源中具有较高能力和素质的人才资源为例,2012年《关于进一步加强党管人才工作的意见》确定了"党委统一领导,组织部门牵头抓总,有关部门各司其职、密切配合,社会力量广泛参与"的人才工作格局,明确了人才开发的各类主体。总体而言,政府在人力资源开发中的职责主要在宏观层面,以间接途径实现,开放、动态地促进人力资源开发,创造良好的人力资源发展环境,为人力资源开发提供优质的公共服务,维护人力资源开发的公平正义。

第一节 理论探讨
——以文献和政策法规为依据

社会转型期的当下中国,在从计划经济走向市场经济、由全能政府向有限政府转变的过程中,尤其在"把权力关进制度的笼子里"要求下,行政权容易从"行政越位"之此端走到"行政缺位"之彼端。

---

① [美]彼得·德恩里科:《法的门前》,邓子滨译,北京大学出版社2012年版,第69页。

政府开展人力资源开发工作的宗旨在于为市场主体、人力资源发展创造良好的外部环境。政府行为的尺度要在"干预主义"和"自由放任主义"之间折中。行政权该如何进退是摆在政府人力资源开发工作面前的一个实际问题。根据行政权在不同层级的履责重点来确定人力资源培养中行政权的进退，根据人力资源类别和安全级别来确定人力资源流动中行政权的进退，根据人力资源开发工作的公共性程度来确定人力资源投入中行政权的进退。无论行政权如何进退，其基础和前提是确定人力资源开发中的政府职责。

一 政府职责的分析

根据《辞海》的定义，"职责"是指职务上应尽的责任，"职权"是指职务范围以内的权力，"职能"是指人和事物以及机构所能发挥的作用与功能。从语法上来讲，"职责""职权""职能"三个词语都属于偏正结构，而且都属于偏正结构中的定中结构。三个词语中的"职"都是定语，修饰后面的中心语，意思是"职务上的"。而三个词语的中心语分别是"责""权""能"，意思分别是"责任"（Duty）、"权力"（Power）和"功能"（Function）。因此，"职责"就是指职务上的责任（Duty），"职权"就是指职务范围内的权力（Power），"职能"就是指人和事物以及机构所能发挥的作用与功能（Function）。我们分析政府在人力资源开发中的职责，更多的是强调政府的责任。比如，限制政府行政的灵活性和自由裁量权，尊重和保护人力资源的权利，要求政府既要消极不作为以免侵犯人力资源的自由权利，又要积极作为促进人和社会的全面发展，增进福利，满足人力资源的经济、社会和文化权利，并为自由权的实现提供稳定安全的制度保障和社会环境。

（一）政府职责的内涵及外延

在行政法视角下，政府职责亦即行政职责，属于行政法的基础概念。界定政府在人力资源开发中的职责，首先需要明确政府职责的基本含义。目前，无论是学术界还是实务界对于职责、职能、职权三个概念的认识都不够准确和清晰，经常出现三者混用的情况。而传统的行政法学理论中，对政府职责的内涵与外延界定都不清楚，因此容易造成行政机关及其工作人员无从区分"可为"与"不可为"。此外，传统的政府职责概念界定是建立在职权优先的基础之上，认为行政主体已享有行政职权的基础上方可履行行政职责。这在管制行政时代无疑是正确的，而随着服务行政的到来，政府职责的范围得以重新划分，政府应当办好该办的事，不办不该办的事，政府职责的含义以及界定政府职责的方式也会发生相应的变化。

政府职责是与政府职能和政府职权紧密联系的。政府的职能应当划分为"政府的功能"与"政府的职责"两个层次。政府的职责，是政府对社会必须履行的基本义务，即政府职能中比较"实"的一部分。政府职权是指政府"可以做什么"，政府职责是指政府"应当做什么""必须做什么"以及"不得做什么"，政府职权是政府的法定权利，而政府职责是指政府的法定义务。[①]

（二）政府职责的特征

政府在人力资源开发中的职责特征主要体现为空间上的层次性和时间上的动态性。

其一，层次性。不同层级的政府在人力资源开发工作当中所担负的职责内容、多少、强弱及其性质应当存在差异。界定不同层级政府承担人力资源开发职责，应当关注以下三个因素：一是人力资源开发工作的公共性强弱程度。公共性越强，越应当由高层级的政府承担；反之，则应当由低层级的政府承担。二是根据权责一致的原则，各级政府应当按照宪法及相应的法律当中对各级政府的权力配置履行职责。我国行政权力的配置规范性依据为《宪法》《地方各级人民代表大会和地方各级人民政府组织法》《国务院组织法》。三是各级政府在人力资源开发工作当中的实际能力，这既是从人力资源开发工作的实际状况出发，亦是考虑到各级政府的不同公信力会实际影响人力资源开发具体工作。

其二，动态性。政府在人力资源开发方面的职责会依据经济社会的发展变化以及人力资源开发工作的进展而进行相应的调整。同一层级的政府，往往会由于各自人力资源开发工作处于不同的发展阶段，人力资源开发的职责也会有所差异。以人才引进为例，在人才聚集水平较高、人才配置较为科学的发达地区政府，职责主要体现为围绕产业发展选择性地引进产业创新人才和领军团队，同时加强对存量人才的培训工作。通过市场机

---

① 黄惟勤：《政府职责的概念、特征及分类》，《法学论坛》2010年第3期。

制调节人才流动作用有限、人才存量明显不足的欠发达地区政府，职责主要体现为运用直接且强势的手段全面主导人才的引进。

除此以外，人力资源开发工作中政府的职责还具有法定性（政府的职责均有宪法和法律规定）、排他性（职责的履行主体必须为政府，不能为政府以外的其他主体）、强制性（任何政府若不履行职责，均构成不作为，应当承担相应的法律责任）等特征。

（三）政府职责的界定原则

政府职责的界定一般遵循职责法定、权责一致、统筹协调的原则。人力资源开发中的政府职责界定遵循同样的原则。所谓职责法定，指的是依据法律规定确定应当履行的职责范围和程度。贯彻职责法定原则应当避免纵向职责的同质化配置和横向职责的部门化倾向。具体而言，由于《宪法》《地方各级人民代表大会和地方各级人民政府组织法》《国务院组织法》等对各级地方人民政府的职权仅作原则性的规定，现实中各级人民政府的行政职权出现了上下级政府职责高度同质化的情况，即"职责同构"的现象。而横向职责的部门化倾向体现为多个部门在履行同一职责时的各自为政。比如，科技、教育、卫生等部门都具有人力资源引进培养等职责，极易从各自部门职责而非人力资源开发全局出发开展工作。所谓权责一致，指的是人力资源开发主体的职权与职责保持一致，进行合理配置。所谓统筹协调，指的是政府在履行人力资源开发职责的同时，应当兼顾产业发展的阶段性特征。在不同的发展阶段，人力资源开发职责的重心存在较大差异，应当进行相应地调整。

（四）政府职责的分类

政府职责的界定和分类可以为政府行为提供标准，有效避免政府及其工作人员的"无所不能"和"无所不为"。科学合理界定政府在人力资源开发中的职责，是落实行政问责制的基础，也是政府职责有效履行的前提。根据政府行为的性质，可将政府在人力资源开发中的职责分为法定职责和非法定职责；根据政府职责承担的主体分为公务员职责和政府部门职责；根据政府履职的行为方式分为作为职责和不作为职责。

二　政策法规中关于政府职责的规定

我国的很多政策法规中都会出现"职能""职责"的表述。"职能"

是"职责"确立的依据,"根据职能,划分职责"。当两个词语同时出现时,政策文件多在宏观层面使用"职能"一词,比如"转变政府职能",而在"转变政府职能"的下一层次才会使用"理顺职责关系""健全部门职责体系"。并且,对于"职能"的界定是高度抽象的,比如政策文件通常将政府职能概括为"经济调节、市场监管、社会管理、公共服务"四项,而涉及政府各部门的工作任务时,使用的都是"职责"。

以人才工作为例,当前人才工作领域的重要政策文件包括:《中共中央国务院关于进一步加强人才工作的决定》(以下简称《决定》)、《国家中长期人才发展规划纲要(2010—2020)》(以下简称《纲要》)、《关于进一步加强党管人才工作的意见》(以下简称《意见》)。《意见》第三部分有如下表述:按照统一领导、分类管理的原则,根据部门职能,科学划分有关部门在人才工作和人才队伍建设中的职责。人力资源社会保障部门要在制定人才政策法规、构建人才服务体系、培育和发展人才资源市场等方面积极发挥作用。承担党政人才、企业经营管理人才、专业技术人才、高技能人才、农村实用人才和社会工作人才队伍建设的主要责任部门要明确职责,各司其职。以上表述明确了两点:(1)政府人力资源和社会保障部门在人才开发中承担着制定人才政策法规、构建人才服务体系、培育和发展人才资源市场职责。(2)政府其他部门要根据对口的人才队伍承担相应的职责。

《决定》第八部分有如下表述:中央及地方各级政府要根据人才工作实际需要,在财政预算中安排必要的资金,用于高层次人才培养、紧缺人才引进、西部人才开发、公派留学生等工作。在重大建设和科研项目经费中,要划出一定份额用于人才开发。加强对人才投入资金使用的监督管理,切实提高人才投入效益。加大人才工作立法力度,围绕人才培养、吸引、使用等基本环节,建立健全中国特色人才工作法律法规体系。积极运用现代科技手段,加强人才信息网络建设。以上表述明确了政府在人才开发中要承担几项职责:(1)保障人才投入,加强资金管理。(2)加大人才工作立法力度,健全人才工作法律法规体系。(3)加强人才信息网络建设。

《纲要》提出了政府的几项职责:(1)要按照政府行政管理体制改革的总体部署,完善人才管理运行机制。(2)规范行政行为,推动人才管理部门进一步简政放权，减少和规范人才评价、流动等环节中的行政审批和收费事项。（3）分类推进事业单位人事制度改革，逐步建立起权责清晰、分类科学、机制灵活、监管有力的事业单位人事管理制度。（4）克服人才管理中存在的行政化、"官本位"倾向，取消科研院所、学校、医院等事业单位实际存在的行政级别和行政化管理模式。（5）在科研、医疗等事业单位探索建立理事会、董事会等形式的法人治理结构。（6）建立与现代科研院所制度、现代大学制度和公共医疗卫生制度相适应的人才管理制度。（7）完善国有企业领导人员管理体制，健全符合现代企业制度要求的企业人事制度。

三 文献资料中关于政府职责的论述

目前，人力资源开发中政府职责的文献资料主要是针对具体开发环节政府职责的论述。比如，姜晓萍指出，政府在人才市场发展中的职能主要指政府在人才资源配置中所应承担的职责和功能。政府在人才市场发展中的职能定位包括：政府应履行人才市场发展的"导航"职能，而非"操桨"职能；政府应营造人才市场发展的制度环境；政府应确保公平有序的人才市场环境；政府应构建人才市场发展的公共服务平台。政府在人才市场发展中的职能发挥状况与问题分析体现在：地方政府在人才市场发展中仍然存在大量缺位、错位的现象，政府仍然是人才市场的主体，人才宏观调控机制不健全，人才政策法规体系比较薄弱，人才市场环境的监管机制不健全，政府在人才市场发展中的公共服务不足。因此，姜晓萍提出以制度创新促进政府在人才市场发展中的职能转变，具体方式为：政府推出人才市场竞争，实现人才市场的多元化；发挥政府在人才宏观调控体系中的作用；健全人才市场发展的政策法规体系，发挥公共政策导向功能；加强政府对人才市场的监管，营造人才市场发展的良好环境；增强政府的公务服务职能，构建人才市场和谐发展的公共服务平台。[①]

关于政府职责的论述，行政法学理论中有管制行政理论和服务行政理论指导下的不同观点。在行政法学理论中，政府职责等同于行政职责。而

[①] 姜晓萍：《我国人才市场发展过程中的政府职能转变与制度创新》，《新视野》2006年第5期。

在管制行政理论和服务行政理论之下,行政职责的概念是不同的。

(一) 管制行政理论下的行政职责

传统的管制行政理论下,行政职责通常被界定为"行政主体及其行政人在行使行政职权过程中依法必须承担的义务"[①]。行政职责的内容则被认为是"履行职务,不失职;遵守权限,不越权;正确使用裁量权,不滥用职权;正确适用法律、法规,避免适法错误;重事实和证据;遵守法定程序,防止程序违法;遵循行政合理原则,防止行政不当"[②]。

职权优先是管制行政的重要内容,也是传统政府职责理论建立的基础,行政主体先有职权,再有职责,职责是在行政主体已享有和使用职权的情况下才必须履行的。在这种理论基础上,行政职责自然就是行政主体及其行政人在行使行政职权过程中依法必须承担的义务。上述关于行政职责基本内容的界定也是建立在职权优先的基础上的,比如"遵守权限,不越权"的前提肯定是已经享有了行政职权;"正确使用裁量权,不滥用职权"同样如此。

(二) 服务行政理论下的行政职责

21世纪,管制行政理论被服务行政理论取代。理论基础的变化带来了政府职责的发展。传统的行政职责是指行政主体及其行政人在行使行政职权过程中必须依法承担的义务,但这种定义并不符合服务行政的要求。

服务行政要求政府全心全意为人民服务。人民创立政府的根本目的是希望政府能解决个人不能解决的社会问题,满足人民的各种需求。所以,政府首先拥有的是职责。政府首先必须履行职责,然后在履行的过程中,为了保证行政职责的顺利履行,法律才赋予政府以行政职权。现代社会中,日新月异的科技发展和日甚一日的社会化大生产伴随着各种社会问题的产生。正是因为希望政府解决这些问题,如维护社会秩序,保障和促进经济发展,保护和改善人类生活环境与生态环境等,并将人们的生活梳理得井井有条,政府才开始享有越来越多的职权。行政法的发展本身也证明了这一点。因此,从逻辑上讲,行政职责在先,行政职权在后,所以,行政职责的定义不能建立在行政职权的基础之上。行政职责是法律规定的、

---

① 胡建淼:《行政法学》,法律出版社1998年版,第225页。
② 胡建淼:《行政法学》,法律出版社1998年版,第226页。

行政机关所必须履行的行政义务。法律规定了行政机关行政职责之后，才会赋予行政机关相应的行政职权。

四 本书关于政府人力资源开发应然职责的界定

根据现行政策法规的表述，我国政府的"职能"基本是明确的。我国政府的基本职能包括四个方面：保障人民民主和维护国家长治久安的职能（即政治职能），组织社会主义经济建设职能（即经济职能），组织社会主义文化建设职能（即文化职能），提供社会公共服务职能（即社会职能）。

根据《宪法》和《地方各级人民代表大会和地方各级人民政府组织法》，我国中央政府和地方政府的"职权"也是明确的。比如，《宪法》第八十九条明确规定："国务院行使下列职权：（一）根据宪法和法律，规定行政措施，制定行政法规，发布决定和命令；（二）向全国人民代表大会或者全国人民代表大会常务委员会提出议案；（三）规定各部和各委员会的任务和职责，统一领导各部和各委员会的工作，并且领导不属于各部和各委员会的全国性的行政工作；（四）统一领导全国地方各级国家行政机关的工作，规定中央和省、自治区、直辖市的国家行政机关的职权的具体划分；（五）编制和执行国民经济和社会发展计划和国家预算；（六）领导和管理经济工作和城乡建设；（七）领导和管理教育、科学、文化、卫生、体育和计划生育工作；（八）领导和管理民政、公安、司法行政和监察等工作；（九）管理对外事务，同外国缔结条约和协定；（十）领导和管理国防建设事业；（十一）领导和管理民族事务，保障少数民族的平等权利和民族自治地方的自治权利；（十二）保护华侨的正当的权利和利益，保护归侨和侨眷的合法的权利和利益；（十三）改变或者撤销各部、各委员会发布的不适当的命令、指示和规章；（十四）改变或者撤销地方各级国家行政机关的不适当的决定和命令；（十五）批准省、自治区、直辖市的区域划分，批准自治州、县、自治县、市的建置和区域划分；（十六）依照法律规定决定省、自治区、直辖市的范围内部分地区进入紧急状态；（十七）审定行政机构的编制，依照法律规定任免、培训、考核和奖惩行政人员；（十八）全国人民代表大会和全国人民代表大会常务委员会授予的其他职权。"

与"政府职能"和"政府职权"的明确不同,"政府职责"是个相对模糊的范畴。之所以如此,是因为"政府职能"是宏观和抽象的,并且比较稳定的,"政府职权"是政府开展各项活动的直接依据,而"政府职责"介于"政府职能"和"政府职权"之间,相对模糊而且经常调整,很难明确规定。笼统而言,政府职责就是指政府依法承担的责任,它是政府职能的微观化和具体化,同时又是政府行使职权的出发点和落脚点。

基于政策法规与文献资料的分析,我们认为,政府在人力资源开发中的职责应当体现为创新机制、营造环境、提供服务、维护公平。以人力资源开发工作中相对成熟的人才开发为例,具体而言,政府应当履行的职责主要体现为四个方面。

一是建立人才开发工作协调机制,落实人才开发责任制和监督考核制,营造有利于人才发展的环境。首先,通过人才开发工作协调机制,及时将年度人才工作要点、重点工作任务分解到各有关部门,明确工作质量和进度要求。政府相关部门要细化任务分工,提出具体落实措施,部门之间要加强协作配合。人才开发工作协调机制的建立,可以促进政府各人才工作部门之间的沟通交流,实现人才工作信息交流共享。具体的工作方式可以为人才工作领导小组各成员单位确定联络员,加强同领导小组和其他成员单位的工作联系。同时,建立人才工作领导小组例会制度,交流工作进展情况,研究解决重点难点问题。其次,落实人才开发责任制和监督考核制。将人才开发工作纳入政府绩效考核体系,由人才工作主管部门对人才开发的情况进行督查,能有效落实人才开发法规、政策,及时纠正和查处以人才开发为名侵害人才权益或侵吞国家资产等违法不当行为。目前全国各地人才工程、人才项目繁多,但对于项目资金的使用监督检查、成效追踪和绩效评价工作仍存在完善空间,有必要建立人才开发监督考核制,尤其有必要强化重大政策和工程的绩效评估。对重大政策和工程的绩效评估有利于提高人才开发工作的科学性、针对性和实效性,及时了解重大人才政策和工程的实施状况,有针对性地开展人才开发工作。最后,营造有利于人才发展的环境。政府应当为人才充分发挥其才能创造良好的环境,创造有利于人才聚集的社会环境。环境的营造既包括事业环境、生活文化环境,也包括市场法治环境。政府应当优化人才事业环境,提供知识产权服务与保护，营造创新社会氛围，优化人才创新创业环境。政府应当优化人才生活文化环境，具体包括居住条件、医疗服务、社会保障状况、子女入学、基础设施、现代服务业、社会包容度等；政府应当优化人才市场法治环境。人才市场必须建立在完善的法治基础上。培育完善人才市场环境，制定公平、完整的法律制度环境，对人才流动、人才市场准入、人才市场运行、市场竞争、争议仲裁、人才市场主体权益维护等方面作出具体规定，使人才市场竞争有法可依、有章可循。

二是提升人才公共服务效能。人才在就业、医疗、社会保障、子女入学、配偶工作等方面存在诸多需求，部分地区为人才提供的公共服务功能不全、手段落后、质量较低，缺乏公共财政预算保障。部分地区承诺的服务内容和标准还可能落实不到位，不能为人才的生活与工作营造良好的环境，极大地影响了人才作用的充分发挥。这反映了政府在人才公共服务方面的缺位、错位。政府积极改进现行人才公共服务体系，从各类人才就业、创业和充分发挥作用的需求出发，建立与人才强国战略、建设创新型国家相适应的高水平的人才公共服务体系成为当下的重点任务。政府应当致力于建立一体化的人才公共服务网络，统筹各类人才公共服务资源，贯彻公平理念，提供均等化的公共服务。

三是打破资源集中的"马太效应"，维护人才开发的公平正义。均衡地区差异，引导人才有序流动。人才的市场流动是基于个人理性作出的选择，通常倾向于工资待遇高、发展机会多的地区和行业流动，从而形成地区、行业人才结构的不平衡。政府应当建立一个让经济发达地区吸引人才、同时也让经济落后地区留住人才的均衡机制。我国各地经济社会发展极不均衡，完全放任市场配置人才资源可能导致发达地区人才聚集和落后地区严重的人才流失，这对于实现全国均衡发展是不利的，这一问题在各省份内部也不同程度地存在。因此，政府、特别是中央政府在宏观调控人才市场时，应特别重视人才自由流动和落后地区保有人才的平衡，避免加剧人才市场中的两极分化。目前，全国各地出台的人才政策，为人才提供了相当优惠的条件，但关于政策的合理性与公平性是目前社会各界关注的焦点。争论较多的是为人才提供"专项房"，由于人才对住房的需求并不强烈，从而造成有限资源的浪费，同时也无法发挥激励作用，形成马太效应在这个领域的翻版。政府在大力引进海外高层次人才的同时，应当鼓励本土人才培养，形成公平竞争、尊重人才的社会氛围。充分调动国内高层次人才创新创业的积极性，切实发挥他们在建设创新型国家中的主体作用。加大"万人计划"的推进力度，平衡本土人才与引进人才的资源分配，形成以水平论英雄、百舸争流的人才竞争氛围。各有关部门在科研管理、事业平台、人事制度、经费使用、考核评价、激励保障等方面制定具体支持政策，鼓励有关部门参照相关政策规定，结合国内人才实际，为"万人计划"制定落实工作条件、生活待遇等方面的特殊政策。

四是倡导人才的诚实守信，规范人才自身行为。近年来全国各地加大了人才引进的力度，各级政府通过各种活动平台引进海外人才、落实人才政策，对于吸引优秀人才发展当地经济起到了相当大的作用。但也出现了个别以申请国家、地方人才资金资助计划的政策申报专业户，这一情况既浪费了国家资源，也会破坏社会的公平正义。针对上述情况，我们认为，政府应当致力于建立人才诚信体系，明确人才的权利和义务，规范人才自身行为，在全社会倡导守信激励、失信惩戒的氛围。

第二节 实践分析
——以人才引进中的政府职责为例

改革开放40多年来，市场经济体制不完善和市场的固有缺陷所带来的问题广泛存在，政府职能转变不到位和管理体制问题使得规制方式相对简单，效率低下。在人才引进方面，加强规制与放松规制的需求同时存在。所谓加强规制，是指应当由政府提供服务、加强监管的领域，政府应积极主动进行规制。所谓放松规制，是指可以由市场、用人单位和中介组织来完成的工作，政府应当尽可能地放权。因此，亟须通过法律的形式，改变政府大包大揽的做法，明确政府、市场、企业、中介组织在人才引进方面的作用和职责。从宏观和微观两个层面对政府在人才引进中的应然职责进行界定，明确政府在人才引进工作方面如何"有所为"和"有所不为"。

一 宏观层面的应然职责

从宏观层面来看，政府履行人才引进的职责需要处理好几组关系：一是人才与产业的关系，人才引进计划需要紧密围绕产业发展进行；二是各相关职能部门之间的关系，加强部门合作和政策协同；三是人才引进相关法律政策之间的关系，尤其是要完善海外高层次人才引进的法律规范。

（一）围绕产业发展，统筹各类人才引进计划

传统产业的升级换代、战略性新兴产业的崛起与发展，都离不开人才这一关键要素。基于此，近年来，我国各级政府纷纷出台人才引进政策，实施人才引进工程，较大地推动了当地产业的发展。但人才抢夺、相互抬价引起的市场混乱和财政资金浪费等问题也时有发生。因此，政府需要围绕产业发展统筹人才引进措施。尤其是战略性新兴产业的人才引进，要将人才政策措施与产业发展政策措施进行对接，确定人才支撑产业发展的重点项目，围绕重点项目培养和引进人才。

（二）加强部门合作与政策协同

组织部门与人力资源社会保障部门之间的职责边界需清晰。党委组织部门负责牵头抓总，人力资源社会保障部门为人才工作的综合管理部门，从理论层面，三定方案清楚界定了组织部门与人力资源社会保障部门的各自职责，人力资源社会保障部的人才工作与组织部的人才工作应当没有交叉。但实践层面上的情况并非如此。调研中了解到的情况是，省一级的人才工作，除外专、职称、博士后之外，其他人才工作组织部门都可以做，现在组织部门还承担了引进人才服务的职责，并成立了专门的机构。在地方的市县，组织部门同样承担外专、职称等工作。

政府人才工作部门之间的沟通应当顺畅，信息实现共享。人才从发现、引进到实际发挥作用，牵涉的人才工作部门众多，若这些部门之间缺乏沟通，往往会影响到人才引进的效率和效果。人才信息的共享主要依靠人才信息管理平台的建设，对于相关产业的海内外高层次人才的信息实现开放共享的动态管理。

产业政策与人才政策之间需要协同与互动。在促进战略性新兴产业发展过程中，需要深化产业政策与人才政策的互动，这种互动体现为：提升人才规划与产业规划的融合度，提高产业人才的供给能力，使得产业发展所需人才与人才存量、人才储备之间相互匹配。在产业链的上游，需要政府支持基础研究，围绕产业加强创新人才培养开发，尤其是海外高层次人才的引进。

(三) 完善人才引进的法律规范

人才引进工作应当转变理念，从"依政策办事"到"依法行政"，尤其是引进海外高层次人才，有法可依显得尤为重要。我国关于引进人才的政策繁多，但缺乏统一的技术移民规范和细化的标准，各部门和各级政府尚未根据我国实际需求确定技术移民和长期居留的细化标准和解决方案。

世界主要发达国家均注重人才引进的法制建设，以立法的形式管理移民事务，通过立法明确和调整人才引进的重点和方向。例如，德国将技术移民正式写入《移民法》，该法的第 19 条规定在特殊情况下可给拥有高级专业水平的外国人颁予落户许可。拥有高级专业水平的人包括三种，"拥有特殊专业知识的科学家"；"身处突出位置的教学人士或身处突出位置的科研人员"；"具有特殊职业经验的专家和处于领导岗位的工作人员，其收入至少相当于法定医疗保险费衡量界限的两倍"。2006 年 7 月，法国议会通过了一项关于外国移民融入法国的新法律，设立新的居留证，即《优秀人才居留证》，这是法国主动选择优秀移民，为拥有专业技术、有利于法国繁荣的人士定居法国提供便利的一大举措。

我国一方面要根据社会和经济发展的需求，立足产业需要，积极引进当前所需要的海外高层次人才。另一方面也要意识到我国目前还是人力资源大国，有沉重的人口负担，要严格控制影响我国普遍就业、影响社会稳定的人员进入。无论是积极引进还是严格控制，都需要通过完善法律规范的形式来进行。具体而言，通过新设投资移民、技术移民等制度规范引进对于经济社会发展和产业结构调整升级所需要的高层次创新创业人员；严格控制影响我国一般劳动者就业岗位和社会稳定的人员引进；参照其他国家的法律法规和管理方式，采取有效的手段遏制非法入境、非法滞留和非法就业的情况。

二 微观层面的应然职责

从微观层面来看，政府在人才引进中的应然职责包括三个层面，分别属于人才引进的三个阶段，即人才引进前的甄别和引导、人才引进后的服务以及人才服务后的评估。

(一) 人才引进前的甄别和引导

"引进一个好的人才固然好，但现代科技已经有很深的国家烙印，也就是说科学技术是有政治色彩的,因此我们不能不考虑用人安全问题。"[①]人才引进前要进行安全甄别,尤其是具有战略地位的行业引进的人才,其是否安全可靠,企业没有足够的资源和能力进行辨别,只能依赖政府的信息调查进行甄别确认。因此,政府需要协助企业对引进的海外高层次人才进行能力鉴别以及背景调查等,降低人才引进风险。

人才引进前要进行诚信甄别。近年来全国各地加大了人才引进的力度,各级政府通过各种活动平台引进海外人才、落实人才政策,对于吸引优秀人才发展当地经济起到了相当大的作用。但也出现了个别以申请国家、地方人才资金资助计划的政策申报专业户。上述问题的解决方案之一是政府建立人才诚信体系,明确人才的权利和义务,规范人才本身行为,在全社会倡导守信激励、失信惩戒的氛围。

人才引进前要进行目标定位引导。在引进海外高层次人才工作方面,政府有必要思考引进海外人才的政策目标定位,更好地引导企业进行人才引进。目前,政策导向更多的是将引进人才的重点放在研发人员和研发团队上,是否将拥有核心技术的高科技人才引进来,提升研发能力,开发产品就一定能推动产业的发展,这是值得探讨的问题。在人才的引进方面,企业应当考虑其自身需求,政府应当思考其政策着力点,不可单一化和机械化。

(二)人才引进后的服务

人才引进后要建立和完善人才公共服务体系。人才在就业、医疗、社会保障、子女入学、配偶工作等方面存在诸多需求。政府应积极改进现行人才公共服务体系,从各类人才就业、创业和充分发挥作用的需求出发,建立与人才强国战略、建设创新型国家相适应的高水平的人才公共服务体系。

人才引进后的服务要充分考虑人才的实际需求。调研发现,各地政府在人才服务的工作意识、工作作风等方面都发生了较大转变,但仍然存在服务工作与引进人才的需求脱节的现象。人才对政府提供的旅游服务评价存在较大分歧,这在某种程度上是服务工作没有充分考虑引进人才需求的一种反映。

---

① 丁艳丽:《战略性新兴产业以人才立身》,《中国人才》2013年第4期。

人才引进后的服务重点应当根据自身经济发展的现状进行调整。比如，有些地方政府的人才引进服务已经从提供生活配套服务逐渐转为人才的创业指导服务，特别是融资需求以及各种对口的政策需求，从跑腿服务转向智慧服务，尤其是提供与市场进行对接的服务。

（三）人才服务后的评估

人才服务后要对人才发挥作用进行评估。政府应当采取制约与激励并用的方式在对人才进行作用评估的基础上促进人才更好地服务发展。所谓制约机制，就是通过增加成本的方式来改变人才的行为选择；所谓激励机制，就是通过增加预期收益来改变人才的行为选择。对引进人才进行考核，强化考核结果的效力，综合运用制约机制和激励机制，方能实现人才引进的最好效果。政府应当建立高层次人才信息库，建立健全引进人才的工作绩效档案，对引进人才的使用、管理和发挥作用情况进行检查和评估。

对引进人才进行考核主要难点在于难以确定人才的评价标准。中组部发文要求创新人才评估主要总结发表文章、科研创新、人才培养、科研和人才体制创新等情况；创业人才评估主要总结创业企业总体情况以及产品研发、申请专利、技术突破等方面情况。但是由于不同的领域和行业研究周期不同，如果用一套标准来衡量，容易导致评估结果的不客观、不科学。但若具体考虑每个领域、每个行业的科研规律，又容易造成评估标准的不可操作性。

人才服务后要对政府引进人才工作进行评估。对政府人才引进工作的评估应当采取第三方评估的方式，对引进人才经费投入效果、政府在人才引进过程中行为方式等进行全面评估。人才经费投入效果的评估，有利于优化人才投入的方向和方式。政府人才引进行为方式的评估，有利于行政行为的规范化和合法化，杜绝以人才引进之名行违法乱纪之实的现象。

三 "有所为"与"有所不为"

为促使引进人才更好地发挥作用，政府应当做到"有所为"与"有所不为"。"有所为"是指在人才引进工作中，无论是宏观层面还是微观层面的政府应然职责应当履行到位。中央政府对全国的人才引进计划应当统筹规范，各地政府也要相应地进行统筹规范，及时掌握各项人才政策的执行和落实情况，对引进人才本身和各级政府的引才工作及时作出评价，以便能调整引才思路，服务经济发展。"有所不为"是指凡用人单位能自主决定的，市场竞争机制能有效调节的，行业组织或中介组织能够自律管理的，政府均应当"有所不为"。具体而言，"有所不为"体现在以下几个方面。

（一）用人单位能自主决定的，政府不干预

市场经济条件下的人才引进要进一步强化产业导向和市场取向，突出用人单位的主体地位。例如，调研发现，人才引进经费投入方式存在行政化倾向，有主张认为人才资助经费应该由用人单位发给个人，让用人单位根据人才的绩效的真实情况来决定人才的报酬。

（二）市场竞争机制能有效调节的，政府不干预

政府应当充分发挥市场的作用，建立符合产业发展规律的良好市场环境，从而达到吸引人才的效果。以战略性新兴产业的发展为例，产业兴起初始阶段，产业化风险大，政府在人才引进、投融资等方面的服务作用不可替代。但随着经济社会的发展，未来的人才引进管理模式将以市场竞争机制为基础、法制为保障的开放式管理模式为发展方向。

（三）行业组织或中介机构能够自律管理的，政府不干预

政府从原有的直接管理、微观管理中退出，需要数量众多、种类全面、相互配套的社会中介组织来承担政府转移出来的人才市场协调管理职能。人才引进方面，凡是依靠行业组织或中介机构能够完成的工作，政府不干预。但在关键人才的引进方面，政府应当发挥主导作用。虽然也开放市场，允许国外大的猎头公司进入市场，但事实上这些猎头公司在海外高端人才和核心技术人才的引进方面作用甚微，主要还是依赖政府。一方面，这种政府主导，在各种政策措施配套下的人才引进模式符合我国目前的经济发展现状和人才环境现状，值得肯定。另一方面，未来的发展方向应当仍然是充分发挥行业组织或中介机构的作用。

第四章

人力资源开发各相关主体的应然权利和义务

> 在权利尚未遭到侵害之前,我们总是将它视为理所当然,而当我们面临失去的危险时,我们才开始珍视它。①
>
> ——德肖维茨

人力资源开发法制建设的起点是从应然层面规定人力资源开发各相关主体的权利义务。调整人力资源开发活动中所发生的各种社会法律关系。具体而言,政府、用人单位、社会组织、人力资源等主体在人力资源开发工作或人力资源相关活动中发生的权利义务关系,包括人力资源开发工作中的行政管理关系、人力资源活动中的经济协作关系、人力资源活动中的民事关系等。法律关系的本质是权利和义务关系,人力资源开发法制规范所涉及的主体之间的权利义务关系包括政府与人力资源、用人单位与人力资源、社会组织与人力资源、人力资源之间等。

第一节 权利和义务的基本理论问题

康德曾言,"问一位法学家什么是权利就像问一位逻辑学家一个众所

---

① [美]艾伦·德肖维茨:《你的权利从哪里来?》,黄煜文译,北京大学出版社2014年版,第5页。

周知的问题'什么是真理?'同样使他感到为难。"① 霍菲尔德从分析哲学的路径出发研究权利,从而分析法律问题,自此开启了法学界历史悠久、著述颇丰的权利研究。

权利概念的界定,要么通过纵向考察权利概念的起源来明晰权利概念的内涵,要么通过横向梳理有代表性的关于权利概念的界定来进行提炼。事实上,关于权利概念的界定还有多种表述,不同的学者从不同的维度、不同的层次对权利的不同方面进行了阐述。关于权利的一些基本问题,如权利和义务何者属于本位、权利之间有无位阶、权利的保障机制该如何设计、权利与权力之间的关系等都没有达成基本的共识。

本书所指称的权利,是被法律、道德确认和保护的利益及主张。具体来说,这一界定包含三个层面的意思:第一,权利是一种利益和主张。利益指的是既有的要求,主张指的是新的要求;第二,权利所代表的利益和主张是受到确认和保护的,确认指的是承认利益和主张的存在,保护指的是采取积极的行动确保利益和主张的实现;第三,确认和保护的主体是法律或道德,经法律确认的权利是法定权利,经道德确认的权利是道德权利。受到法律或道德确认和保护的权利被侵犯后会有相应的救济渠道。本书所指称的义务是实现被法律、道德确认和保护的利益及主张之观念和制度。② 具体来说,这一界定包含两个层面的意思:第一,义务是确保权利实现的一种观念,在思想上承认权利的存在。第二,义务是确保权利实现的制度之和,通过制度的设计确保权利的实现。

一 权利和义务的类别

根据不同的划分标准,可对权利和义务进行不同的分类。每一种分类体现的是权利和义务的一个维度,从一个侧面反映权利和义务的属性。从权利和义务的存在形态来看,可以分为应有权利和义务、习惯权利和义

---

① [德]康德:《法的形而上学原理——权利的科学》,沈叔平译、林荣远校,商务印书馆1991年版,第39页。
② "一般说来,法学上的义务是一个与权利相对应的概念。说某人享有或拥有某种利益、主张、资格、权力或自由,是说别人对其享有或拥有之物负有不得侵夺、不得妨碍的义务。若无人承担和履行相应的义务,权利便没有意义。故一项权利的存在,意味着一种让别人承担和履行相应义务的观念和制度的存在。"夏勇:《权利哲学的基本问题》,《法学研究》2004年第3期。

务、法定权利和义务、现实权利和义务。应有权利是权利的初始形态，它是特定社会的人们基于一定的物质生活条件和文化传统而产生出来的权利需要和权利要求，是主体认为或被承认应当享有的权利。应有义务是虽未被法律明文规定但根据社会关系的本质和法律精神应当由主体承担和履行的义务。习惯权利是人们在长期的社会生活过程中形成的或从先前的社会传承下来的，表现为群体性、重复性自由行动的一种权利。法定权利是通过法律明确规定或通过立法纲领、法律原则加以宣布的以规范与观念形态存在的权利。它是统治阶级的主观权利意志客观化的结果，所以也被称为"客观权利"。法定权利不限于法律明文规定的权利，也包括根据社会经济、政治和文化发展水平，依照法律的精神和逻辑推定出来的权利，即"推定权利"。法定义务是法律明文设定的、以法律规范的形式存在的义务。对于公民，法定义务一般限于法律明文规定，不得作扩大推定，即不能推定法律命令或者禁止之外还有法律义务。现实权利，即主体实际享有与行使的权利，亦称"实有权利"。这种权利是通过主体的主观努力而实现的。根据权利义务所体现的社会关系重要程度可分为基本权利义务与普通权利义务，前者是由宪法进行规定，后者则由宪法以外的其他法律法规规定。我国宪法规定的公民基本权利包括政治权利和自由；宗教信仰自由；人身自由权利；社会经济权利；教育、科学、文化权利和自由；特定人的权利；监督权利。此外，根据权利义务的效力范围可分为一般权利义务与特殊权利义务。根据权利义务的主体不同可分为个体权利义务、集体权利义务、国家权利义务、人类权利义务等。

二 权利之间的冲突

在这样一个"权利的时代"[①]，众多权利之间是否存在重要性的分别，

[①] 现今，"权利的时代"似乎已经成为一个约定俗成的通行说法，美国哥伦比亚大学教授、著名宪法学家路易斯·亨金所著《权利的时代》，以及夏勇教授主编的《走向权利的时代：中国公民权利发展研究》，都是对其极好的注解。参见［美］L. 亨金《权利的时代》，信春鹰、吴玉章等译，知识出版社1997年版；夏勇主编，高鸿钧、贺卫方、刘广安、张志铭副主编：《走向权利的时代：中国公民权利发展研究》，中国政法大学出版社1997年版（后1999年修订版，并有社会科学文献出版社2007年版）。而"认真对待权利"也随着德沃金教授的著作成为经典表述，罗纳德·德沃金：《认真对待权利》，信春鹰、吴玉章译，中国大百科全书出版社1998年版。

甚至是对冲与博弈的紧张关系,当权利冲突出现的时候应当如何解决?这些问题目前并没有达成共识,甚至大家对是否存在权利冲突都有不同的看法。有学者认为,既然权利是在法律或道德上正当存在的,那么正当的权利之间不可能存在冲突。同时,不同权利的边界可以通过立法技术、司法解释、法律原则、公序良俗等来划定,既然各自有边界,就不存在冲突。当然,也有不少学者对这一主张提出了质疑。本书认为,现实生活中确实存在权利冲突。对于权利冲突的解决,有学者提出了四种路径:"经济路径是增加社会可供资源的存量,法律路径是完善权利制度的明晰性和现实性,伦理路径是提高权利主体的道德素养,社会学路径是增加社会成员的沟通渠道。"[①]

三 权利和义务的关系

权利和义务的关系可以从结构、数量功能、价值等不同维度考察,不同的学者持不同的观点。在权利和义务关系问题的讨论当中,关于何者本位的讨论促进了法学理论的繁荣与发展。理论上,权利本位是二十多年来中国法理学,甚至整个中国法学的主导范式,是中国法学与法律发展的重要理论。实践中,立法者坚持不懈地探讨权利的法律保护,执法和司法者努力寻求权利的实现,人力资源本身也在不断地强调自身权利的不可侵犯,这种权利本位意识发展到极致,而忽视义务的履行,那么势必会出现失衡,法制可能会遭到破坏。有鉴于此,我们提倡既非权利本位,也非义务本位,而是一种平衡的权利和义务关系。

第二节 不同主体的权利和义务分析

人才、公民、普通劳动者都可以成为人力资源,三者的权利和义务在很多方面是重叠的,《宪法》规定公民的基本权利和义务,《劳动法》界定普通劳动者的权利和义务,而人才的权利义务散见于不同的法律法规当中。人才并没有不同于其他劳动者的特殊权利,人才与公民、普通劳动者权利和义务的不同点,主要体现在因专业知识和专门技能的不同所产生的

[①] 何志鹏:《权利基本理论:反思与构建》,北京大学出版社2012年版,第140页。

不同诉求。在国家的不同发展阶段，对人才、公民与普通劳动者权利保护的重点会有所区别。

一 人才与公民、普通劳动者权利和义务的共同点

《宪法》规定，公民权利包括平等权、政治权利和自由、宗教信仰自由、人身自由、私有财产权、社会经济权利、文化教育权利、监督权和请求权、特定主体的保护权利。公民义务包括维护国家统一与民族团结、遵守宪法与法律、维护祖国安全，荣誉和利益、依法服兵役、依法纳税的义务。《劳动法》规定，劳动者权利包括平等就业和选择职业的权利、取得劳动报酬的权利、休息休假的权利、获得劳动安全卫生保护的权利、接受职业技能培训的权利、享受社会保险和福利的权利、提请劳动争议处理的权利以及法律规定的其他劳动权利。劳动者义务包括完成劳动任务、提高职业技能、执行劳动安全卫生规程、遵守劳动纪律和职业道德。本书认为，作为公民的普通劳动者既享有公民的权利，也享有普通劳动者的权利，既要履行公民的义务，也要履行普通劳动者的义务，作为公民的人才亦是如此。但是，由于人才的权利和义务散见于各种法律法规当中，且涉及多个职能部门，人才权利落实和义务履行往往会出现一些问题。

二 人才与公民、普通劳动者权利和义务的不同点

人才与公民、普通劳动者权利义务的不同点，主要体现在因专业知识和专门技能的不同所产生的不同诉求。从权利的形态来看，人才权利属于群体共有权利。群体共有权利是指具有共同利益或者身份或处境相同的个人，在其所属的某一社会特殊群体中同等享有的权利。如妇女、儿童、老人、残疾人、华侨、少数民族、外国人等群体，每个群体中的成员，都与同一群体的其他成员享有同等的特殊权利。从权利关注的重点来看，人才权利应当关注人才专业知识和专门技能的获得、使用和提升。人才并非一个法律概念，而是一个政策性概念。无论人才学、管理学或其他学科给人才作怎样的界定，也无论政策文件、专家著作对人才概念作何种解释，人才概念的核心在于专业知识和专门技能。从人才概念的核心——专业知识和专门技能入手，围绕知识和技能的获得、使用与提升三个层次来展开（具体如图4—1所示）。

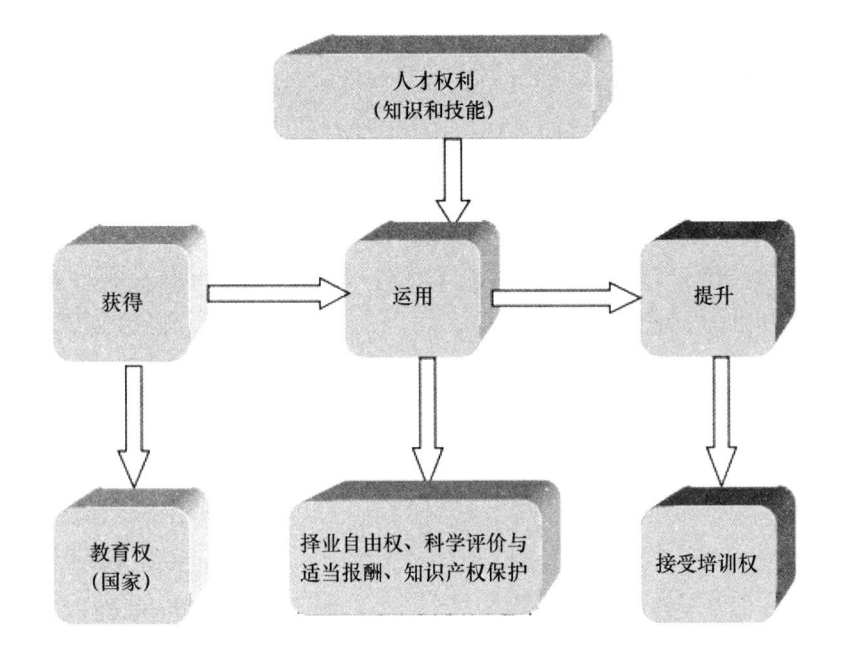

第四章　人力资源开发各相关主体的应然权利和义务 / 77

图 4—1　人才权利界定思路

在国家发展的不同阶段，人才、公民与普通劳动者权利保护的重点会有所区别。近年来，各地政府出台一系列的优惠政策吸引人才，体现了对人才权利的重视，但随之引发社会公众对人才住房、税收、子女就学等优惠政策是否损及社会公平的质疑。人才权利保护与社会公平正义两者并不冲突，对人才权利的保护正是实现社会公平正义的应有之义。让人才充分享受知识和技能带来的回报，激发他们创造更多的社会价值，既符合国家和民族的利益，也符合人民群众当前和长远的利益。现代社会的治理和运行离不开专业知识和专业技能，而专业知识和专业技能是人才具备的重要特征，对人才权利的保障是确保专业知识和专业技能发挥作用的重要条件。"要想生存和发展，任何一个现代社会都需要专业知识。在波斯特看来，现代社会的一个显著特征就是对专家及专业知识的高度依赖。现代社会的运作和治理正是建立在这些专家和专业知识之上的。要回答香烟是否会致癌或钚—239 的半衰期是否是 24000 年，抑或是否应该提高关税这样的问题，普通公民和民主政府在决策时除了相信和依靠专家及专业知识外别无选择。然而，培养一名专家需要多年的训练与选拔，专业知识更是只有通过极其复杂严格的专业和学科实践才能被生产和复制出来。因此，专业知识以及能够制造这些专业知识的专业实践才是波斯特真正的关怀所在；而之所以选择学术自由，是因为这是目前我们所拥有的保护此类知识和实践最有效的法律武器。"[1]

三 人才及用人单位重点关注的权利和义务

人才是人力资源当中能力和素质较高的那一部分，在人力资源开发过程中，人才关注的权利义务与普通劳动者会有所不同。不同用人单位的权利和义务也存在一定的差别。

（一）人才及用人单位的权利

人才重点关注的权利主要围绕专业知识和专门技能展开。围绕专业知识和专门技能的获得，人才关注教育权的实现；围绕专业知识和专门技能的使用，人才关注择业自由权、能力水平获得公正评价权、按劳取酬权、利益分享权、知识产权保护、话语权等；围绕专业知识和专门技能的提升，人才关注继续教育权等；用人单位的权利包括获得人才的权利、培养人才的权利、自主使用人才的权利、考核评价人才的权利、激励人才的权利等。

1. 人才权利的内容

受教育权是宪法赋予每一位公民的平等权利，受教育权保障人人平等地具有获得专业知识和专门技能的机会，是普通劳动者成长为人才的一项基本权利。树立人人皆可成才的社会理念，就要营造人人皆受教育的学习环境。受教育权是一种受益权，它的实现要求国家公权力的积极作为。

择业自由权是人才可自由选择其专业知识和专门技能服务对象的权利。保障人才的择业自由权就是要保证人才可以自主决定运用其专业知识和专门技能为谁服务，这也是对人才充分运用专业知识和专门技能的一种保证。只有在充分自由的大环境下，人才的专业知识和专门技能才可以在最合适的岗位得到最大限度的发挥。

---

[1] 左亦鲁：《学术自由：谁的自由？如何自由？为什么自由？——评罗伯特·波斯特〈民主、专业知识与学术自由〉》，https://ishare.ifeng.com/c/s/70EXIJZTif6，2021年8月1日。

能力水平获得公正评价权是激励人才运用其专业知识和专门技能进行创造性劳动的一种权利。人才的能力水平获得公正评价，可以活跃学术思想，促进创新和国家科学技术的发展。在分工急剧细化的时代里，社会需要各种不同类型的人才，人才的能力水平也需要得到客观、公正、科学的评价。

按劳取酬权是人才的专业知识和专门技能获得相应报酬的权利，唯有人才的专业知识和专门技能可以给人才带来与其相当的报酬，方可鼓励人才的创新发展。人才基于专业知识和专门技能的劳动往往很难量化，因此现实生活中忽视人才的智力劳动，报酬无法与人才付出的劳动相匹配的情况多有发生。

利益分享权主要是针对人才利用其专业知识和专门技能进行创造性劳动之后，除享有按劳取酬权以外，对于其劳动所带来的利益有分享的权利。利益分享并非传统意义上的平均主义吃大锅饭，而是基于贡献和科学评价之上的对人才的一种肯定。

知识产权保护是促进创新的一剂良药。完善知识产权运用和保护机制，方能让各类人才的创新智慧竞相迸发。但是知识产权的保护也应适度，防止演变成极端，不将专利投入生产，而用其索要高额的专利许可费或赔偿费来牟取暴利，或是利用知识产权保护来限制市场竞争，扰乱市场秩序，阻碍创新。

话语权实际上是赋予人才参与决策、影响决策的一种权利，也是尊重知识、尊重人才的具体表现。赋予人才话语权能够充分发挥人才的作用，与此同时，行业的话语权往往掌握在行业高端人才的手里，国际社会竞争中的国家话语权往往离不开高端人才的作用。

继续教育权是人才的专业知识与专门技能通过培训的方式获得提升的一种权利。在知识经济时代，知识的更新换代速度加快、难度加大，若人才没有机会接受前沿的知识更新培训，就无法有效提升自己，从而更好地进行创造性劳动。现实生活中，一方面是某些用人单位以工作需要为由不支持人才进行继续教育，另一方面是某些人才接受继续教育之后放弃原工作岗位，这两个方面的问题都需引起重视。

2. 不同类别人才的权利

人才所关注的权利都是围绕其专业知识和专门技能展开，对人才权利的保护，包括受教育权、学术自由权、择业自由权、按劳取酬权等也应当基于此展开。但人才职业不同、国籍不同、身份不同，其享有的权利也存在差别。

首先，基于职业的不同权利。党政人才的权利建立在党委政府与公务员的关系基础之上，以公务员的身份为前提。由于公务员的特殊地位和公共权力的属性，决定了其政治权利、经济权利、人身权利、文化教育权利、其他公民权利等方面都有所限制。如《公务员法》规定公务员不得从事或者参与营利性活动、在企业或者其他营利性组织中兼任职务。但工作条件保障权、职务和身份保障权等方面又有别于公民。如为警察等配备枪支，既是执行公务的需要，也是保护其人身安全的需要。

其次，基于国籍的不同权利。外籍人才专指拥有外国国籍的人才，国内的外籍人才主要包括外国专家、一般性外籍专业技术人才、在华外国留学生。外籍人才除政治权利和法律法规规定不可享有的特定权利和义务外，原则上和中国公民享有相同权利，承担相同义务。[①] 我们把公民权利分成如下三个部分，分别为政治权利等不可享有的权利、根据对等原则确定的权利以及其他公民权利。对于人才而言，作为公民的人才，可享有所有的公民权利以及人权，而外籍人才则享有部分的公民权利以及人权。

政治权利等不可享有的其他权利具体包括我国《宪法》《选举法》规定只有我国公民才能享有的选举权和被选举权。《公务员法》《法官法》和《检察官法》规定只有我国公民才具有担任国家机关公职人员的权利。《律师法》《公证法》规定中国律师、公证员必须具有中国国籍。根据对等原则确定的权利包括：原则上可以享有，但要根据对等原则来确定的，如国家赔偿请求权、民事、行政诉讼权等。

最后，基于身份的不同权利。企业劳动关系中，员工的身份是劳动者。党政机关当中，大部分是委任制公务员，一小部分是聘任制公务员，还有签订劳动合同的编制外人员。事业单位中也存在大量的编制外人员、退休返聘人员等。公共部门的编制外人员，由于其身份，在工作条件保障

[①] 2012年9月25日，中共中央组织部等25个部门印发《外国人在中国永久居留享有相关待遇的办法》，该办法规定凡持有中国《外国人永久居留证》的外籍人员可享有：除政治权利和法律法规规定不可享有的特定权利和义务外，原则上和中国公民享有相同权利，承担相同义务。

权、职务和身份保障权等方面被区别对待是合理的，但其工资待遇、教育培训等方面的权利不允许被区别对待，同工不同酬、同工不同机会则有悖公平。现实生活当中，仍存在区别对待编制内外人员现象，如高校编制外人员无权享受子女入学便利，编制外人员、退休返聘人员无资格参与评优、参与继续教育培训等。

3. 用人单位的权利

用人单位的权利的内容一般包括五个方面：一是录用职工方面的权利，用人单位有权按国家规定和本单位需要择优录用职工，可以自主决定招工的时间、条件、数量、用工形式等。二是劳动组织方面的权利，用人单位有权按国家规定和实际需要确定机构、编制和任职（上岗）资格条件；有权任免、聘用管理人员和技术人员，对职工进行内部调配和劳动组合，并对职工的劳动实施指挥和监督。三是劳动报酬分配方面的权利，用人单位有权按国家规定确定工资分配办法，自主决定晋级增薪、降级减薪的条件和时间等。四是劳动纪律方面的权利，用人单位主要是有权制定和实施劳动纪律；有权决定对职工的奖惩。五是决定劳动法律关系存续方面的权利，用人单位有权跟职工以签订协议方式、续订、变更、暂停或解除劳动合同；有权在具备法定或约定条件时单方解除劳动合同。本书重点关注用人单位与人才相关的权利，具体包括获得人才的权利、培养人才的权利、自主使用人才的权利、考核评价人才的权利、激励人才的权利等。

获得人才的权利是指用人单位可以根据本单位的发展需要，通过招聘等方式引进单位所需的人才。引进最优秀、最适合用人单位岗位需求、最能发挥作用的人才是用人单位进行人才引进的首要原则。人才在用人单位落地生根，运用其专业知识和专门技能提供服务，既体现了人才价值又促进了用人单位的发展。

培养人才的权利是指用人单位可以根据本单位对人才专门知识和专业技能的需求，针对具体岗位的人才或全体劳动者开展培训，创造人人皆可成才的氛围。不同的用人单位，培养人才的方式和侧重点均有所差异。

自主使用人才的权利是用人单位在招聘计划编制与组织实施、人员资格审查、考试考核、人员聘用等方面拥有自主权的基础上，对本单位所招录人才在岗位、职责、待遇等方面的自主权。用人单位的自主使用人才权利受到相关法律法规的约束。比如，用人单位应当按照法律规定签订劳动合同，为劳动者办理保险费用，按照合同的约定支付报酬，不得违反法律规定延长劳动时间，不得违反法律的规定跟法律不允许解除劳动合同情况的职工解除合同，单方解除劳动合同时应当支付赔偿金等。

考核评价人才的权利是用人单位自主权的另一表现。用人单位是实际使用人才的主体，最清楚人才的表现情况如何，也最明白人才对用人单位贡献的大小，因此由用人单位作为人才的考核评价主体最为客观，也最科学。

激励人才的权利是指用人单位可以基于人才的表现，采取激励措施，促进人才进行创新，服务于用人单位发展的一种权利。用人单位对人才的激励方式既可以采用精神奖励，也可以采用物质奖励；既可以进行短期激励，也可以进行长期激励。

4. 不同类别单位的权利

党政机关在人才开发过程中的权利主要体现为基于命令—服从关系的人才管理权利。以激励人才的权利为例，行政机关对其工作人员的奖惩、任免等行为属于内部行政行为。其一，党政机关代表的是国家；其二，党政机关与人才之间的关系是隶属关系，因基于上下级从属关系，行政机关对其所辖机关工作人员实施的不具有对外行政管理性质的组织、调配、命令等行为，在双方当事人之间产生的是内部行政法律关系。党政机关在获得、培养、使用人才等环节较其他类型的用人单位，要更加关注国家安全和社会公众利益，凡有悖于此的应坚决杜绝。

企业在人才开发过程中的权利主要体现为基于平等关系的人才开发权利。国有企业是我国国民经济的重要支柱，培养、引进、管理人才是国有企业的权利和义务。但目前国有企业人才开发方面存在的突出问题是缺少有效的评价手段，人的能力差别得不到有效的区分和识别，导致在利益分配上存在着重资历、轻能力，重职称、轻技能的问题，造成人才的收入与贡献严重不匹配，进而挫伤人才的工作积极性。相反，民营企业在考核评价人才方面的举措则较为有效，完全以市场竞争的结果为导向，以实现利润为最终目标，因此考核评价人才的标准明确、效果明显。

事业单位既有承担公共职能，提供公共服务的公益性单位，也有非公益性职能部门。事业单位的用人自主权受到一定程度的限制，除公开招聘之外，事业单位人才的引进方式还包括国家政策性安置、按照干部人事管理权限由上级任命、涉密岗位通过其他方法选拔。事业单位的人员由各级政府主管部门统一管理和调配。但是这种高度集中的管理权限，造成了单位普遍缺乏用人自主权，使事业单位自身很难通过人事运作调动各类人员的积极性，无法实现人才的最优配置。同时，由于我国科技成果转化存在体制障碍，高校、科研院所科技成果转化被等同于国有资产处置，事业单位没有对成果的处置权、收益权和支配权，因此缺乏将科研成果转化为新技术、新产品的主动性和积极性。

社会组织的权利在不断发展过程中。2012年8月31日，第十一届全国人民代表大会常务委员会第二十八次会议通过的《中华人民共和国民事诉讼法》修订案规定："对污染环境、侵害众多消费者合法权益等损害社会公共利益的行为，法律规定的机关和有关组织可以向人民法院提起诉讼。"这是我国法律首次确立公益诉讼制度，并明确将社会组织作为公益诉讼主体之一，为更好地发挥社会组织在公益事业中的积极作用提供了法律保障。党的十八大报告提出，"加快形成政社分开、权责明确、依法自治的现代社会组织体制"，强调要"深入推进政社分开""加大社会组织党建工作力度""发挥基层各类组织协同作用""鼓励引导社会力量兴办教育""支持发展慈善事业""鼓励社会办医""加强民间团体的对外交流""引导社会组织健康有序发展"等。

（二）人才及用人单位的义务

权利是与义务相对的概念，一方的权利可能就是另一方的义务。人才及用人单位在享有权利的同时，也需要履行各自的义务。人才的义务包括充分运用专业知识和专门技能参与决策、建言献策的义务、不断提升自我能力的义务、保守商业秘密或技术秘密的义务、诚实守信的义务等。用人单位的义务包括为人才提供职业发展平台的义务、为人才支付报酬的义务、确保职业场所安全的义务，以及保守人才隐私、诚实守信的义务等。

1. 人才的义务

人才基于专业知识和专门技能更关注知识产权等相关权利，人才义务的履行方面，较之普通劳动者侧重点也有所不同。人才义务的侧重点也是从专业知识和专门技能出发，充分运用、不断提升专业知识和专门技能，保守秘密、诚实守信，维护用人单位的利益。

充分运用专业知识和专门技能参与决策、建言献策的义务。人才是掌握专业知识和专门技能的高素质劳动者，人才应当发挥好参谋咨询的作用，积极为用人单位的发展，甚至是整个行业、整个国家的发展建言献策。

不断提升自我能力的义务。人才应当积极主动地提升自我能力，实现知识的更新。在信息膨胀、发展日新月异的当下，人才如果故步自封，不注重自身能力的提升，就很可能无法适应社会变化的需要，无法应对层出不穷的各种问题，也无法实现自身专业知识和专门技能运用的效果最大化。

维护用人单位利益的义务。该项义务要求人才保守商业秘密、技术秘密和国家秘密，同时积极主动地运用专业知识和专门技能为用人单位创造收益。人才由于其岗位的特殊性，往往最接近商业秘密、技术秘密甚至是国家秘密的核心，即便岗位不具备获取商业秘密或技术秘密的便利，其自身掌握的专业知识和专门技能也使之较普通劳动者更容易获得秘密。商业秘密或技术秘密关系一个单位的生存发展，国家秘密更是关系整个国家、人民大众的切身利益，人才保守秘密义务的履行，其重要性不言自明。人才获得专业知识和专门技能，离不开用人单位的培养和锻炼，人才运用专业知识和专门技能进行创造性劳动，为用人单位创造收益，既是对用人单位的培养应尽之义务，也是其自身价值的最好体现。

诚实守信的义务。人才所掌握的专业知识和专门技能往往是普通劳动者不具备的，因此人才若不诚实守信，其被发现的可能性较之普通劳动者要小，但危害却可能更大。人才在引进之初履行诚实守信的义务，将与工作相关的情况如实告知用人单位，在引进之后履行诚实守信的义务，按照引进之初的承诺进行工作，离开工作岗位后履行诚实守信的义务，保守秘密，遵守竞业限制的约定等。

2. 用人单位的义务

根据劳动法，用人单位的义务主要包括：①依法建立和完善规章制度，保障劳动者享有劳动权利和履行劳动义务；②录用职工时，除国家规定的不适合妇女的工种或者岗位外，不得以性别为由拒绝录用妇女或者提高对妇女的录用标准；③不得招用未满16周岁的未成年人；④保证劳动者每周至少休息一日；⑤用人单位支付劳动者的工资不得低于当地最低工资标准；⑥不得克扣或者无故拖欠劳动者的工资；⑦必须建立、健全劳动安全卫生制度，严格执行国家劳动安全卫生规程和标准，对劳动者进行劳动安全卫生教育，防止劳动过程中的事故，减少职业危害；⑧必须为劳动者提供符合国家规定的劳动安全卫生条件和必要的劳动防护用品，对从事有职业危害作业的劳动者应当定期进行健康检查；⑨应当建立职业培训制度，按照国家规定提取和使用职业培训经费，根据本单位实际，有计划地对劳动者进行职业培训；⑩必须依法参加社会保险，缴纳社会保险费；⑪创造条件，改善集体福利，提高劳动者的福利待遇。本书重点关注人才开发过程当中用人单位应当履行的义务，包括为人才提供职业发展平台的义务、为人才支付报酬的义务、确保职业场所安全的义务，以及保守人才隐私、诚实守信的义务等。

为人才提供职业发展平台的义务。用人单位应当积极为人才打造人才与用人单位共同成长的职业发展平台。根据岗位性质和特点，结合人才的职业兴趣与专长，依据用人单位的核心任务，搭建管理、专业、技术等多种类岗位的职业发展通道。人才的职业发展与绩效考核、薪酬等相关联，较好地满足各类人才的职业发展需要。

为人才支付报酬的义务。用人单位是人才的雇主，人才运用其专业知识和专门技能为用人单位带来经济效益，用人单位有义务按照人才的贡献支付报酬。用人单位为人才支付报酬的义务不仅包括支付报酬，还包括公正分配报酬，使得人才的专业知识和专门技能在物质上能够得到一定程度的体现。

确保职业场所安全的义务。某些涉及人身安全或存在健康隐患的行业的用人单位要确保职业场所的安全，通过风险评价、控制和改进以及对全体劳动者的安全培训等，营造良好的安全生产秩序。

诚实守信的义务。用人单位也应当履行诚实守信的义务。用人单位的诚实守信义务主要体现为招聘人才之时，如实告知工作条件、工作环境、工作要求、工资待遇等，人才使用过程中，按照当初约定安排工作岗位、分配工作任务、评价工作成果等。

第三节　不同主体的法定权利和义务

按照人才队伍的划分，党政人才权利义务的内容主要体现在《公务员法》《中华人民共和国公职人员政务处分法》《公务员考核规定》《公务员辞去公职规定》《公务员回避规定》《公务员转任规定》《公务员辞退规定》《公务员奖励规定》等法律法规中。企业经营管理人才的权利义务内容主要体现在《国有企业及国有控股企业领导人员任期经济责任审计暂行规定》《国有企业领导人员廉洁从业若干规定》《中央企业领导人员管理规定》《中央企业负责人经营业绩考核暂行办法》《保险公司财务负责人任职资格管理规定》等法律法规中；专业技术人才的权利义务，尚无法律层面的专门规范，原人事部制定的部门规章《专业技术人员继续教育规定》规定了专业技术人员有接受继续教育的权利和义务。除此之外，《律师法》《教师法》《执业医师法》等单项立法对特定类型专业技术人才的权利义务作了规定；社会工作人才的权利义务内容主要体现在《社会工作者职业水平评价暂行规定》中。高技能人才的法定权利和义务在《职业教育法》《职业技能鉴定规定》中进行了界定，前者规定了接受职业教育的权利，后者规定了进行职业技能鉴定的权利和义务。农村实用人才的法定权利义务主要体现在《农业法》中，该法规定了农民权益及其保障措施。

　　按照用人单位的性质来划分，党政机关的权利义务实际上是内部行政关系之中的职权和职责。事业单位的权利义务主要体现在《事业单位人事管理条例》当中，此外，《事业单位工作人员考核暂行规定》规定了事业单位对职工进行考核的权利。《事业单位工作人员处分暂行规定》规定了事业单位对职工的处分权。《机关事业单位工作人员带薪年休假实施办法》明确了事业单位保障职工年休假的义务。《全民所有制事业单位专业技术人员和管理人员辞职暂行规定》规定了用人单位支持人才合理流动的义务；《事业单位公开招聘人员暂行规定》规定事业单位公开招聘的义务；企业的权利义务主要规定在《劳动法》和《劳动合同法》中。社会组织在中国主要包括社会团体、民办非企业单位和基金会，其权利义务界定目前还处于摸索阶段。地方目前进行了先行先试，以深圳市为例，通过社会组织立法，将多年来深圳市社会组织登记管理体制改革创新和管理经验以法律形式固定下来，同时也为国家层面制定社会组织管理的法律法规提供实践样本。本书认为，目前法律法规对人才及用人单位的权利和义务规定已经基本全面覆盖。

一　人才的法定权利和义务

（一）党政人才的法定权利和义务

《公务员法》对党政人才的法定权利和义务作出了基本规定，除此之外，《法官法》《检察官法》《人民警察法》针对法官、检察官、人民警察等特殊类型的党政人才，规定了一些具体和特殊的权利义务。党政人才的受教育权体现为《公务员法》规定的公务员享有参加培训的权利。党政人才的择业自由权体现为《公务员法》规定的公务员享有申请辞职的权利。党政人才的按劳取酬权体现为《公务员法》规定的公务员享有获得工资报酬和享受福利、保险待遇的权利。党政人才的话语权体现为《公务员法》规定公务员享有对机关工作和领导人员提出批评与建议的权利。关于党政人才的能力水平获得公正评价权，《公务员法》没有明确的规定，但规定了公务员享有非因法定事由、非经法定程序，不被免职、降职、辞退或者处分的权利，以及为维护自身权益而提出申诉和控告的权利，实质上也是对党政人才上述权利的法律保障。关于党政人才的利益分享权、知识产权保护权，《公务员法》未进行明确规定，主要通过知识产权法律法规来调整。

党政人才保守秘密的义务体现为《公务员法》规定公务员应当保守国家秘密和工作秘密。党政人才诚实守信的义务，《公务员法》没有明确规定，但规定公务员应当遵守纪律，恪守职业道德，模范遵守社会公德，其中包含着诚实守信的内容。关于党政人才不断提升自我能力的义务，《公务员法》规定公务员应当努力提高工作效率。关于党政人才充分运用专业知识和专门技能参与决策、建言献策的义务，《公务员法》未进行明确规定，主要是考虑到公务员的职业性质，更多强调的是公务员应当按照规定的权限和程序认真履行职责，忠于职守，勤勉尽责，服从和执行上级依法作出的决定和命令。此外，《公务员法》还规定公务员应当模范遵守宪法和法律；应当全心全意为人民服务，接受人民监督；应当清正廉洁，公道正派等。

（二）企业经营管理人才的法定权利义务

企业经营管理人才的法定权利主要由《劳动法》等进行规定，其法定义务主要体现在《公司法》《合伙企业法》《个人独资企业法》《国有企业及国有控股企业领导人员任期经济责任审计暂行规定》《国有企业领导人员廉洁从业若干规定》《中央企业领导人员管理规定》《中央企业负责人经营业绩考核暂行办法》《保险公司财务负责人任职资格管理规定》等相关法律中。比如，《中央企业领导人员管理规定》细化了"对党忠诚、勇于创新、治企有方、兴企有为、清正廉洁"的要求。

企业经营管理人才的受教育权、择业自由权、能力水平获得公正评价权、按劳取酬权、利益分享权、知识产权保护权、话语权等权利，主要通过《劳动法》《劳动合同法》《知识产权法》进行调整，更重要的是通过企业经营管理人才与企业之间的合同来约定。

企业经营管理人才保守秘密诚实守信的义务主要体现在《公司法》中，《公司法》规定公司董事、监事和高级管理人员不得擅自披露公司秘密，应当遵守法律、行政法规和公司章程，对公司负有忠实义务和勤勉义务，其中包含了诚实守信的内容。《公司法》未进行明确规定，企业经营管理人才充分运用专业知识和专门技能参与决策、建言献策的义务，以及不断提升自我能力的义务，主要是通过合同约定或遵循《劳动法》的基本规定。此外，《公司法》还规定了一些不作为义务，比如不得利用职权收受贿赂或者其他非法收入，不得侵占公司的财产；不得挪用公司资金；不得将公司资金以其个人名义或者以其他个人名义开立账户存储等。

（三）专业技术人才的法定权利和义务

专业技术人才的法定权利义务散见于《律师法》《教师法》《执业医师法》等行业性法律，以及《事业单位人事管理条例》等法规和大量部门规章。在专业技术人员法定权利方面，一是专业技术人才的受教育权，原人事部制定的部门规章《专业技术人员继续教育规定》中规定了专业技术人员有接受继续教育的权利和义务。二是专业技术人才的择业自由权，《事业单位人事管理条例》规定事业单位工作人员提前30日书面通知事业单位，可以解除聘用合同。但是，双方对解除聘用合同另有约定的除外。三是专业技术人才的按劳取酬权，《教师法》《执业医师法》《事业单位人事管理条例》等都有相关规定。四是专业技术人才的学术自由权，《教师法》规定教师可以从事科学研究、学术交流，参加专业的学术团体，在学术活动中充分发表意见。五是专业技术人员的话语权，《教师法》规定教师有权对学校教育教学、管理工作和教育行政部门的工作提出意见和建议，通过教职工代表大会或者其他形式，参与学校的民主管理。六是专业技术人才的利益分享权，法律法规未进行明确规定，《事业单位人事管理条例》中关于奖励的规定涉及该项权利。

在专业技术人员法定义务方面，一是专业技术人才不断进行自我提升的义务，《教师法》规定教师应当不断提高思想政治觉悟和教育教学业务水平，《执业医师法》规定医师应当努力钻研业务，更新知识，提高专业技术水平。二是专业技术人才保守秘密的义务，《律师法》《执业医师法》等有相关规定。三是专业技术人才诚实守信的义务，《执业医师法》中有关于医师遵守职业道德的规定。关于充分运用专业知识和专门技能参与决策、建言献策的义务，法律法规中并未进行明确规定。此外，《律师法》《教师法》《执业医师法》等行业性法律还规定了专业技术人才的其他一些义务，比如律师应当维护司法公正和司法秩序、执业禁止，提供法律援助；教师应当贯彻国家的教育方针，遵守规章制度，执行学校的教学计划，履行教师聘约，完成教育教学工作任务；医师应当树立敬业精神，遵守职业道德，履行医师职责，尽职尽责为患者服务等。

（四）其他人才的法定权利和义务

高技能人才、农村实用人才和社会工作人才的立法比较少，关于这几类人才权利义务的专门法律规定也比较少，其法定权利和义务主要体现为公民权利义务和劳动者权利和义务。关于高技能人才，《职业教育法》规定了接受职业教育的权利，原劳动部制定的《职业技能鉴定规定》规定了进行职业技能鉴定的权利和义务。关于农村实用人才，《农业法》规定了农民权益及其保障措施，长春市制定的《长春市农民权益保护条例》规定了农民依法享有财产权益、承包权益、经营权益、民主管理与监督权等。关于社会工作人才，民政部制定的《社会工作者职业水平评价暂行规定》规定：社会工作者应严格遵守国家法律法规和社会工作职业守则；社会工作者在社会服务工作中，应当与服务对象建立良好的平等的沟通关系，维护服务对象权益，倾听服务对象诉求，尊重服务对象选择，保守服务对象隐私。珠海制定的《珠海市社会工作促进办法》规定：社会工作者享有获得薪酬和福利待遇、办公场所和设备、社会保险、婚假、产假等权利；社会工作者应遵纪守法，遵守职业道德和专业规范；社会工作者应遵守保密原则，尊重服务对象的个人隐私，不得泄露服务对象的信息资料。关于上述三类人才的择业自由权、能力水平获得公正评价权、按劳取酬权等权利,以及充分运用专业知识和专门技能参与决策、建言献策的义务,不断提升自我能力的义务,没有相关的专门立法进行规范,主要适用《劳动法》等法律。

二 用人单位的法定权利和义务

(一)党政机关的法定权利和义务

党政机关的法定权利和义务是相对于党政人才而言的,主要规定于《公务员法》《法官法》《检察官法》《人民警察法》等法律中。根据《公务员法》的规定,党政机关与公务员之间属于内部行政关系,党政机关对于公务员具有管理职权,以及由此衍生出来的其他职权,比如录用、考核、任免、奖励、处分、辞退等。党政机关的法定职责则对应于公务员的法定权利,比如为公务员履行职责提供相应的工作条件;非因法定事由、非经法定程序,不得对公务员进行免职、降职、辞退或者处分;为公务员提供工资报酬,福利、保险待遇;为公务员提供培训;接受批评和建议;处理公务员提出的申诉和控告等。这里就涵盖了获得人才、培养人才、自主使用人才、考核评价人才、激励人才等权利,以及为人才提供职业发展平台、为人才支付报酬、确保职业场所安全、诚实守信等义务。

(二)事业单位的法定权利义务

事业单位的法定权利义务主要规定于《事业单位人事管理条例》以及人力资源和社会保障部门制定的一些规章。关于获得人才的权利,《事业单位人事管理条例》规定了事业单位公开招聘。关于培养人才的权利,《事业单位人事管理条例》规定了事业单位的分级分类培训。关于自主使用人才、考核评价人才、激励人才的权利,《事业单位人事管理条例》规定了事业单位解除劳动合同、考核、奖励、处分等权利。关于事业单位为人才支付报酬的义务,《事业单位人事管理条例》规定了工资福利和社会保险。关于事业单位为人才提供职业发展平台、确保职业场所安全、诚实守信等义务,《事业单位人事管理条例》未进行专门规定,主要适用《劳动法》等相关法律。除了《事业单位人事管理条例》的基本规定,《事业单位工作人员考核暂行规定》规定了事业单位对职工进行考核的权利。《事业单位工作人员处分暂行规定》规定了事业单位对职工的处分权。

《机关事业单位工作人员带薪年休假实施办法》明确了事业单位保障职工年休假的义务。《全民所有制事业单位专业技术人员和管理人员辞职暂行规定》规定：有关单位应支持人才合理流动。《事业单位公开招聘人员暂行规定》规定：事业单位新进人员除国家政策性安置、按干部人事管理权限由上级任命及涉密岗位等确需使用其他方法选拔任用人员外，都要实行公开招聘。

（三）企业的法定权利义务

企业与职工在劳动关系中的权利义务主要通过劳动合同约定，《劳动法》和《劳动合同法》中规定了企业的一些法定权利义务，比如就业、劳动合同与集体合同、工作时间和休息休假、工资、劳动安全卫生、女职工和未成年工特殊保护、职业培训、社会保险和福利、劳动争议处理等。比如，根据《劳动法》的规定，用人单位应当依法建立和完善规章制度，保障劳动者享有劳动权利和履行劳动义务；用人单位在录用职工时，除国家规定的不适合妇女的工种或者岗位外，不得以性别为由拒绝录用妇女或者提高对妇女的录用标准；用人单位不得招用未满16周岁的未成年人；用人单位应当保证劳动者每周至少休息一日；用人单位支付劳动者的工资不得低于当地最低工资标准；不得克扣或者无故拖欠劳动者的工资；用人单位必须建立、健全劳动安全卫生制度，严格执行国家劳动安全卫生规程和标准，对劳动者进行劳动安全卫生教育，防止劳动过程中的事故，减少职业危害；用人单位必须为劳动者提供符合国家规定的劳动安全卫生条件和必要的劳动防护用品，对从事有职业危害作业的劳动者应当定期进行健康检查；用人单位应当建立职业培训制度，按照国家规定提取和使用职业培训经费，根据本单位实际，有计划地对劳动者进行职业培训；用人单位和劳动者必须依法参加社会保险，缴纳社会保险费；用人单位应当创造条件，改善集体福利，提高劳动者的福利待遇。

除此之外，也有一些相关法律规定了企业的权利义务。原人事部制定的《人才市场管理规定》规定了用人单位在人才招聘中的一些权利和义务，比如用人单位在招聘人才时，不得以民族、宗教信仰为由拒绝聘用或者提高聘用标准；除国家规定的不适合妇女工作的岗位外，不得以性别为由拒绝招聘妇女或提高对妇女的招聘条件；用人单位招聘人才，不得以任何名义向应聘者收取费用，不得有欺诈行为或采取其他方式谋取非法利益。

第四节　人力资源开发各相关主体的关系

人力资源开发法制建设的规范对象包括政府、用人单位、社会组织、人力资源等。人力资源开发过程中各相关主体之间的关系既包括政府、用人单位、社会组织与人力资源之间的关系也包括政府、用人单位、社会组织相互之间的关系，不同的人力资源开发活动涉及的相关主体不同，不同主体之间形成的关系不同，相应的权利和义务也存在较大的差别。

一　政府与人力资源之间的关系

根据政府与人力资源在人力资源开发工作中形成的不同关系，可以确定政府与人力资源之间的权利和义务关系。公法范畴下的权利和义务关系通常表现为政府与人力资源之间的权利和义务不对称，如法律课以政府某项职责之时，基于公共利益之需要，并不必然赋予人力资源相应的权利。私法范畴下的权利义务关系通常表现为政府与人力资源作为民事关系的主体，基于平等民事主体的各种行为设立相应的权利义务。

在人力资源开发过程中，行政权力与人力资源权利之间所形成的不再是地位权力结构，而应当是网络权力结构。地位权力结构是建立在行政主体与行政相对人层级制关系基础上的，在这一结构下，行政主体是高高在上的管理者，可以发号施令，行政相对人明显处于劣势，只能被动地接受和服从行政主体的命令。网络权力结构是建立在行政主体与行政相对人平等关系基础上的，在这一结构下，行政主体与行政相对人共同处于复杂的关系网络中，它们之间存在着多重关系的可能，可以是合作关系，可以是命令—服从关系，也可以是指导关系。具体到人力资源开发工作，政府人力资源开发工作部门与人力资源之间的关系也不仅是管理与被管理的关系，还可能是合作关系，双方不是简单的命令—服从关系，而是在宪法和法律框架下的相互合作。

二　政府与用人单位、社会组织之间的关系

在不同的人力资源开发工作中，政府与用人单位、社会组织之间的权

利义务关系有着显著的区别。以劳动关系为例，政府在劳动关系中既是劳动合同、劳动标准、劳动监察、劳动安全卫生等的监督者和保护者，也是劳动争议处理的调停者。政府与用人单位、社会组织之间的关系有监督与被监督、管理与被管理的关系，在某些公共事业当中，政府向用人单位购买服务时，两者之间又形成雇佣与被雇佣的关系。政府既是劳动法律、政策、标准等的宏观规划者，又是劳动保障、劳动争议处理的实际操作者，还是人力资源与用人单位之间和谐劳动关系的维护者。在劳动关系中，政府既要通过政策解决劳动关系中的突出问题，又要通过制定劳动标准推动企业自律，还要充分发挥工会在集体协商中的作用，是各相关主体关系的领导者。

三 用人单位、社会组织与人力资源之间的关系

用人单位、社会组织与人力资源之间的关系较为突出地表现在劳动关系当中。劳动关系中用人单位、社会组织与人力资源之间形成雇佣与被雇佣的关系。雇佣者有义务提供相应的工作条件和工作环境，并给予相应的工资待遇。被雇佣者有义务提供劳动并履行劳动合同的相关规定。用人单位、社会组织以及人力资源的相关权利和义务在上文中已概述，在此不再赘述。

第 五 章

人力资源开发各相关主体的实然权利和义务

> 法律是人性中所蕴含的最高理性,告诉人们所应做之事,禁止人们所不应做之事。①
>
> ——丹尼斯·罗伊德

人力资源开发法制建设的落脚点在于落实人力资源开发各相关主体的应然权利和义务,使之转变为实然权利义务。人力资源开发各相关主体的权利和义务从应然层面落实到法定层面,主要是价值博弈与衡量,从法定层面落实到现实层面,则涉及体制机制、执法力度、文化理念、公民素质等诸多问题,是更具复杂性和挑战性的过程。与此同时,法定权利和义务的落实是至关重要的,它是法律设定权利和义务的最终目的,没有得到落实的法定权利和义务是没有意义的。在实践中,落实人力资源开发各相关主体的法定权和利义务落实仍需克服一些阻碍,创造更多条件。

第一节 人力资源开发过程中的政府履责

从人力资源开发各个环节来看,政府在人力资源开发中的职责履行存在一定的问题。以人才工作为例,政府通过人才政策与产业政策的宏观调控有待加强,人才集聚效应不明显。人才培养方面,政府提供公共服务的职责仍需进一步完善,人才的高校培养难以满足产业需求。人才投入方

---

① 转引自[英]丹尼斯·罗伊德《法律的理念》,张茂柏译,新星出版社2005年版,中文版序第1页。

面，政府投入的长效机制亟待建立，投入方向有待调整，多元化投入机制尚未形成。人才市场方面，影响人才自由流动的体制性障碍尚未破除，政府职责的重心亟须调整。人才评价方面，政府主导的传统评价机制尚未向以市场、社会为主的评价机制过渡。除此之外，人才激励方面，表彰激励过多过滥、部分奖励有失公平等也是政府在人才开发中履责存在的问题。由于篇幅和精力所限，本书仅从人才引进、人才培养、人才投入、人才市场、人才评价及人才权利实现六个方面进行分析。

一 政府通过人才政策与产业政策的宏观调控有待加强

人才集聚效应的产生，与政府宏观调控职责的履行及产业集群的发展有密切的关系。目前，我国地方政府均重视人才引进工作，人才引进职责履行到位，但一些地区的人才集聚效应不明显。为促进经济可持续发展，中央层面出台了一系列调整经济结构的政策，其中包括发展战略性新兴产业、促进产业转型升级的政策。各地政府为促进经济发展，也出台了相应的产业政策，各地的人才引进工作大多契合当地的产业及经济社会发展需要。从本地区的人才引进工作以及产业政策本身来看，这些政策看上去都是合理的，但是，从全国整体来看，很多地区发展同一类产业并进行同一类人才的引进。尤其在新兴产业领域，"引进一个人才，就是引进一个企业，引进一个企业，就是引进一个产业"的逻辑思维，促使计划发展某一类产业的地区关注某一类人才，从而使这类人才成为急需紧缺人才。

人才资源是有限的，人才成长是有规律的，难以"一蹴而就"，因此，要在短期内获得人才，只能靠吸引。吸引人才的手段，虽然有事业留人、感情留人、环境留人等方式，但在短期最直接、最快捷、最能立即吸引到人才的方式，是在人才投入上加大力度。因此，一些地区为了获得这类人才，尽快在人才引进工作上出效益，不断加大资金的资助额度。从表象上，呈现出对急需紧缺人才的"争夺"，甚至出现层层加码的"恶性竞争"态势，也给社会留下人才引进"政绩工程"、人才引进"运动式"的印象。

基于上述分析，可以得知，人才引进方面存在问题的根源，可能并不在人才政策，而是当地产业政策使然。正是因为人才政策围绕产业发展需求制定并实施才出现这样的问题，同时也表明政府履行人才引进职责时受制于产业政策。

政府履行人才引进职责必须围绕人才配置计划来进行。一个地区的人才配置要适应当地产业发展的布局，而一个地区的产业发展，要依据国家产业发展政策当地经济社会发展战略、当地发展资源环境条件来决策。如果其中某一个环节出了问题，如对国家政策的理解出了偏差，或对本地发展特点不明晰，或对产业发展所需条件了解不充分，或仅仅是出于"人有我有，人无我有"的追赶或领先意识，都有可能在产业发展政策方面作出不合理的判断或决策。"牵一发而动全身"，在政府人才引进职责履行过程中，这些带有偏差的产业政策会影响到人才引进政策，而且有可能出现的状况是，政府在人才工作方面履责得越好，出现的问题可能越明显。

只有厘清了问题的根源，才能从根本上解决这一问题。因此，解决政府人才引进职责的问题，需要进行系统思维，梳理人才引进政策的各种相关因素，不能头疼医头、脚疼医脚。人才引进与产业布局是相辅相成的关系，产业布局是由政府决策确定的。地方政府的产业布局在当地具有合理性，但从全国整体来看，存在产业分散的状态，导致人才的分散化，人才引进相关政策也随之出现偏差，人才集聚效果不明显。

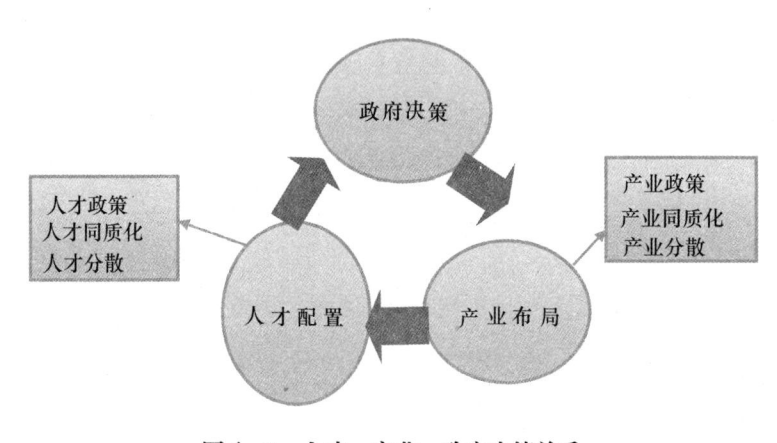

图5—1 人才、产业、政府决策关系

二 政府提供公共服务的职责需进一步完善

人才培养是政府在人才开发中履行公共服务职责的一项重要内容。我国政府履行人才培养职责已经取得了一定的成效。主要劳动年龄人口受高等教育的比例大幅提升。实施国家技能人才振兴计划，建立公共实训基地和国家高技能人才培养示范基地，培养造就一支门类齐全、技艺精湛的技能人才队伍，以适应走新型工业化道路和产业结构优化升级的需要，高技能人才占技能劳动者的比例显著提升。大力培养农村实用人才队伍，实施农村实用人才素质提升计划和新农村实用人才培训工程，全面提高农村实用人才的科技素质、职业技能和经营能力，大力培养教师、医生、农业技术人员等农村发展急需的人才，鼓励和引导各类人才向农村流动。

尽管如此，政府提供公共服务的职责仍需进一步完善。一方面，政府缺乏引导企业、行业协会等主体进行人才培养的有效举措。调研发现，企业进行人才培养的动力不足，往往依赖政府搭建人才培养平台和提供管理服务。行业协会没有充分发挥作为沟通政府和企业的桥梁作用，甚至有些行业协会没有掌握本行业人才的数量、结构、质量等基本信息，更无法提供精准有效的人才服务。另一方面，产学研结合程度有较大提升空间，政府推动提高产学研结合程度十分必要。与主要发达国家相比，我国的产学研结合程度还有一定的差距，如图5—2所示。高校培养的人才难以满足产业需求，往往存在高校的专业设置与产业的实际需求脱钩的现象。

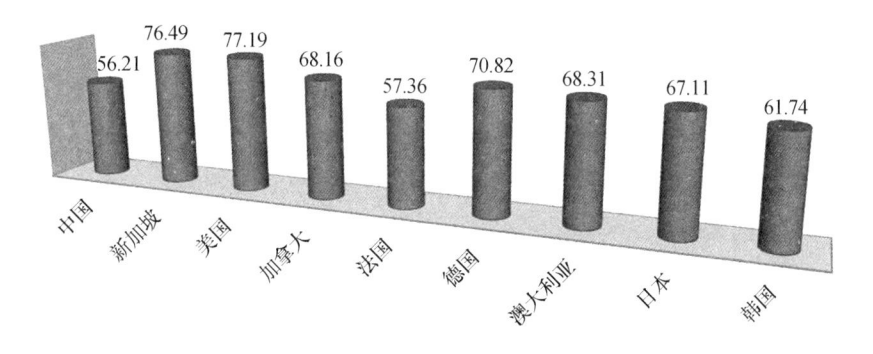

国家	评分
中国	56.21
新加坡	76.49
美国	77.19
加拿大	68.16
法国	57.36
德国	70.82
澳大利亚	68.31
日本	67.11
韩国	61.74

图5—2 产学研结合程度评分[①]

---

① 根据世界知识产权组织2013年7月发布的《2013年全球创新指数报告》整理而成。产学研结合的程度，中国得分为56.21，排名第33位。

三 政府投入的长效机制亟待建立

政府投入对人才的数量、质量、结构及配置等产生重要影响。建立政府投入的长效机制，旨在解决目前政府投入的主要问题，比如，投入的部门间失衡、结构失衡、多元化投入机制尚未建立等。

调研发现，人才对于建立资金支持长效机制的呼声较高。目前一些正在实施的人才工程和人才项目缺乏明确的后续政策支持，影响科研成果的产业转化。风投资金具有短期逐利性，往往期望在短期内见到巨大的经济效益，这有悖科研尤其是基础性科研的规律。同时，民间资本对市场预期往往过于保守，科研人员则对经济效益过于乐观，两者因为严重的信息不对称难以形成信任。在这样的情况下，产业化资金的问题往往只能依靠政府的投入。因此，建立政府投入的长效机制，确保科研成果顺利进行产业化，既是留住产业人才、培养产业人才的有效举措，也是实现人才价值的必然要求。

四 影响人才自由流动的体制性障碍尚未破除

"现阶段，我国政府的工作重心应该从培育和发展人才市场，转变到加快相关领域的体制改革，扫除影响人才市场发展的体制性障碍；完善人才流动的宏观调控政策，引导人才资源合理配置；加强人才市场公共服务的投入与管理，促进人才就业和择业；加强人才市场的法制建设，维护市场秩序等方面上来。"[1] 影响人才流动的体制性障碍，比如档案、身份、户籍、学历、社保等问题依旧存在，破除任何障碍，涉及面都很广，这也是多年以来改革举步维艰的原因所在。要充分保障人才的自由流动权，就需要行政权在相关领域退位，充分发挥市场的调节作用。西方发达国家的人才市场，基本上由社会供需自发调节，政府机构着重强化立法约束和政策引导，不直接干预市场的微观运行，不直接插手基层单位人才的取舍及其流向，政府采取一系列措施落实法律要求，比如，设立专门的反馈监督机构，并根据实践效果实施监控，或定期修正。又如，用税收政策及其他优惠政策，对奖金和工资加以控制，作为宏观疏导人才流向、调节市场行

---

[1] 唐志敏主编：《人才配置与人才市场》，党建读物出版社2008年版，第61页。

情的杠杆。此外，政府还在搜集、沟通人才供需信息方面发挥作用。[①] 不可否认，法律和政策支持并保护人才的自由流动。但是高层次人才在党政机关、事业单位、社会团体、国有企业、非公企业之间的流动有滞阻的迹象。企业人才很难进入党政机关和事业单位任职，事业单位人才很难到党政机关任职。

五 政府主导的传统评价机制尚未改变

政府在人才评价中仍然占主导地位，尚未形成以市场、社会为主的评价机制。人才评价方面存在的主要问题表现为：第一，人才评价标准不尽科学合理。科学的人才评价标准是选人用人的旗帜和方向。人才评价中仍存在重学历轻能力、重资历轻业绩、重论文轻贡献的现象。职称评定注重以实绩和贡献评价人才，重视重大改革、重大科研、重大工程项目、重要技术推广和急难险重工作实绩，重视创新和质量，以利于潜心研究和技术创新。政府鼓励企事业单位制定实施本单位专业技术职务任职资格评聘办法，并对被评定人员提供相关待遇。第二，缺乏分类评价体系，人才评价同质化，人才评价机制中普遍缺乏职业精神与态度的评价要素。第三，人才评价的国际互认不够，人才在国外获得的资格证书难以在国内得到认定。第四，行业企业评价与政府评价之间的衔接不够。政府的评价体系有系列的评价指标，但是企业界定人才的评价与政府的评价体系有差别。企业想要引进的人才不符合政府给定的人才标准范畴，使得企业所需的人才无法引进或引进后无法享受政府的人才政策优惠。第五，引进渠道多元化，评审标准不一样。政府的引进主体涉及多个工作部门，部门之间政策不衔接，评价标准有差异，除此以外，上级政府评定的人才，未必契合下级政府的实际需要。与此同时，上级政府的评审专家也并非全部是下级政府所认可的。

六 人才权利实现的政府支持仍需加强

人才与用人单位的关系中，人才的权利往往就是用人单位的义务，人才的义务往往就是用人单位的权利，二者是相互对应的。因此，人才权利

[①] 浩知：《世界人才市场的特点及发展趋势》，《人才开发》1996 年第 8 期。

的实现主要依赖用人单位履行相应的义务。但在实践中，人才的一些权利仅依靠用人单位往往难以实现，更需要政府的支持。比如，在用人单位引进高层次人才的过程中，涉及人才的户籍、住房、医疗、子女教育等关系到人才的生活与发展的问题。这些问题或者涉及政府部门权力，或者由政府部门控制资源，用人单位在这些方面的能力有限。实践中，用人单位在引进人才过程中许诺了户籍、住房、医疗、子女教育等方面的待遇条件，但在人才引进后，由于受到客观条件限制，一些许诺难以落实，这也是导致用人单位与人才之间出现矛盾冲突的重要原因之一。解决这些冲突的路径之一就是加强人才权利实现的政府支持。

第二节　用人单位主体存在的作用发挥等问题

用人单位主体作用的发挥有赖于政府的充分放权，也需要用人单位自身积极主动发挥作用。在用人单位发挥主体作用的过程中，存在用人单位自主使用人才权利难以保障的问题，在人才流动中，人才与用人单位的权利义务往往难以平衡，用人单位引才权利的合法性和权利行使的合理性也是存在较多值得质疑的地方。

一　用人单位自主使用人才权利的保障问题

用人单位与人才确立劳动关系或人事关系后，应当依法享有自主使用人才的权利，包括对本单位所招录人才的岗位、职责、待遇等方面的自主权。但在实践中，用人单位在使用人才方面的自主权往往受到许多因素的制约。例如，人才在试用期表现不符合用人单位期望或需求，用人单位是否可以不予留用？按照法律法规或者合同约定都没问题，但落实起来往往困难重重，涉及人情世故等多方面的掣肘因素，结果往往是不符合单位需求的人也留了下来，从长远来看不利于用人单位的发展。同样的问题也出现在用人单位辞退人才的过程中，尽管人才在工作期间难以达到相关考核要求或者目标任务，甚至对单位的运转和发展产生负面作用，用人单位要顺利将其辞退也困难重重，直接影响单位整体竞争力的持续发展。这些问题在体制内用人单位中表现得尤为突出，这也是许多体制内单位竞争力不足，难以应对市场化改革压力的重要原因。

二 用人单位引才权利的合法性与权利行使的合理性问题

引进人才是用人单位获得人才的重要渠道。从目前来看，引进人才的渠道可以分为国内引进和国外引进，国内引进又可以分为体制内引进和体制外引进。对于体制外的民营企业等用人单位而言，引进人才是企业的自主行为，企业基于发展需要，遵循市场规律，使用自有资金，衡量人才价值，给予引进人才或高或低的待遇，都是合法合理的。问题在于，体制内的用人单位用财政资金相互之间争夺人才，存在是否具有合法性的疑问，同时，这些资金使用的合理性也存在问题。以高等院校为例，国内高等院校之间相互"挖人"，而且往往给予人才相当高的奖励或待遇，使用财政资金进行人才争夺的合法性与合理性引发质疑。除此之外，体制内用人单位投入大量财政资金引进海外高层次人才，有些单位在引进人才过程中把关不严或不能提供适当的环境条件，导致引进的人才不合格或人才引进后无法发挥作用，甚至有的单位由于人才诚信问题造成财政资金的损失。

三 人才流动过程中人才与用人单位的权利和义务平衡问题

人才流动是市场化配置人才资源的必然要求和必然结果。市场在人才资源配置中发挥决定性作用，就意味着人才资源应当在市场规律的调节下实现自由流动，在流动中获得成长，在流动中创造价值。但市场调节是有局限性的，市场配置人才资源也会存在局限，再加上市场规则本身的不完善，往往造成人才流动的无序化，损害人才和用人单位双方的正当利益。一方面，人才自由流动的权利在实践中并未得到充分的保障。大多数情况下，人才与用人单位签署劳动合同时，用人单位处于强势地位，往往在合同中设置格式条款，对人才的离职设置种种限制条件，包括违约金条款以及竞业限制条款等，许多条款甚至违反劳动合同法的强制性规定。这是实践中人才与用人单位因为离职问题发生冲突的重要原因。另一方面，人才流动的权利也存在滥用的问题。尤其是用人单位引进的高层次人才，在与单位的博弈中并不处于劣势，甚至是处于强势地位，用人单位为了引进人才许诺了种种优惠条件，而人才在拿到优惠条件以后违反约定离职，用人单位、尤其是体制内的用人单位往往难以追究其责任。这种现象在近年来各地引进海外高层次人才的过程中时有发生，结果往往是不了了之，最终损失的不仅是财政资金,还有社会影响。因此,人才流动过程中,人才与用人单位的权利和义务平衡问题需要引起充分的关注,在尊重契约精神的同时,法律法规也要有合理的引导和规制。

第三节　人才的利益分享权实现及守信义务履行等问题

人才在行使权利和履行义务的过程中,存在的突出问题表现为人才的利益分享权难以得到尊重和保障,常规的维权方式难以对权利进行救济。人才及用人单位诚信义务的履行往往由于拘束力弱而效果不明显。

一　人才利益分享权的实现问题

利益分享权是指人才利用其专业知识和专门技能进行创造性劳动之后,除享有按劳取酬权以外,对于其劳动所带来的利益有分享的权利。这种权利对于专业技术人员尤其是科研人员而言尤其重要。科研人员利用单位提供的设备条件等进行创造性劳动产生科研成果,科研人员是否可以分享成果市场化后的相应收益,法律有相关的规定。实践中,许多单位尤其是科研机构也会与研究人员签订相应的协议,但法律的实施与协议的执行尚不能完全保障人才的利益分享权。同时,受制于人才与用人单位之间的关系,人才利益受损也很难通过常规的维权方式救济。另外,科研成果具有智力属性和知识属性,如果科研人员在不告知用人单位的情况下,以其他方式或渠道将成果进行市场转化并获得收益,用人单位的利益也会受到损害。这种情况在实践中也是常见的,并且用人单位往往难以防范和维权。

二　人才与用人单位诚实守信义务的履行问题

诚实信用对于人才和用人单位而言都是义务。尤其是法律法规未予规范或者难以规范的事项,更需要双方履行诚实信用义务。对于人才而言,诚实信用义务中非常重要的一项就是竞业禁止的义务。法律有明确的规定,用人单位在与人才签订劳动合同时一般也会有相关约定。但在实践中,竞业禁止业务的履行仅仅依靠法律规定与合同约定是不够的。掌握重要技术或信息的人才，可以通过各种各样的形式和渠道规避竞业禁止的义务，利用自己掌握的重要技术或信息谋利。用人单位往往难以及时发现，取证和维权的难度也非常大，这实际上大大提高了用人单位选人用人的风险，也阻碍了人才的合理正常流动，从长远来看，也不利于行业的健康发展。落实人才与用人单位诚实守信的义务不仅要完善相关立法，更重要的是完善人才诚信制度体系，强化对人才诚信状况的行业监督，完善制约机制，提高用人单位对于人才诚信问题的重视程度。同时，用人单位也要遵守行业规则，履行诚实守信义务。

三 与人才权利和义务相关的司法案例

（一）关于人才的忠实义务

以"吴某与上海某公司一案"为例，具体分析如下。

【基本案情】 2005年4月，吴某进入上海某公司工作，先后担任业务员、销售经理等职务。双方签订的劳动合同明确约定：吴某在劳动合同期限内以及劳动合同终止或解除5年内不经营或者为他人经营与某公司有竞争关系的业务，某公司将在劳动合同结束后支付吴某一定的经济补偿金。如果吴某违反约定，不论是否造成某公司经济损失，均应向某公司支付违约金20万元。

证人证实，吴某在2010年3—4月存在违反上述约定的事实。2012年1月，某公司向某区劳动人事争议仲裁委员会申请仲裁，要求吴某支付违约金20万元。某区劳动人事争议仲裁委员会没有支持某公司请求。某公司不服裁决诉至法院。

【法院判决】 一审法院认为：根据《劳动法》规定，劳动者在劳动合同期内违反忠诚义务，擅自经营与用人单位存在竞争关系的业务，用人单位可根据劳动者的过错程度，对单位造成的损失要求劳动者承担相应的赔偿责任。某公司和吴某约定，在劳动合同期内无论是否造成某公司损失，只要吴某经营或为他人经营与某公司有竞争关系的业务都应承担20万元违约金。该条款违反法律禁止性规定，应认定无效。且本案证据只能证明吴某曾向客户推荐其他公司材料，不能证明其代理其他公司签订销售合同，对某公司造成经济损失的事实。综上，一审判决驳回某公司的诉讼请求。判决后，某公司不服，向中级人民法院提起上诉。

某公司上诉称，为防止公司的商业秘密外泄，双方在劳动合同中明确约定了员工负有在合同期内及终止或解除后一段时间内不得自营或为他人经营与公司有竞争关系业务的义务。该约定不违反法律规定，吴某理应遵守。且有证据证实吴某存在违反上述约定的行为，理应承担相应的违约责任。原审判决认定事实不清、适用法律不当，请求撤销原审判决，支持某公司诉请。

被上诉人吴某辩称，虽然双方在劳动合同中明确约定了员工负有在合同期内及终止或解除后一段时间内不得自营或为他人经营与公司有竞争关系业务的义务，但未约定相应的经济补偿，故该约定无效，请求驳回上诉，维持原判。

中级人民法院经审理认为，劳动者在任职期间应忠于职守，不应作出危害用人单位合法利益的行为。吴某在劳动合同期间利用某公司客户信息和技术数据，向某公司的长期客户推销其他公司的材料，造成该公司销售额下降，商誉受损。这不仅违反了双方在劳动合同中的约定，更有违职业道德。某公司考虑到吴某偿付能力，仅以本案保全金额1.6万余元为主张金额，低于吴某日常工资所得，符合公平合理的原则。据此，依照《中华人民共和国民事诉讼法》第一百五十三条第一款的规定，判决：一、撤销区人民法院民事判决；二、吴某应于判决生效之日起十日内一次性支付某公司人民币16032.64元。

【案件评析】本案中主要涉及的是人才的忠实义务。显然，本案当事人吴某利用某公司的客户信息和技术数据向其长期客户推销其他公司产品，有悖职业道德。但是，从现行的法律来看，《劳动法》《劳动合同法》均未对劳动者的忠诚义务作出明确的规定。依据《劳动法》第三条第（二）款以及《劳动合同法》第二十三条和第三十九条之规定可以得出劳动者忠诚义务的内容主要有：劳动者应当遵守劳动纪律和职业道德，在劳动合同履行期间负有为用人单位保守商业秘密，遵守用人单位规章制度，忠实履职，不徇私舞弊及不与其他单位建立劳动合同关系等。本案争议双方签订的劳动合同明确约定劳动者不能在任职期间经营与用人单位有竞争关系的业务。吴某的行为明显违反了劳动合同约定的竞业限制协议，由于《劳动合同法》规定可以就竞业限制事项设定违约金条款，故应该承担给付违约金的责任。

从上述案件当中可以看出，人才的忠诚义务和用人单位的商业秘密合法权益紧密相关。竞业限制的合法性在于该制度是否公平合理地平衡了劳资双方各自的核心利益。竞业限制制度的设计包括在职竞业限制和离职竞业限制。本案当事人违反的是在职竞业限制。《劳动合同法》第二十三条、第二十四条均指向离职竞业限制，但其明确在劳动合同中可以约定保密事项及竞业限制条款，故可以判定《劳动合同法》从立法上将在职竞业限制规定为双方可以约定的内容。我国关于在职期间竞业限制的规定可见于公司法、合伙企业法、个人独资企业法等法律中，多以商法、公司法规定的董事、经理等高级管理人员最为典型。《劳动法》《劳动合同法》规定竞业限制的人员限于用人单位的高级管理人员、高级技术人员和其他负有保密义务的人员。离职竞业限制设定经济补偿系为补偿劳动者因就业权受到限制，不能从事擅长的工作而给予的经济补助。在职竞业限制中，劳动者按劳取酬，用人单位为其提供劳动就业机会、场所，支付劳动报酬，并为其积累知识、技能的情况下，其工作权和生存权已有保障，若再要求用人单位额外支付补偿金，有悖公平原则。至于人才违反忠诚义务应当承担的损害赔偿金该如何确定，《劳动合同法》并没有明确规定，需要法官根据案件具体情况行使自由裁量权予以评判，一般而言，需要综合考量损失具体金额、过错程度、薪酬金额、用人单位规章制度等因素。

（二）关于人才保守商业秘密的义务

以"某公司、余某等侵犯商业秘密罪刑事案"[①]为例，具体分析如下。

【基本案情】 被告人余某等原系珠海某公司员工，四人在日常工作中能够接触并掌握珠海某公司的客户资料以及年度销售量、销售金额产品的成本价、警戒价、销售价等经营性信息，并负有保守珠海某公司商业秘密的义务。2011年年初，余某与他人成立江西某公司，生产打印机用硒鼓等耗材产品，并成立多家公司销售江西某公司产品。余某等人将各自因工作关系掌握的珠海某公司的客户采购产品情况、销售价格体系、产品成本等信息私自带入江西某公司，以此制定了该公司部分产品的价格体系并以低于珠海某公司的价格向原属于珠海某公司的部分客户销售相同型号的产

---

① 本案件是2013年全国八起知识产权典型案例之一。

品。经对江西某公司的财务资料和出口报关单审计,共向原珠海某公司的11个客户销售与珠海某公司相同型号的产品金额共计约765万美元;按照珠海某公司相同型号产品的平均销售毛利润率计算,给珠海某公司造成的经济损失共计人民币约0.2亿元。

【法院判决】珠海市中级人民法院二审认为,江西某公司、余某等人行为构成侵犯商业秘密罪,判处江西某公司罚金人民币2140万元;判处余某有期徒刑六年,并处罚金人民币100万元;其余人亦均被判处有期徒刑两至三年,并处罚金10万元。

【案件评析】本案系侵犯经营信息类商业秘密刑事犯罪案件,人民法院判处的罚金总额高达3700万元。本案裁判无论是在罚金数额的计算还是自然人刑事责任的承担方面,都体现了严厉制裁侵犯知识产权犯罪行为的导向,突出了司法保护知识产权的整体性和有效性,充分体现了司法保护知识产权的主导作用。

(三)用人单位的单方解除权与人才的工作权之冲突

以"杭州某公司诉王某劳动合同纠纷案"为例,具体分析如下。

【基本案情】2005年7月,被告王某进入原告杭州某公司工作,劳动合同约定王某从事销售工作,基本工资每月3840元。该公司的《员工绩效管理办法》规定:员工半年、年度绩效考核分别为S、A、C1、C2四个等级,分别代表优秀、良好、价值观不符、业绩待改进;S、A、C(C1、C2)等级的比例分别为20%、70%、10%;不胜任工作原则上考核为C2。王某原在该公司分销科从事销售工作,2009年1月后因分销科解散等原因,转岗从事销售工作。2008年下半年、2009年上半年及2010年下半年,王某的考核结果均为C2。杭州某公司认为,王某不能胜任工作,经转岗后,仍不能胜任工作,故在支付了部分经济补偿金的情况下解除了劳动合同。

2011年7月,王某提起劳动仲裁。同年10月,仲裁委作出裁决:杭州某公司支付王某违法解除劳动合同的赔偿金余额36596.28元。杭州某公司认为其不存在违法解除劳动合同的行为,故于同年11月诉至法院,请求判令不予支付解除劳动合同赔偿金余额。

【法院判决】区人民法院作出民事判决:原告杭州某公司于判决生效之日起十五日内一次性支付被告王某违法解除劳动合同的赔偿金余额

36596.28元。宣判后,双方均未上诉,判决已发生法律效力。

【案件评析】法院生效判决认为:为了保护劳动者的合法权益,构建和发展和谐稳定的劳动关系,《中华人民共和国劳动法》《中华人民共和国劳动合同法》对用人单位单方解除劳动合同的条件进行了明确限定。原告杭州某公司以被告王某不胜任工作,经转岗后仍不胜任工作为由,解除劳动合同,对此应负举证责任。根据《员工绩效管理办法》的规定,"C(C1、C2)考核等级的比例为10%",虽然王某曾经考核结果为C2,但是C2等级并不完全等同于"不能胜任工作",杭州某公司仅凭该限定考核等级比例的考核结果,不能证明劳动者不能胜任工作,不符合据此单方解除劳动合同的法定条件。虽然2009年1月王某从分销科转岗,但是转岗前后均从事销售工作,并存在分销科解散导致王某转岗这一根本原因,故不能证明王某系因不能胜任工作而转岗。因此,杭州某公司主张王某不胜任工作,经转岗后仍然不胜任工作的依据不足,存在违法解除劳动合同的情形,应当依法向王某支付经济补偿标准二倍的赔偿金。

劳动者在用人单位等级考核中居于末位等次,不等同于"不能胜任工作",不符合单方解除劳动合同的法定条件,用人单位不能据此单方解除合同。

(四)网络时代的人才著作权保护

以"某网络公司与王某侵害著作权纠纷上诉案"[1]为例,具体分析如下。

【基本案情】笔名为棉棉的王某是某网络书籍(简称涉案作品)的作者。2009年10月,王某的委托代理人登录某网络公司网站,进入其图书搜索栏目页面,在搜索框中键入"棉棉"进行搜索,发现第一个搜索结果即为涉案作品。点击该搜索结果进入下一页面,显示有涉案作品的概述、作品片段、常用术语和短语、作品版权信息等内容。在该页面中,使用关键词搜索,可以看到涉案作品包含有该关键词的相关作品片段。王某以某网络公司电子化扫描涉案作品、某网络公司在网站上显示涉案作品片段的行为构成侵权为由,向法院提起诉讼。

【法院判决】一审法院认为,某网络公司提供涉案作品片段的行为构

---

[1] 详细信息参见《北京市高级人民法院(2013)高民终字第1221号民事判决书》。

成信息网络传播行为，但该行为构成合理使用；某网络公司的全文扫描行为不构成合理使用，应当承担侵权责任。一审法院判决某网络公司停止侵权行为，赔偿经济损失5000元和诉讼合理支出1000元。王某不服一审判决，上诉主张某网络公司的复制行为不构成合理使用。法院二审认为：在《著作权法》第二十二条规定的具体情形之外认定合理使用，应当从严掌握认定标准。除非使用人充分证明其使用行为构成合理使用，否则应当推定使用行为构成侵权。判断是否构成合理使用，一般应当考虑使用作品的目的和性质、受著作权保护的作品的性质、所使用部分的质量及其在整个作品中的比例和使用行为对作品现实和潜在市场及价值的影响等因素。上述考虑因素中涉及的事实问题，应当由使用者承担举证责任。在本案中，某网络公司仅提交证据证明中国法院对本案无管辖权，并未就复制行为是否构成合理使用提交证据，因此其主张复制行为构成合理使用的证据不足。二审法院还认为，虽然未经许可的复制行为原则上构成侵权，但专门为了合理使用行为而进行的复制，应当与后续使用行为结合起来看待，同样有可能构成合理使用。二审法院判决：驳回上诉，维持原判。

【案件评析】如何具体认定合理使用，是网络环境下的著作权纠纷常见争议焦点之一。本案一、二审判决都对合理使用的具体认定规则进行了较为深入的探索。本案二审判决认为，只要实施了《著作权法》规定的应当由著作权人实施的行为，原则上应当认定构成侵权，除非使用者提交相反证据证明该行为符合合理使用的构成要件；如果使用行为构成合理使用，专门为了该使用行为而进行的复制行为应当与使用行为结合起来看待，在使用行为构成合理使用的情况下，该复制行为也可能构成合理使用。二审判决对合理使用具体认定规则的探索，具有较强的创新性，对在网络著作权纠纷中规范和发展合理使用认定规则具有一定的示范作用。

（五）人才知情权的保障

以"李某诉广东某厅政府信息公开案"为例，具体分析如下。

【基本案情】原告李某于2011年6月1日通过广东省人民政府公众网络系统向被告广东某厅提出政府信息公开申请，根据《中华人民共和国政府信息公开条例》（以下简称《政府信息公开条例》）第二十四条第二款的规定，被告应在当月二十三日前答复原告，但被告未在法定期限内答复及提供所申请的政府信息，故请求法院判决确认被告未在法定期限内答复的行为违法。

【法院判决】确认被告广东某厅未依照《政府信息公开条例》第二十四条规定的期限对原告李某 2011 年 6 月 1 日申请其公开政府信息作出答复违法。

【案件评析】本案主要涉及知情权的保护。知情权是公民的基本权利。广义知情权是指知悉、获取信息的自由与权利，包括从官方或非官方知悉、获取相关信息。狭义知情权仅指知悉、获取官方信息的自由与权利。狭义知情权的保护主体为政府，广义知情权的保护主体包括政府、用人单位等。《中华人民共和国信息公开条例》是该权利保障的法律依据。信息社会当中，信息的作用和价值日益提升，人才对于信息的需求也越来越多。《政府信息公开条例》于 2008 年 5 月 1 日实施以来，对知情权的保护被纳入法制化的轨道。现实生活中，行政机关以信息属于国家秘密、商业秘密和个人隐私为由不予公开的情况屡有发生。本案当中，行政机关已经对原告的信息申请作出了处理，但没有在规定的时限当中进行，法院判定认为行政机关对于该申请的内部处理流程，不能成为行政机关延期处理的理由，逾期作出答复的，应当确认为违法。这实际上对知情权的保护又向前迈进了一步，从对实体权利的保护发展到兼顾程序权利的保护。

（六）用人单位自主用人权与人才合法权益之间的冲突

以"周某诉某物流配送公司案"为例，具体分析如下。

【基本案情】原告周某系某物流配送公司员工，2009 年周某担任该公司投递站站长，2010 年双方续签无固定期限劳动合同，约定原告从事管理岗位工作，并约定物流配送公司根据生产经营需要，依照原告的能力和工作表现，可变更原告的工作岗位，原告应服从对本人工种、岗位的安排。同时，双方另行签订责任书，约定原告为投递站的负责人。后物流配送公司以原告 2009 年至 2010 年 5 月工作不称职为由，安排原告担任分发员工作，上长夜班，薪资标准相应降低。原告不同意物流配送公司的调动岗位，多次向公司提出要求恢复原来的岗位未果。遂申请劳动仲裁，其请求未获支持。后诉至一审法院，请求判令某公司恢复周某原管理工作岗位，并支付周某工资差额 25760 元。

【法院判决】一审法院认为，有理由相信周某担任公司管理岗位时，工作表现并不能完全得到公司的认可，公司遂调整其工作岗位的行为尚属合理。现周某原工作岗位某公司早已安排其他人员接任，客观上周某要求恢复其原工作岗位的请求，亦已无法满足。且周某担任分发员期间，公司支付其劳动报酬的金额亦未违反双方间劳动合同的约定。据此，一审法院对周某的诉讼请求均不予支持。原告不服，进行上诉。

二审法院认为，公司调动周某岗位所依据的事实、规定及调岗的后果，均不能表明该调动岗位的行为具备合理性和必要性，且与法律规定不符，故法院对公司在站长责任期内调整周某岗位的行为不予认同。公司称该站除站长为管理岗位外，业务员（站发行员）也属于管理岗位。有鉴于此，某公司应按周某原工资收入及该站业务员的工资标准补偿，分别补偿责任期内及以后期间周某的工资差额为妥。据此，二审法院判令某公司补偿周某2010年7月至2011年8月的工资差额9298元。

【案件评析】本案涉及权利包括人才的休息休假权、获得报酬权与用人单位的自主用人权。《劳动合同法》第三十五条规定："用人单位与劳动者协商一致，可以变更劳动合同约定的内容。变更劳动合同，应当采取书面形式。"《劳动法》第四十七条规定，用人单位根据本单位生产经营特点和经济效益，依法自主确定本单位的工资分配方式和工资水平。给劳动者安排恰当的工作岗位是用人单位的固有权利，调整劳动者的已有劳动岗位亦属于用人单位行使自主用工权的重要组成部分。但用人单位在行使上述权利时，可能与劳动者的自身权益发生冲突，这就需要人民法院通过调处裁判在对立利益的博弈中寻找平衡。人民法院对于用人单位是否可以对劳动者工作岗位调整拥有最终的裁决权，但是，否定调整岗位行为有效性必须以不干预用人单位的自主用工权为限。用人单位对劳动者的调岗调薪行为属于劳动合同的实质性变更，其正当性应根据调岗依据的时效性、调岗行为的必要性、调岗过程的合程序性及调岗后果的合理性等标准进行判断。

第四节　人力资源开发相关主体关系的规范调整

人力资源开发法制建设是规范人力资源开发各相关主体权利义务的有效途径。人力资源开发工作中出现的问题有些可以通过政策手段进行灵活调整，有些可以通过市场机制进行调节，但也有一些必须通过法律制度规范进行调整。一是政府履责效能的完善有赖于法律制度的顶层设计,从宏观上明确产业、人力资源、政府绩效三者的关系并进行相应的规制。二是人力资源及用人单位权利和义务的规范需要在立法层面进行明晰,还需要执法、司法、普法多管齐下。

一 以法制的顶层设计来完善政府履责效能

一是从宏观层面界定政府职责,明确产业、人力资源与政府绩效三者之间的关系。现代产业体系建设是人力资源开发的前提和基础,政府应当发挥积极的引导作用,防止人力资源缺乏变成制约推动现代产业体系快速发展的瓶颈。以战略性新兴产业为例,该产业是知识密集型产业,存在着强烈的人才资源依赖性,需要强有力、系统性的人才引进机制、人才培养机制等予以支持。政府的绩效导向对于产业与人才的协调发展具有重要意义。《国家中长期人才发展纲要(2010—2020)》明确,要确立人才优先发展的战略地位,把人才发展重要指标列入各级政府经济社会发展规划和年度目标,把人才发展建设情况列入各级政府绩效考核的一项重要内容。需要注意的是,对政府进行人才发展情况的绩效考核应当与产业的需求紧密联系。

二是从微观层面明确政府职责,清晰界定政府有所为和有所不为。"有所为"是指在人才开发工作中,政府的所有应然职责均应当履行到位。"有所不为"是指凡用人单位能自主决定的,市场竞争机制能有效调节的,行业组织或中介组织能够自律管理的,政府均应当"有所不为"。同时,针对具体人才开发环节的政府职责界定重点有所差别。

(一)中央政府应强化顶层设计,各地政府区分人才引进阶段有效履行职责

与产业发展联动,统筹各类人才引进计划。解决目前人才引进恶性竞争的根本在于中央政府应当具备系统思维,加强整体考虑,进行长远设想,强化顶层设计。通过产业和人才的全国布局,区域之间形成互动,以产业的集成来形成人才的集聚。在统筹各类人才引进计划时,应关注产业的总体布局和地区特点,确定全国的重点产业区域,引导人才有序流动。产业结构的调整和优化升级,必然带来不同产业人才需求量的变化,加强人才供应与产业结构的融合,需要政府发布和修订人才目录,引导人才合

理流动。政府应当围绕产业发展和企业对人才的实际需求，及时编制、修订和发布人才开发目录，有效发挥目录在人才引进、人才培养、人才服务和人才结构调整方面的导向功能，指导企业引进所需要的专业人才和技能人才，引导人才遵循供求规律进行有序流动，提升人才资源开发效能，促进人才资源的优化配置。

（二）创新人才培养方式，强化产学研结合，引导中介和社会组织发挥作用

政府在人才培养方面履责的完善可以通过以下几个方面展开：

1. 创新人才培养方式，强化产学研结合

政府创新人才培养方式，可以采用多种手段。一是创新人才培养模式，构建跨地区、跨部门、跨学校的人才培养模式。深化人才培养模式改革，探寻符合人类文明成果传承规律的教育方式。二是创新培养形式，支持企业和学校以校企合作等形式开展人才培养。产学研结合是强化产业技术原始创新能力，突破关键技术，提升地区产业核心竞争力的有效手段和必由之路。高校与企业合作建设的"教学—科研—生产实践"相结合的实训基地，可以培养学生的实践能力和创新能力，实现人才培养与企业需求的对接。政府应当支持企业与高等院校、科研院所共建高水平的技术研发机构和人才培养机构，组建企业技术中心，共同承担国家重大科技项目。三是促进培训机构的发展，推动各类专业化人才培训机构发展。培训机构的发展，专业化是关键，对培训机构的专业化进行评价，构建专业化方面的评估指标，然后对专业化程度比较高、运作比较规范、培训比较有成效的培训机构，在政策、资金、服务等方面予以扶持和倾斜。

2. 强化政府的引导作用，引导行业协会和中介组织发挥作用

在人才培养方面，行业协会和中介组织还可以有更大的作为。一是可以探索建立本行业人才能力素质标准体系和培训标准，加强对企业人才管理以及培训机构服务的监督和评估；二是可以进行调查研究，为政府和企业提供更多专业化的服务；三是可以连接政府和市场进行建言献策，比如在人才待遇标准方面，行业协会可以发挥杠杆作用，进行第三方调查研究，发布客观信息，提供对策和建议；四是可以发挥协调作用，比如在人才流动过程中，行业协会可以提出人才培养方和人才接收方要共享利益的价值和标准；五是可以直接开展人才培训，根据行业需求设计课程，提升

行业人才的整体素质和专业水平。

政府引导作用的发挥，可借鉴美国政府资金投入导向的经验。近年来，美国政府在人力资源战略实施中的作用在不断加强。美国联邦政府通过一系列改革尝试，力争从政策、资金等方面保障人力资源战略的落实。美国政府充分发挥政府资金投入的导向作用，根据人力资源规划确定的项目，联邦政府提供开发基金和规划实施的基金，以此鼓励各利益相关者积极参与进来。例如，在《劳动力投资法》（WIA）实施过程中，联邦政府就提供一定的实施资金，要求各州和企业积极参与到项目，培训机构只有参加这些项目才能得到培训经费。政府规划需求改变，培训和开发机构的服务供给也就随之改变，这就等于给培训和开发机构一种市场信息。同时，将项目落实比较好的州的经验推广给其他没有落实的州，发挥标杆作用，从而实现资金的有效配置，这对开发机构也具有较好的激励作用。①

（三）建立人才投入长效机制，形成多元化投入机制

政府应当以发展创新为本位，将高层次人才的引进工作作为一项长期工作来抓，对于人才项目中具有良好产业前景、缺乏资金支持的科研成果，政府为其产业化提供长效的资金支持。政府应当借助多种力量，多层次拓宽融资渠道。政府可以加大引导民间资本参与科研成果转化的力度，提高财政资金使用效益，加快科技成果转化。人才所在单位不能一味地依赖政府的财政支持，应当广开投资吸纳渠道，引导对科研成果产业化的多元投入。人才应当充分发挥自身的科研积累经验优势，更多地争取社会资金对科研成果产业化的投入。此外，政府鼓励实验设备研发方面的人才投入，促进实验设备的自主研发，促进国内产业设备的发展。

（四）强化宏观调控，培育人才中介组织，实现部分公权力的社会化

政府应当运用金融、财政、税收、奖励、审批等行政手段对人才流量、人才流向和人才分布进行宏观调控。引导人才向重点产业、重点行业、重点区域配置。同时，在影响人才流动的体制性尚难破除的情况下，政府可以培育人才中介组织，实现部分公权力的社会化。

1. 强化政府的宏观调控，及时准确发布人才市场信息

改革开放以来，随着人才市场机制的不断健全，市场配置人才资源的

---

① 刘追、邢春雷：《美国人力资源战略》，《中国行政管理》2011年第4期。

程度越来越高，人才往发达城市集中。随着人才的集中，发达城市越来越发达，吸引人才的能力也越来越强，形成了人才流动的"马太效应"，人才多的地区，人才越来越多，人才少的地区，人才越来越少。为了克服这种"马太效应"，政府有必要适时采取财政、金融、税收、奖励、行政审批等手段，矫正市场失灵，以吸引和留住人才，政府也可以通过行政手段，调整人才结构，为产业结构性调整提供人才支撑。

人才市场信息对于人才和用人单位至关重要，是用人单位引进人才、人才选择流动的重要依据。政府有责任、有义务及时发布准确、完备的人才市场信息。充分运用全国招聘信息公共服务网、中国人力资源市场网、中国就业网、中国国家人才网等全国性网站有关人才智力信息和优惠政策，提高地方政府的影响力。政府所属人才服务机构发布市场信息，不要停留在公布岗位供求上，而是要进一步发布人才市场薪酬信息、重点产业、重点行业人才紧缺指数等更能反映市场的数据信息。

2. 培育人才市场中介组织，实现部分公权力的社会化

政府可以培育人才市场中介组织，实现部分公权力的社会化。政府从原有的直接管理、微观管理中退出，需要数量众多、种类全面、相互配套的社会中介组织来承担政府转移出来的人才市场协调管理职能。我国中介组织已有较大发展，但仍不能满足市场需求，政府大力发展和培育人才市场中介组织，同时加强对人才中介服务行业的管理。培育人才市场中介组织，应当把承担相应职能的政府机构和事业单位分离，组建独立的市场主体，与政府部门在组织上彻底脱离，按照市场经济要求进行规范、改造。政府应转向统筹规划人才市场中介行业，对行业协会的发展进行重点引导，明确人才市场中介组织的合法地位和重要作用，鼓励、支持其自主执业。为了加快人才市场中介组织的成长，应当打破地区、行业及部门垄断，积极吸引港澳台和外国人才市场中介组织到大陆地区开办业务，吸收其先进的思想和运作经验，快速形成布局合理、门类齐全的人才市场中介体系。

3. 根据不同的人才类别和人才安全级别，决定行政权的介入程度

借鉴国外的经验，我们可以根据人才的分类，确定行政权的介入程度。当前国外人才市场对人才实行分类管理，这是开发人才市场的基本前提，因为对于不同类型的人才，引入市场机制调节的程度是不同的。专业

技术人才较为灵活，可以较多地依靠市场的机制进行调节，企事业管理人才次之，而行政机关领域人才的流动一般不宜依靠市场调节机制，否则容易造成人才的大批浪费。这意味着，在谱系的一头是专业技术人才，行政权介入最小，市场作用最大；在谱系的另一头是党政人才，行政权介入最多，市场作用最小。

为保护人才的自由流动权，政府需要区别对待不同人才群体，对于那些掌握国家或单位机密、核心技术的人才，应当通过保护、激励等方式将其流动严格控制在相对较小的比例内，而对于一般的人才，政府可充分运用市场的工资作为调节的杠杆，达到人才在市场上的自由流动。在人才市场的运作机制中，工资价格水平成为人才配置的信号和杠杆，用人单位根据人才再生产费用和人才供求关系及时平衡各类岗位的工资价格，构成人才工资水平的基本依据。工资成为人才供求的价格信号，它调节着人才配置机制，在动态中达到供求均衡。用人单位本着吸引人才，保持外部竞争和内部平衡的原则，参照人才市场上相关岗位的最新工资价格水平，自主决定本单位各级各类岗位的工资价格。有时劳资双方还可进行工资谈判，以合同方式确立双方共同接受的工资价格水平。

（五）加快人才评价标准体系建设，完善人才评价的社会化评价体系

政府职责应该由主导变为引导，引导全社会建立以职业能力为导向，以工作业绩为重点的评价标准。引导职责的履行，可通过加快评价标准体系建设，完善社会化评价体系来实施。总体而言，在人才评价方面，政府应该强化人才评价标准体系建设，弱化政府作为单一评价主体的地位。

1. 履行政府职责，加快评价标准体系建设

政府应当倡导以职业能力为导向，以工作业绩为重点的评价标准，加快评价标准体系建设是目前政府在人才评价工作中应重点履行的职责。以专业技术人员为例，评价标准体系建设包括科学的评价指标体系设定，公开透明科学的职称评定程序等内容。"建立以考查专业技术人员创新能力和工作业绩为主的科学、客观、公正的人才评价标准，把政治素质、学术水平、业务能力、工作业绩等作为评审要素细化、量化，以此来确定具体的评议内容。"在评价指标体系的设定方面，"必须客观地、科学地，尽可能全面地考虑各种因素，反映出专业技术人才的工作过程和效果，包括其组成的主要因素及相互联系、效果等方面，由若干个单项指标组成，并

形成一个整体。"①

2. 完善人才评价的社会化评价体系

改变政府部门作为单一评价主体的做法,把人才的自我评价、用人单位的主体性评价和专业机构的专业性评价结合起来,实现业内认可与社会认可的有机统一。近年来,我国政府一直在积极探索多元评价机制。比如,深圳市2010年修订了《高层次人才认定标准》,新修订的办法增加了行业组织认可的人才标准。在突出重点行业的同时兼顾各行业人才需求;打破了过去可被认可的奖项全由政府设立的状况,吸收了部分行业组织评选人才的标准,更好地体现专业技术人才评价业内认可的原则。2006年发布的《关于进一步加强高技能人才评价工作的通知》,强调要积极探索多元评价机制,拓宽高技能人才成长通道。社会化评价体系的建立,需逐步完善社会化职业技能鉴定,同时推进企业高技能人才评价的改革试点。

二 以立法、执法、司法的多元途径落实用人单位及人才权利和义务

随着我国人才管理体制改革的不断深入,政府宏观管理、市场有效配置、单位自主用人、人才自主择业的人才管理体制有待进一步完善。一方面,部分用人单位对人才主体地位不够尊重,不能坚持以人为本、以用为本的原则;另一方面,部分用人单位尚未实现执行政策规定和创造性开展人才工作的有效结合。

(一)立法明确人才及用人单位的权利和义务

1. 立法保障主体

依据宪法规定,全国人大及其常委会行使国家立法权,国务院根据宪法和法律制定行政法规,省、自治区、直辖市人大及其常委会在不和宪法、法律、行政法规抵触的前提下,可制定地方性法规。《立法法》对立法权限的配置做了进一步的细化。从人才权益保障的角度出发,涉及人才作为公民的基本权利,应当由宪法和法律来进行规定,例如《立法法》第八条规定的只能制定法律的事项就包括对公民政治权利的剥夺、限制人

---

① 杨东风、张晓欣:《专业技术人才评价与政府职能作用发挥》,《人才资源开发》2013年第10期。

身自由的强制措施和处罚。因此，公民基本权利的立法保障主体是全国人大及其常务委员会。人才作为公民的一般权利，可以根据权利的不同类别、不同的主管单位等由行政法规、地方性法规、部门规章、规范性文件等进行保障。需要注意的是，人才权益保障立法，应当贯彻开门立法的思路，公开征集立法项目，及时公布立法规划和议程，拓宽民意征集渠道，尤其是关涉人才切身利益的立法，要健全公众意见采纳情况反馈机制，积极回应社会关切和人才需求。

2. 立法保障路径

只有靠法律、靠制度，公民权利才能得到最有效的保障。无论是人才及用人单位的权利落实还是义务履行，在众多的保障路径当中，立法保障是最稳定、权威性最高的保障方式。党的十八届四中全会强调，建设中国特色社会主义法治体系，必须坚持立法先行，发挥立法的引领和推动作用。要恪守以民为本、立法为民理念，贯彻社会主义核心价值观，把公正、公平、公开原则贯穿立法全过程。

目前关于人才及用人单位的权利和义务规定散见在多个效力层级的法律法规当中，这些法律规范或直接或间接地对人才及用人单位的权利和义务进行了规定，但都不足以形成一个综合全面的权利保护和义务监督履行体系。

保护人才权利和督促人才义务的有效方式是完善人才立法。当前人才立法中，缺少系统核心作用的人才法律制度，专业技术人才和企业经营管理人才的立法内容比较粗疏，人才评价、激励、流动、引进等环节的法律较少，并且人才立法效力层次较低，大多属于规范性文件或部门规章，过多的政策性规定未上升为法律，缺乏权威性、稳定性和公开性，文件内容交叉、重叠甚至冲突，缺乏明确的指引性和可操作性。人才的权利和义务等内容没有得到明确界定，权利保护和义务履行存在较大改进空间。保护人才权利，督促人才履行义务最为有效的方式是进行综合性、高效力的人才立法，明确界定人才权利的保护方式、义务的履行途径，为严格执法、公正司法提供依据。

(二) 执法落实人才及用人单位的权利并督促履行义务

1. 行政保障主体

人才权益保障的行政保障主体是国家行政机关，保障的主要方式是行政调解。人才权益的行政保障方式主要是人事争议调解。行政调解是国家行政机关对经济活动和社会生活执行管理和监督的一种方式。它不仅可以调解公民之间的纠纷，还可以调解公民与法人之间以及法人与法人之间的权利义务关系的争议。人事争议调解是指双方当事人在仲裁机构的主持下，基于自愿平等协商的原则，经过双方的协商解决人事纠纷的一种途径。政府应当尽快建立完善人事行政调解组织机构网络，建立一支精干高效的调解队伍，建立与人民调解、司法调解、申诉控告及人事争议仲裁调解相衔接的工作机制。及时发现可能发生的人事争议，做好政策解释和说服教育劝导工作，尽可能为人才权益保障提供条件，以人才权益损害最小化的原则力争把人事争议解决在初始阶段。对已发生的人事争议，要积极通过行政调解和行政复议调解进行化解，力争使人才权益被侵犯的不利后果最小化。畅通行政调解渠道，及时排查化解矛盾纠纷，做好人事争议诉求化解疏导工作，有力保障人才合法权益，促进社会和谐稳定。

2. 法律实施路径

各级政府必须坚持在党的领导下、在法治轨道上开展工作。人才及用人单位权利的落实和义务的履行都有赖于法律的实施。首先，涉及人才和用人单位权利和义务的规范性文件，都必须按照政府信息公开的要求和程序予以公布。其次，依法惩处各类违法行为。劳动行政主管部门对违反劳动法规的单位或劳动者，可以依据现行劳动法律、法规、规章，分别给予警告、通报批评、罚款、吊销许可证、责令停产整顿的处罚；对触犯其他行政法规的，建议有关行政机关给予行政处罚；对触犯刑律的，建议执法机关追究刑事责任。再次，通过合同保障权利实现和义务履行。人才在进入用人单位[①]工作之前均会签订相应的合同。企业、社会组织与劳动者签订劳动合同，公务员与党政机关之间有录用协议，事业单位当中既有签订劳动合同的，也有签订聘用合同的。因此，无论人才进入何种类型的用人单位，其权利和义务都可以事先通过合同约定。企业、社会组织包括事业单位中的聘用合同受《劳动法》的保护，公务员与党政机关的录用协议受《公务员法》保护，事业单位的聘用合同受《事业单位人事管理条例》

---

① 人才综合立法中的用人单位指的是《民法通则》当中关于"法人"的界定。《民法通则》里被称为"法人"的社会组织，包括企业法人、事业单位法人、机关法人和社会团体法人。

保护。人才应当具备权利意识，在签订合同之时应当对自身的权利和义务有清楚的认知，在履行合同的过程当中，也应当自觉履行义务，关注自身权利不被侵犯，在权利受到侵犯的时候，应当主动以合同为依据寻求救济。无论人才还是用人单位，侵犯他人权利或不履行相应法定义务，都应当受到相应的惩罚。最后，政府应当根据人才和用人单位的不同关系，出台相应的行业标准或规范性文件。不同的行业都能找到相应的范本来签订合同，对人才和用人单位的权利进行保护，并督促双方义务的履行。

（三）多元化纠纷解决机制化解权利和义务冲突

1. 司法保障主体

人才权益的司法保障主体是司法机关，主要形式为人事争议诉讼，人事争议诉讼的标的主要是人事权益。人事争议仲裁是人事争议诉讼的前置程序。人事争议诉讼当事人向人民法院提起诉讼，必须是不服人事争议仲裁机构的裁决才受理，没有经过人事争议仲裁机构裁决的人事争议案件，人民法院一般不予受理。涉及机关、事业单位、社会团体的案件主要集中在劳动报酬、社会保险和解除终止劳动合同等方面。

2. 司法保障路径

党的十八届四中全会指出，健全依法维权和化解纠纷机制，建立健全社会矛盾预警机制、利益表达机制、协商沟通机制、救济救助机制，畅通群众利益协调、权益保障法律渠道。全会还指出，完善调解、仲裁、行政裁决、行政复议、诉讼等有机衔接、相互协调的多元化纠纷解决机制。不同主体的权利之间、同一主体的不同权利之间、不同主体的权利和义务、同一主体的权利和义务都有产生博弈甚至冲突的可能。权利和义务冲突到一定程度就可能出现权利受到侵犯。人才及用人单位的权利受到侵犯之后可以采取多种方式消除侵害，使得权利被侵害人获得一定的赔偿。

首先，可采用协商的方式。协商是强制力最弱的一种纠纷解决机制，其优势在于节省时间、金钱和精力，可以快速化解矛盾，消除争议。人才可与用人单位进行协商，也可依托工会力量。工会组织除了事后协助以外，还可以通过事前介入维护人才权益，比如代表人才与企业签订集体合同、推进工资集体协商等。

其次，可采用调解的方式。人事争议调解是在人事争议仲裁机构或调解机构的主持下进行的，这是人事争议调解与人事争议协商最明显的区别。人事争议调解必须始终在双方的同意下进行，经过人民调解组织、劳动人事争议调解办公室调解后出具的调解协议经司法确认后具有法律效力，当事人可以申请法院强制执行。各法院在审理劳动争议纠纷案件的全过程中，要尽可能采取调解、和解方法，寻找各方利益平衡点，做到案结事了。

再次，可采用仲裁的方式。劳动人事争议仲裁的对象是当事人之间的劳动人事纠纷。仲裁机构具有权威性和公正性，是由国家法律授权的专门机构。劳动仲裁是事后监督，不告不理，只有当事人以书面形式向劳动人事争议仲裁机构提出仲裁申请，才启动仲裁程序。劳动人事争议仲裁包括仲裁调解和仲裁裁决两种形式。仲裁调解是指在仲裁员的主持下，双方当事人自愿协商、互让互谅达成协议解决争议的方式。仲裁裁决是指在仲裁调解不成的情况下，由仲裁员对案件作出具有法律约束力的裁决的方式。

需要注意的是，我国《劳动法》第二条规定："在中华人民共和国境内的企业、个体经济组织（以下统称用人单位）和与之形成劳动关系的劳动者，适用本法。"而根据劳动部《关于贯彻执行〈中华人民共和国劳动法〉若干问题的意见》第四条的规定，公务员和比照实行公务员制度的事业组织和社会团体的工作人员等不适用劳动法。因此，党政人才认为自己的权利受到侵犯时，应当采用申诉的方式，而非申请仲裁。根据《公务员法》第九十条的规定，公务员对涉及本人的人事处理不服的，可以自知道该人事处理之日起三十日内向原处理机关申请复核；对复核结果不服的，可以自接到复核决定之日起十五日内，按照规定向同级公务员主管部门或者作出该人事处理的机关的上一级机关提出申诉；也可以不经复核，自知道该人事处理之日起三十日内直接提出申诉。最后，可采用诉讼的方式。我国的劳动人事争议诉讼具有仲裁前置的特点，即劳动人事争议诉讼当事人在提起劳动人事争议诉讼之前，必须先经过劳动人事争议仲裁委员会仲裁，对仲裁裁决不服的，才能向法院起诉。当事人未经过仲裁不得直接向法院起诉。《劳动争议调解仲裁法》规定当事人对劳动争议案件的仲裁结果不服的，可以自收到仲裁裁决书之日起十五日内向人民法院提起诉讼。

（四）形成法治社会氛围以实现权利和履行义务

党的十八届四中全会指出，要形成守法光荣、违法可耻的社会氛围。

人才及用人单位都处于社会当中，只有在法治社会当中，人才及用人单位的权利才能得以全面实现，也只有在法治社会当中，人才及用人单位才能自觉履行义务。首先，严格执法和公正司法有助于形成守法光荣、违法可耻的社会氛围。任何侵犯人才及用人单位的行为都受到惩罚，任何权利冲突都得以公平、公正地化解，通过每一次执法行为、每一个司法案件树立法律权威和民众对法治的信任。其次，加强法治宣传教育引导，形成守法光荣、违法可耻的社会氛围。通过普法宣传教育，引导全民自觉守法、遇事找法、解决问题靠法。最后，激励与约束机制并举推动守法光荣、违法可耻社会氛围的形成。加强社会诚信建设，健全公民和组织守法信用记录，完善守法诚信褒奖机制和违法失信行为惩戒机制。

第六章

人力资源开发法制建设的重点任务

> 研究法律自离不开条文的分析,这是研究的根据。但仅仅研究条文是不够的,我们也应注意法律的实效问题。[①]
>
> ——瞿同祖

党的十八届三中全会通过的《中共中央关于全面深化改革若干重大问题的决定》提出:"坚持依法治理,加强法治保障,运用法治思维和法治方式化解社会矛盾。"党的十八届四中全会通过的《中共中央关于全面推进依法治国若干重大问题的决定》提出,全面推进依法治国,总目标是建设中国特色社会主义法治体系,建设社会主义法治国家。党的十九大报告对这一总目标进行了重申。在法治中国的大背景下,各项工作的开展都必须在法治的轨道上进行,人力资源开发工作亦不例外,人力资源开发要靠法治,实现法治的前提是有法可依,要做到有法可依首先必须具备完善的法律制度。

第一节 加快推进人才开发综合立法

人力资源开发法制是中国特色社会主义法制体系的一个重要组成部分,2015年人力资源和社会保障部《关于全面推进人力资源社会保障部门法治建设的指导意见》强调,各级人力资源社会保障部门要按照人力资源社会保障立法体系构想,上下联动推进就业创业、社会保险、人力资源

---

① 瞿同祖:《中国法律与中国社会》,中华书局2003年版,导论第2页。

开发、人事管理、收入分配、劳动关系等方面的立法和配套法规体系建设。2016年《人力资源和社会保障法治建设实施纲要（2016—2020年）》指出，"对促进就业创业、人力资源培养和使用、职业技能开发、企业工资支付保障、基本劳动标准、集体合同、劳动保障监察、社会保险基金及补充保险基金监管等进行立法必要性和可行性论证，适时向全国人大常委会、国务院提出立法建议。"法治人社须立法先行，充分发挥立法的引领和推动作用，着力构建完备的人社法律法规体系，实现有法可依、有章可循。法治人社建设是人力资源开发立法的重要推动力，人力资源开发法律体系建设的历史经验和人力资源开发工作经验为人力资源开发立法提供了重要的立法基础。

以人才工作为例，从国家层面来看，出台人才综合立法，全方位多角度地规范人才工作的各个环节、各个主体是当前营造良好人才发展法治环境的需要。国家人才工作紧密围绕国家经济社会发展的实际需要，地方人才工作紧密围绕地方经济发展现状及未来的实际需求，以人才促发展。人才立法工作是以立法的形式推动人才工作的法治化、科学化，从而实现人才工作促进经济社会发展的目标需求。因此，国家人才综合立法工作要在全面分析当前我国经济社会发展对人才实际需求的基础上，明确人才工作中迫切需要通过立法规范的权利和义务关系，有的放矢地进行立法。地方人才立法工作则要把握地方人才工作的突出矛盾、面临的不同形势，区分人才工作相关主体对立法的不同需求，体现地方特色，以适应国际国内对人才的迫切需求以及由此带来的机遇挑战。

一　人才开发综合立法的必要性论证

"立法必要性是指立法对象基本稳定，人们对立法对象的认识趋向一致。换言之，在事物本性上，立法对象不仅基本稳定，而且能够表现出客观的规律性以及人为的可规制性；在对事物的认识上，取得了相当多的理论共识，并且理论共识有增多趋势。"[1] 论证人才立法的必要性，可以从

---

[1] 于兆波：《立法必要性可行性的理论基础与我国立法完善——以英国立法为视角》，《法学杂志》2014年第11期。

两个方面考虑。一是综合比较法律手段与其他手段的优劣①，论证法律手段比其他社会关系调整方式更合理有效。二是论证立法对于调整这一社会关系非常迫切，立法需求紧迫。

（一）法律手段具有其自身的优越性

人才引进、培养、使用、投入、流动、激励、保障等工作均涉及党政机关、企事业单位、社会组织、人才个体等多主体之间的关系。各主体的关系在不同的人才开发环节中呈现一定的差异，即便在相同的人才开发环节中，也可能因为公共性强弱不同而形成各主体之间不同的关系，如在公共性强的基础教育中政府处于主导地位。因此，调整这些不同关系的手段也不同。一般而言，公共性越强、越具有普遍性、确定性的关系，其对调整手段的稳定性、约束力要求越高。在市场机制、政策、法律等手段当中，法律无疑是稳定性和约束力最强的手段。以人才流动为例，市场机制、政策、法律三者在调整人才流动中社会关系的作用各有侧重，但解决人才流动的根本性问题，必须依靠法律。

1. 人才流动的动力主要依赖市场机制

人才流动是市场化配置人才资源的必然要求和必然结果，市场在人才资源配置中发挥决定性作用，就意味着人才资源应当在市场规律的调节下实现自由流动，在流动中获得成长，在流动中创造价值。随着我国生产要素市场化改革的进行，人才作为生产要素的自由流动将随着行政禁锢的破除而更加通畅。

我国学者强调"人才流动要以市场调节为主、政府调配为辅"②，不容忽视的是，市场调节具有局限性，在市场规则尚不完善的情况下，市场配置人才资源的局限性会更加突出，往往容易造成人才流动的无序化。此外，国际人才流动中某些具有公共性的问题，如人才安全，则无法完全依靠市场手段进行调节。

---

① "历来调整社会关系的手段多种多样，如市场机制、伦理道德、社会规范、行业自律、政府规章等。不同的手段调整不同类型的社会关系，只有那些带有普遍性、确定性、权利义务明确、需要国家强制力保障的关系，才适合运用法律的手段来调整。"参见周鹏涛《地方性法规论证要"过五关"》，中国人大网，2011年9月30日。

② 吴江：《人才流动要以市场调节为主、政府调配为辅》，2010年6月1日人民网—理论频道。

2. 人才流动的引导主要依赖政策手段

英国著名学者卡培里认为：市场配置人才就像一条河流，河流是风平浪静还是洪水泛滥，关键在于疏导。疏导的主角就是政府。随着人才市场机制的不断健全，市场配置人才资源的程度越来越高，人才往发达城市集中，随着人才的集中，发达城市越来越发达，吸引人才的能力也越来越强，形成了人才流动的"马太效应"。人才多的地区，人才越来越多，人才少的地区，人才越来越少。为了克服人才流动中的"马太效应"，政府应当通过财政、金融、税收等政策扶持，矫正市场失灵，引导人才合理流动。

政策手段具备灵活、及时等特点，能对人才流动中出现的问题迅速作出反应，并能根据各主体对政策的反应及时调整方向和重点，有针对性地促进人才流动有序进行。但由于政策缺乏稳定性、可预期性，容易造成人才资源配置缺乏连续性、长期性。

3. 人才流动的顺畅主要依赖法律手段

党的十九大报告强调，"破除妨碍劳动力、人才社会性流动的体制机制弊端，使人人都有通过辛勤劳动实现自身发展的机会"。人才流动的最大障碍在于体制机制弊端，如档案、身份、户籍、学历、社保等，但破除这些障碍涉及面广、难度大，必须进一步开展工作，在财政、金融、户籍、社保等多项体制改革上取得更大突破和改进，这已经超出了部门和地区单项政策的权限，需要从国家法律层面作出规定，予以保障。

（二）人才开发综合立法具有实际意义

人才开发综合立法是贯彻落实人才强国战略的现实需求。《国家中长期人才发展规划纲要（2010—2020年）》提出：研究制定人才开发促进法。加强立法工作，建立健全涵盖国家人才安全保障、人才权益保护、人才市场管理和人才培养、吸引、使用等人才资源开发管理各个环节的人才法律法规。目前，《纲要》中的各项人才政策和人才工程都已在全国实施，只有人才开发促进法的研制工作尚未正式开展。立法工作的基本要求是"问题引导立法、立法解决问题"，人才综合立法可以解决人才事业发展的一些难题，建立标准，树立标杆，明确导向，为我国人才法制建设的全面推进创造条件。进行人才综合立法，为人才工作提供方向指引、原则依据和具体的操作办法，对于全面推进我国人才法制建设，促进人才事业发展，具有提纲挈领的重要意义。

从紧迫性来看，目前，我国经济社会对人才的综合立法有着迫切且特别的需求。中国目前处于经济转型和产业结构调整时期，迫切需要各类人才，建设各支人才队伍，促进人才开发，促使人才的聪明才智竞相迸发，提升人才的国际竞争力。要突破政策瓶颈，突破各类体制机制障碍，在强调依法治国、依法行政、依法办事的社会主义法治建设时代，对人才开发进行综合立法，是十分必要且非常重要的。因此，适应社会需求进行人才开发综合立法，对我国经济社会发展、人才发展，都具有特殊的意义，能促进人才权益保障，更新人才发展观念，消除人才发挥作用的障碍，解放人才的生产力。可以说，人才开发综合立法完全符合我国的实际需要，这将成为一部具有中国特色的人才综合立法，既有益于我国经济社会全面发展，也有益于我国人才的全面发展。

1. 人才政策的局限性亟须立法突破

各部门和各地区出台的人才政策已经取得很大成效，但人才法规政策出台的主体多样，不同部门、不同区域的人才法律法规政策相互矛盾，缺少衔接和配套，存在政出多门、政策碎片化的问题。人才工作深层问题的解决涉及多方主体，不仅要求政府各部门通力合作，也要求企事业单位等用人主体积极配合，还需要人才自身积极主动地自我开发。人才事务的综合性、复杂性决定了要超越单项政策的范畴，需要更高位阶的人才综合立法来解决深层问题。

人才综合立法可以形成统一规范，消除单项法规的片面性和地区的不均衡性。我国人才单项法规比较多，但比较分散，存在重复规定、相互矛盾、法规缺位或不合时宜等问题，需要以法律的方式解决单项立法的片面性问题，需要一部具有系统性和综合性的上位法进行统领并予以规范；我国地方自上而下地进行人才法制建设，需要国家层面的人才综合立法以授予或放开地方相关责权，需要国家的上位法形成统一规范，消除地区立法的不均衡性。

人才开发综合立法可以更好地发挥市场决定作用，营造公平竞争环境。人才工作实践需要从整体出发规范人才事务，解决部门政策的政出多门、交叉重复、相互冲突或矛盾等问题，为发挥市场决定作用奠定法制基础；人才开发综合立法有利于人才工作长效稳定机制的建立，人才工作中一些好的做法、成功经验和有效政策通过立法的方式固定下来，促进人才工作的稳定性和常态化，运用法律这一国际通行的治理工具，营造具有国际竞争力的人才环境。

2. 人才单项立法的不均衡需要综合立法来消除

人才可以进行不同的分类，按照这些分类形成了一些单项法规。例如，按照专业性质，可以分为医师人才、教师人才、律师人才，与此相对应有专门法，即《执业医师法》《教师法》《律师法》等。按照能级水平，可分为初级人才、中级人才、高级人才等，进行能级水平评价的有相应的职业资格制度和职称制度等。我国目前将人才队伍主要区分为六支队伍，有的具备比较完善的法律，如党政人才有《公务员法》；有的单项法规已经不能适应当前形势的发展，需要进行修订，如《教师法》；有的关于人才的条款需要补齐，如《科技进步促进法》；有的法位阶不高，如职业资格相关法规。在这些单项法规之外，需要进行人才综合立法，以覆盖不同的人才队伍，使各支人才队伍适用同等的法律规定，也为人才单项法规的完善、人才单项法规的立法确定统一的规范和标准。

3. 人才开发的促进需要综合立法来保障

由人才开发综合立法作为规范人才事务的基本纲领，对人才事务的整体框架和基本内容作出明确规定，结合单项法律、各部门和地区出台的人才政策，能够形成比较完备的人才政策法律体系，将现行比较成熟、稳定的人才政策上升到法律层面，为人才工作的开展提供法律保障。人才综合立法能够把人才开发纳入社会主义法治轨道，明确政府在人才开发促进中的职责和权限，促进政府积极培育人才市场，实现开放、动态的人才开发促进。同时规范和约束各部门和各地区的人才竞争，真正增强人才开发效果，提高财政资金使用效能。

人才开发综合立法理顺人才开发相关问题，消除相关矛盾和障碍，就要对人才开发各类主体的职责进行梳理和法定化，约束和保障各类主体自觉履行职责，进一步规范政府的人才工作；需要确立人才投入的长效机制，确保投入总量充足、结构合理、方法科学、渠道多元，避免个别地方或单位对人才投入缺乏前瞻性和长期性；可以有效解决当前人才引进的各种问题，促进人才引进系统化、规范化；可以对人才培养顶层指导，改善人才培养与产业需求错位的现状，明确人才培养应当符合产业需求，重视基本技能；可以确立社会化、同行业的人才评价规则，改变重学历轻能力、重资历轻业绩、重论文轻贡献的人才评价倾向；可以突破人才流动的体制性障碍；可以建立健全社会整体联动的人才激励保障法律制度。

人才开发综合立法可以"一站式"保护人才权益。法治与其他社会治理的优势在于其可预见性、可操作性和可救济性。人才开发综合立法具有对人才权益全方位、"一站式"予以保障的法律意义，可以将与人才权益相关的、零散的或碎片化的法律法规政策整合起来，为人才打造一个公开、透明、坚实、立体的权益保护罩，建立强有力的约束惩戒机制，营造有利于人才发展的法制环境。

（三）人才开发综合立法具有现实需求

尽管《纲要》中提出要研究制定人才开发促进法，但至今尚未启动。目前，理论界和实务工作部门在是否进行国家层面人才综合立法的问题上，尚存在较大争议，未达成普遍性共识。国家层面人才综合立法的必要性分析是进行立法相关研究的基础和前提。开展国家层面人才综合立法相关研究，首先需要解决的是必要性的问题，这是一个最关键、最突出、最不可能绕开的难点问题。关于人才综合立法是否必要，我们可以通过一组调查结果[1]窥见一斑。调查采用文献调研、实地调研[2]和问卷调查[3]等方式，考察人才综合立法的必要性。文献调研表明，进行人才综合立法并非新的提法，我国在20世纪80年代关于人才立法就有过专门研讨。[4] 在此之后，我国出台了大量的人才相关法律法规，其中有关于不同类别人才的

---

[1] 本书作者参与中国人事科学研究院"人才开发促进法立法难点问题研究"课题研究时，曾运用各种调查手段，采集各类人群的看法，分析大量基础信息，并对调查结果进行研讨、分析和思考，进而提出了相关研究观点。

[2] 中国人事科学研究院"人才开发促进法立法难点问题研究"课题组于2013年5—11月，先后赴福建、上海、天津、宁夏、江西、哈尔滨、云南等七个省市，就人才开发促进法立法难点问题进行了实地调研，调研对象包括地方组织部门、法制部门（包括人大法工委、政府法制办）、人才主管部门（包括人社部门、公务员局）和其他相关部门（包括科技部门、教育部门、卫生部门、经贸部门、发改部门、财政部门）。

[3] 中国人事科学研究院"人才开发促进法立法难点问题研究"课题组于2013年9—11月共发放并统计了截止日期以内回收的有效问卷328份。问卷调查中，以科研人员为对象发放的主要单位有：中科院、社科院、国防科工局、中国人事科学研究院、中国劳动科学研究院、水利部发展研究中心等。

[4] 《科技进步与对策》杂志1985年第S1期曾设置"人才管理立法专辑"，发表了多位人才学专家的相关文章，其中涉及人才开发的多个环节。

专门立法、关于人才开发环节的专门立法。人才相关立法发展至今，整体看来，尚未出现人才开发综合立法，在新的历史时期提出了人才开发综合立法的研制需求，反映出人才立法研究本身的螺旋式上升特征。实地调研中大部分人认为有必要，部分人认为条件不成熟，少部分人认为没有必要。人才工作部门和法制部门存在一些差异，人才工作部门希望积极推进立法的倾向比较强，法制部门持相对谨慎的态度。问卷调查聚焦人才综合立法的必要性，问卷调查结果所显示的趋势与实地调研的情况基本一致。从调查结果来看，关于人才开发综合立法的必要性，目前主要存在三种看法。

1. 第一种看法：当前迫切需要人才综合立法

文献调研表明，在20世纪80年代，一批人才学专家提出要进行人才立法，且对人才立法需求比较迫切。主要理由为：人才在社会主义现代化建设中具有重大的战略地位和作用，需要从法律上加以保证；人才制度和管理上的弊端，急需人才立法，加强法制建设；人才立法，是维护广大人才正当权益、保证他们能为四化建设多作贡献的迫切需要；人才立法，是进一步实现法治、完善社会主义法制的客观需要；建立科技人才法规是时代发展的客观要求；我国长时期的实践表明，要解决我国的人才问题，光靠行政手段是绝对不行的，必须运用法律的手段；人才管理立法是人才本身的价值所决定的；人才管理立法是形成尊重知识尊重人才的社会风气之必要后盾；人才管理立法是贯彻执行"双百"方针的必要条件。这一时期比较集中的立法研究之后，尤其是20世纪90年代，我国出现了人才立法的高峰，当然，这一时期的人才立法主要是针对某类人才群体或某个人才开发环节的专门法，以原人事部或原劳动部出台的规范性文件为主要立法形式。

实地调研反映，绝大部分政府部门、用人单位和人才的看法是：当前迫切需要人才开发综合立法。他们认为，人才开发促进法是"有"比"没有"好，早出比晚出要好，并提出了以下五个方面的理由。第一，经济社会转型的需要。经济转型升级和产业结构调整，对人才开发提出了新的要求，扩大人才红利，需要进行促进人才开发的综合立法。第二，人才法制建设的需要。依法治国的基本要求是有法可依、有法必依、执法必严、违法必究。具体到人才领域，要加强人才立法，出台关于人才的基本法，构建中国特色社会主义的人才法律法规体系。当前国家尚无人才综合立法，构建完备的人才法律法规体系，建设法治国家需要立法。第三，人才工作实践的需要。推进人才强国战略的实施，贯彻实施中长期人才规划的要求，落实人才是第一资源的理念需要立法；规范和保障人才的培养、引进、选拔、流动、激励、投入需要立法；营造良好的人才发展环境，预防和规范各地"人才乱象"，解决人才开发中存在的恶性竞争、政策冲突、待遇不公、审批过多、人才流失、人才断层、不尊重市场规律、不尊重用人单位主体地位等问题需要立法；建立人才领域的约束惩戒机制需要立法；落实人才工作依法行政的要求需要立法；规范人才开发主体的行为需要立法；界定人才开发主体的职责权限需要立法。第四，人才领域国际接轨的需要。用法律保障人才符合国际规则，有助于增进国际社会对我国人才工作的理解，推动人才工作和人才立法的国际接轨；有助于国外的人才了解我国的人才引进导向，有助于吸引国际人才。第五，法律的权威性、稳定性和强制性较高。人才政策和人才计划有阶段性，而立法是管长远的，法律的权威性比政策高；组织部门牵头抓总主要靠协调，协调属于软约束，需要法律的硬约束予以配合。

问卷调查显示，认为人才综合立法"有必要"的比例为63.4%。从性别来看，男性持该观点的比例略高于女性。从年龄来看，年轻人持该观点的比例较高，尤其25岁及以下的年轻人比例高达90.0%。从学历来看，学历越高持该观点的比例越高。从职务来看，科员和厅局级持该观点的比例高于处级和科级。从职称来看，正高职称持该观点的比例更为突出。从工作年限来看，工作年限越短持该观点的比例就越高。从所处地区来看，东部地区持该观点的比例最高，中部地区次之，西部地区略低。

受访者认为人才综合立法"有必要"的理由中，排在前三位的是："可促使人才工作有法可依""可促进人才权益得到保障""可激励人才发挥作用"。

2. 第二种看法：长远来看有必要，但当前立法条件尚不成熟

实地调研反映，一些部门工作人员认为长远来看有必要进行人才开发综合立法，但当前立法条件尚不成熟。他们提出的理由包括以下六个方面。

第一，人才开发综合立法面临很多困难。人才概念太宽泛，层次太多，而且处于不断发展中；人才开发领域面临的问题尚不清楚，仓促立法会使法律的执行大打折扣；人才开发涉及领域过宽，一部综合立法不能囊括；人才开发主体太多，涉及多个政府部门，立法难以协调。

第二，人才开发综合立法的实施效果堪忧。促进法缺乏强制性；人才综合立法要避免与现行的人才立法产生冲突，只能对没有规范的东西进行规范，法的适用范围会比较小，实用价值有限。

第三，人才开发具有阶段性和复杂性。人才开发工作具有阶段性，立法硬性规定未必合适；人才开发工作具有复杂性，人才开发工作规律难以把握，哪些事项需要引导、鼓励，哪些事项需要立法强制落实，不好确定。

第四，政策比法律更有利于促进人才开发。政策促进人才开发的模式是我国的独特优势，更有利于人才工作发展，法律有很多局限性，很多东西没法写入法律；我国在全球人才竞争中并不处于优势，政策灵活有利于人才引进和培养，用法律固定一些政策未必妥当，可能会影响人才引进和培养。

第五，当前我国人才开发立法缺口太大。当前我国人才立法非常不健全，应当先制定下位法或专门法，条件成熟了再进行综合立法。

第六，对人才开发综合立法的质量存在担忧。受访者认为，以前的立法是宁可粗一点也要快一点，现在是宁可慢一点，也要有质量。

3. 第三种看法：没有必要进行人才综合立法

实地调研反映，受访的政府部门、用人单位和人才对于人才综合立法的必要性基本持肯定态度，争议在于当前立法的条件是否已经成熟，立法的时机是现在还是将来。

问卷调查显示，认为人才综合立法"没有必要"的比例为8.8%。从职务来看，厅局级持该观点的比例为16.7%；从职称来看，副高职称持该观点的比例为18.8%；从工作年限来看，工作年限不到三年的持该观点的比例为13.5%。

认为人才综合立法"没有必要"的理由中，排在前三位的分别是："人才开发促进法的规范效果难以预期""人才概念难以界定""人才开发的内容过于宽泛"。

二 人才开发综合立法的可行性论证

从可行性来看,第一,人才本身有人才综合立法的需求。海外人才一般通过法律了解国家的价值取向,进行人才开发综合立法,可以用国际化的方式引进人才。第二,地方实践有经验。在国家中长期人才发展规划纲要颁布之后,珠海已率先进行人才开发促进的地方立法,还有一些地区正在开展人才立法研究,相关条例也在制定中。第三,制约因素正逐渐消除。人才概念日渐清晰,人才统计工作业已启动,人才队伍界限明确,可以厘清立法对象的边界。第四,人才综合立法可以覆盖人才开发的主要领域,人才综合立法关注人才开发的重点领域。具有鲜明的针对性。行政改革不断推进,政府职能正在转变,政府与市场各司其职。第五,研究国际上人才相关立法的总体趋势,具有"促进"功能的软法越来越多。

"可行性主要考量以下因素:一是立法建议项目是否经过了充分的调查研究,所要解决的主要问题清晰明确,并能提出相应的立法制度安排;二是立法所欲调整的社会关系范围确定,所拟解决的问题属于立法能够解决的问题;三是立法所涉及的权能分配和体制矛盾已经经由协商达成共识;四是立法所耗费的成本和将要取得的社会效益、法律效益呈正和效应,亦即所得大于所失;五是立法所要解决的重要问题在理论上已相对成熟,为执政党所认可并在社会中达成基本共识。"[1] 有学者从"博弈基础上的平衡性、科学上的可评估性、立法后的可执行性、立法后的可司法性"[2] 等方面论述立法的可行性。人才开发综合立法可行性分析可以从成本收益分析和现实基础两个方面展开。

(一)人才开发综合立法的成本收益分析

尽管"关于公共项目成本和收益的结论充其量是近似而已"[3],且成本收益分析仅从经济角度考量立法的价值,仅是法律价值考量的一个维度。但总体而言,成本效益分析是一种较为综合全面的立法评估工具和利

---

[1] 秦前红:《法律监督专门化立法的时机和可行性分析》,《人民检察》2011年第9期。
[2] 于兆波:《立法必要性可行性的理论基础与我国立法完善——以英国立法为视角》,《法学杂志》2014年第11期。
[3] [美]曼昆:《经济学原理》,梁小民译,生活·读书·新知三联书店、北京大学出版社2001年版,第236—237页。

益协调工具①。2004年国务院《全面推进依法行政实施纲要》指出,"积极探索对政府立法项目尤其是经济立法项目的成本效益分析制度……研究其实施后的执法成本和社会成本"。人才开发综合立法的成本收益分析可在明确人才立法的成本和收益基础上,进行立法得失比较,作为人才立法是否可行的论证依据。

1. 人才开发综合立法成本分析

立法的成本包括:一是立法工作本身的成本,如立法调研、可行性论证、立法规划、起草、修改、审查、通过、颁布等过程中耗费的人力、物力、财力等支出。二是法的实施成本。立法后各相关主体为法的实施投入的人力、物力、财力以及社会为遵守法律需要或者可能增加的成本投入。

人才开发综合立法是人才领域的基本法,其效力层次低于宪法,但高于行政法规、部门规章等,立法主体为全国人大及其常委会。因此,人才开发综合立法工作本身的成本主要体现为全国人大及其常委会为制定该法律的相关投入。根据《立法法》和有关法律的规定,全国人大及其常委会制定法律,需要经过法律案的提出、法律案的审议、法律案的表决、法律的公布四个阶段。涉及采集立法信息并形成立法草案的费用、审议立法草案和修订立法文本的费用、法律案表决和传播法律法规信息的费用等。法的实施成本主要体现在为准备法律实施而进行宣传、教育的费用,实施过程中清除旧法影响的费用,以及执法、司法、法律监督等的投入。

2. 人才开发综合立法收益分析

立法的收益是指法的实施所带来的符合立法目的的有益效果,包括经济收益和社会收益。立法的经济收益是指法实施后在经济上的收益。立法的社会收益是指法实施后在政治、文化、道德等方面的效果。

人才立法的受益者包括人才立法涉及的所有主体。通过人才立法,党管人才的原则得以强调,政府在人才工作中的职责进一步清晰,企事业单位在人才引进、使用方面得到更大的支持,人才本身专业知识和专门技能

---

① "立法的成本效益评估不仅仅是一个评估工具,而且是一个协调不同利益的手段与工具"。参见吴浩、李向东《国外规制影响评估制度》,中国法制出版社2010年版,第5页。

得到提升，权益得到全面保障。

3. 人才开发综合立法的成本与收益比较

虽然无法精准地计算人才立法耗费的成本，也无法从经济的角度预判人才立法可能产生的收益，但通过人才立法的地方实践，仍然可以看出人才立法的收益明显高于成本。2012年珠海市委组织部、市人力资源和社会保障局委托中国人事科学研究院开展《珠海经济特区人才开发促进条例》立法起草工作。2013年7月26日，珠海市第八届人民代表大会常务委员会第十二次会议通过《珠海经济特区人才开发促进条例》，条例自2013年10月1日起实施。条例实施后两年多时间，"珠海市新增归国创新创业留学生超过600人，海外高层次人才团队50多个，落地人才项目80多个……新增留学人员600多名，31个人才团队落户，增长2倍；集聚国家'973'首席专家6名，领军型人才53人，同比增长66%；引进2名诺贝尔奖得主，从无到有实现零的突破"。[1]

（二）我国人才开发综合立法的现实基础

随着我国人才事业和法治建设的不断发展，人才开发综合立法的基础不断完善。《国家中长期人才发展规划纲要（2010—2020年）》指出：研究制定人才开发促进法，完善保护人才和用人主体合法权益的法律法规。国家层面的人才综合立法具备现实基础，地方层面的人才立法基础则呈现出较大的差异。

1. 立法所涉及的重要问题已界定清楚

人才开发综合立法涉及的重要问题包括人才概念的界定、人才工作各相关主体应然的权利和义务关系、立法的地方实践、立法的国际经验借鉴等。无论理论层面的讨论还是实践层面的探索，都已就人才立法涉及的重要问题进行了充分的论证。一是人才概念可以清晰界定。人才概念的现代演变、人才概念的国际比较、法学意义上的人才概念都是厘定人才概念需要解决的问题。随着我国人才工作的开展，人才工作的对象范围也逐步明朗，人才概念在经历模糊不清时期、讨论探索时期、规范调整时期和明确定型期以后，在党的十九大之后进入战略提升期。建设人才强国的过程，

---

[1] 《〈珠海经济特区人才开发促进条例〉实施二周年珠海加速形成具有国际竞争力的人才优势》，《珠海特区报》2015年12月2日。

实际上也是国际竞争空前激励、全球人才竞争白热化的阶段，中国的人才概念不再是关起门来的自说自话，与美国、日本等发达国家在人才的界定方面呈现出一定程度的趋同，如重视国家利益、强调知识和技能等。此外，随着党管人才格局的形成，人才理论研究的深入，"人才"一词已经进入法学的语言体系当中，并在相关的人才专门立法当中有所体现。二是立法主旨可以明确界定。建设人才强国的过程，是深化人才发展体制机制改革、全面推进人才法制建设、统筹推进各类人才队伍发展等重要任务的实施过程，人才开发综合立法是建设人才强国的法治保障，必将引领和推动人才相关工作改革。在建设人才强国的过程中，各相关主体如政府与人才、用人单位、社会组织之间的法律关系逐步明确，权利义务逐步清晰，政府的职责、用人单位的主体作用、社会组织的中介作用、人才本身等方面存在的问题已基本明确。国家层面的人才立法主旨尚在探讨之中，地方层面的人才立法主旨已较为清楚，如云南、宁夏、珠海、深圳等地已进行人才综合立法。

此外，权力清单制度实施、法治中国建设等工作的开展，对人才工作中政府职责的界定提出了明确要求，相关法律制度的完善也为明确企事业单位、社会组织、人才的应然权利义务关系提供了依据。云南、宁夏、珠海、深圳等地的人才立法实践为明确人才概念、界定各主体权利义务关系、实现人才立法目的等相关问题的研究提供了依据。国际社会有关移民法等人才立法的最新趋势，尤其是韩国《人力资源开发法》的实施成效为我国进行人才开发综合立法提供了经验借鉴。

2. 立法定位、原则、框架等具体内容均可确定

人才开发综合立法的定位、原则、主体、对象、价值取向、框架体系、主要内容等框架设想和基本思路是进行人才开发综合立法必须明确的基本内容，人才立法应当基于服务发展大局、着眼综合规范、体现民主法治、注重科学务实的原则。同时，在立法过程中，坚持依法管理、权利保障和权利救济、政府责任、社会公众积极参与、平等、竞争、合理流动等原则。立法主体为人才开发主管部门。立法对象为人才以及人才开发促进事项（相关主体和内容）。价值取向为确保在人才开发过程中实现秩序、自由、公平、正义。框架体系可以从人才开发各个环节进行设计，包括总则、人才培养与人才引进、人才使用与人才评价、人才流动

与人才服务、人才激励与人才保障、人才开发投入、人才开发区域合作、附则等部分。主要内容为：总则部分明确立法目的、依据、指导方针、原则以及相关概念界定；人才培养与人才引进部分明确培养的目标、方式、人才储备、引进的目标、方式、人才跟踪服务、人才信息库等内容；人才使用与人才评价部分明确人才载体、招聘选拔、配置管理、人才诚信体系、评价主体和方法等内容；人才流动与人才服务部分明确人才市场健全、人才流动市场调控、人才中介、人才公共服务体系建设等内容；人才激励与人才保障明确创新创业支持、表彰奖励、人才权益保护等内容；人才开发投入部分明确投入增长、多元化投入、投入绩效评估等内容；人才开发区域合作部分明确区域合作、放宽市场准入、职业资格互认等内容；附则部分明确法律的实施时间等内容。

　　从效力层次来看，人才开发综合立法在中国特色社会主义法律体系中的定位应当是法律，其效力层次低于宪法，但高于行政法规、部门规章等，是我国人才开发领域的基本法。从调整范围来看，人才开发综合立法的调整范围地域上应当涵盖全国，人群上应当涵盖六支人才队伍，领域上应当涵盖人才培养、引进、使用、评价、流动、服务、激励、保障等人才开发环节，是指导和规范人才开发的综合法。但是，并非人才工作的所有问题都能够通过立法进行解决，能够通过立法解决的人才工作问题也并非必须采取立法的方式。从功能作用定位而言，通常我们将指导性、号召性、激励性、宣示性等非强制性规范称为软法规范，禁止性、制裁性规范成为硬法规范。人才开发综合立法的功能作用定位必然是软硬兼具、互为补充的。建设人才强国的过程中，人才工作积累的丰富经验有助于确定哪些问题需要通过硬法规制，哪些问题可以通过软法规制。国家层面的人才开发综合立法因其涉及范围广且各地的经济社会发展与人才工作处在不同的阶段，不适合用一刀切的硬法规制，应当鼓励各地因地制宜、因时制宜。地方人才开发综合立法则可以在充分考虑地方特色的基础上采用一定的硬法规制。

　　3. 各相关主体的立法需求已逐步明确

　　人才对人才开发综合立法的需求主要体现为权益保障上。现代社会的治理和运行离不开专业知识和专业技能，专业知识和专业技能是人才具备的重要特征，对人才权益的保障是确保专业知识和专业技能发挥作用的重要条件。在众多的保障路径当中，立法保障是最稳定、权威性最高的保障方式。人才对人才立法的需求主要体现在权益保障上，以立法规范人才开发相关主体的行为，消除人才的后顾之忧。通过立法明确人才本身的权利和义务。人才依法享有自主择业的权利，人才所属单位无正当理由不得干涉、阻挠人才的自由流动。同时人才本身亦应当诚实守信，通过立法促进人才诚信体系的建设，形成守信激励、失信惩戒的氛围。

用人单位对人才开发综合立法的需求主要体现在确保其主体地位上。立法明确用人单位在人才开发中的主体作用，充分发挥用人单位的用人自主权，避免政府对企业经营、人才使用等方面的过多干预，避免因人才的失信行为遭受损失，在享受人才培养、人才投入成效的前提下积极主动进行人才开发，实现多赢局面。用人单位是人才资源开发的主体，也是人才资源开发最大的受益者之一，立法可以明确规定人才开发费用的总体要求。对于财政拨款单位，主要从工资总额占比的角度来界定人才开发费用的总量要求；对于经营性单位则从经营收入占比的角度来界定人才开发费用的总量要求。

行业协会和中介组织对人才开发综合立法的需求主要体现为以立法促发展。在人才培养方面，行业协会和中介组织还可以有更大的作为。人才服务行业协会组织可以探索建立本行业人才能力素质标准体系和培训标准，加强对人才培训机构的有效监督和服务；人才中介服务机构可以进行调查研究，为政府和企业提供更多专业化的服务和建言献策；在人才待遇标准方面，人才服务行业协会可以发挥人才市场杠杆服务，确定人才流动中人才培养方和人才接收方要共享利益的价值和标准。

政府对人才开发综合立法的需求主要体现在以立法促改革方面。通过人才综合立法，转变政府在人才开发工作中的职能，变"管理"为"引导"，加强政府人才开发的效能评估，创新人才服务体制，提升政府的人才管理服务水平，重点做好政策制定和市场环境营造的工作。目前，人才开发过程中存在一些突出的问题，如人才的科学使用问题，人才投入的科学性、有效性问题，这些都直接影响到人才开发的效能。在人才使用方面，强调对人才的绩效考核，提高人才使用绩效。针对公共部门目前普遍存在的能进不能出、庸者在其位不能谋其政的状况，通过法律的形式在公共部门形成人才使用的优胜劣汰机制。针对不同类型的人才队伍，明确绩效考核主体，建立并完善相应的绩效考核指标体系，并建立相应的退出机制和淘汰机制。对人才的使用进行监督管理，尤其是对目前正在实施的重大人才政策、重大人才工程，要进行考核评估，实施监管措施。在人才投入方面，强调对人才投入的监管，提高人才投入绩效。只有对人才投入的短期收益和长期收益进行系统评估，才能优化人才投入的方向和方式。主要工作包括：科学界定政府人才投入范围，科学编制并主动公开人才投入预算；完善财政人才奖金使用管理办法，针对人才投入的不同内容制定相应的人才投入绩效评价体系；在人才主管部门、人才工作单位和人才投入部门共同建立一套规范高效、权责对称的工作机制。同时，还可以通过法律明确规定将人才开发工作纳入政府绩效考核体系，对政府的人才服务工作进行监督考核，提升政府的人才管理服务水平。

4. 人才立法的地方实践积累丰富经验

在《国家中长期人才发展规划纲要》颁布之前，云南、宁夏分别制定了人才方面的地方性法规，即 2006 年的《云南省人才资源开发促进条例》和 2009 年的《宁夏回族自治区人才资源开发条例》。尽管实地调研表明这些地方立法的部分内容和条款已经相对滞后，推动修订完善的后劲不足，但这种先行先试具有一定程度上的试错价值。在规划纲要颁布之后，珠海率先进行人才开发促进条例的地方立法，对一些政策有所突破，在全国甚至是国际上都产生了积极的影响。人才立法的地方实践既凸显了国家层面人才开发综合立法的迫切需要，也为其他地区的人才立法实践提供了借鉴和参考。由于国家层面尚未进行人才综合立法，地方立法目前还在先行先试阶段。地方迫切需要国家层面构建促进人才开发的法制环境，需要自上而下的法制建设，需要上位法形成权威规定，需要国家层面的人才开发综合立法授予或放开地方相关责权。

（三）人才开发综合立法要解决的主要问题

立法的问题意识体现为针对问题立法，立法解决问题。[①] 人才开发综合立法要解决的问题主要包括两个方面：一是采用其他手段如政策调整人才领域社会关系时出现的问题；二是人才领域尚未得到有效调整的社会关系，如中央与地方人才计划的关系、不同地方人才引进的关系、政府与人

[①] 顾兆农：《针对问题立法　立法解决问题》，《人民日报》2013 年 12 月 11 日。

才间关系呈现的问题。

1. 人才政策碎片化、知晓度低、约束力弱等问题

人才政策呈现制定主体多元化、规范内容多样化的特点有其必然性。不同历史阶段人才使用管理适用不同的政策,不同地区、行业的人才适用不同的政策,人才开发不同环节,如引进、培养、激励、保障、投入等适用不同的政策,人才的不同群体,如老年人、妇女等适用不同的政策。但人才政策的碎片化并非必然,存在深层次的原因,可以进行有效防范。如政府履责重心的偏差导致完整的人才开发政策链被人为割裂。完整的人才开发政策链应当包含人才的培养、使用、引进、保障、投入、激励等环节,但目前政府的履责重点则主要放在人才引进方面,且重点强调人才引进的数量。因此,人才引进前的甄别和引导、引进后的服务、服务后的评估等方面都存在政策的空白。

人才政策的知晓度低。人才政策制定的主体多元化、规范内容多样化客观上增加了政策认知的难度。一方面各种各样的人才优惠政策让人眼花缭乱,另一方面人才优惠政策涉及申请人的资格条件规定、申请的程序性规定等,内容纷繁复杂。人才工作相关部门往往重视政策的制定、宣传,而忽视政策的解读,因此人才对政策的认知存在一定难度。

人才政策约束力弱。人才政策的约束力体现为行政权力性质的保障手段,如行政问责制。一方面,相较于硬法依靠国家强制力保障实施的违法责任追究,人才政策的约束力较弱,缺乏司法适用力,无法由法院或者遵循司法程序,适用宪法或法律来裁决纠纷。另一方面相较于硬法的变更需严格遵循法律规定的程序,人才政策较为灵活,可依据客观情况及时调整,因此约束力相对较弱。

2. 约束和规范政府人才政策行为

政府人才政策行为存在的问题突出表现为:一是人才引进政策脱离产业规划。人才政策影响着公共资源的配置和公共福利的分配,国家或地区鼓励引进的人才一定是产业发展需要的人才,人才引进政策也绝不是"人无我有,人有我优"的简单比拼。人才政策的制定应当紧密围绕产业布局,尊重市场规律,充分发挥市场在资源配置中的决定性作用。二是人才政策决策程序简单,民主决策程序落实不到位,存在政策随意性。三是缺乏人才政策评估,既难以最大限度确保政策的科学性、

可行性，也难以评价政策的实效，无法及时且有针对性地进行政策调整，发挥政策的最大功效。因此，在人才开发综合立法中明确人才政策制定的主体、权限、程序、内容、人才政策的评估等，强调人才政策出台前的必要性、可行性论证，政策实施过程中的问题反馈，政策实施后的效果评估，以及违背政策的责任规定等，可以有效约束和规范政府的人才政策行为。

3. 规制政府失信与人才失信等问题

人才政策的约束力弱，人才政策行为缺乏约束和规范，政府失信与人才失信的成本均不高，从而出现政府失信与人才失信并存的现象。政府的失信主要体现为：一是不履行合同的约定与承诺，如某些地方政府为引进人才而给出承诺，却在人才引进后不予兑现。二是政策朝令夕改，政府行为前后相悖。领导人员变更之后，对之前的给付性法规或政策进行变更或不予实施的情况时有发生。三是以权谋私、暗箱操作。人才优惠政策的实施过程中，在给付对象的选择、优惠幅度的确定等方面政府具有一定的自由裁量权，某些政府工作人员将人才优惠政策作为谋取私利的筹码，暗箱操作，损害人才权益。人才的失信则主要表现为：人才利用信息不对称谋取私利，出现了个别以申请国家、地方人才资金资助计划的政策申报专业户，浪费国家资源，破坏社会公平正义。个别人才在享受政策优惠之后，不是致力于自身作用的发挥，而是或混日子，或钻政策和规则的空子谋取不当利益。

4. 解决人才开发工作各环节存在的突出问题

目前人才投入方面存在政府热、社会和企业冷的现象，可通过立法调动社会和企业在人才投入上的积极性。政府的人才资源开发专项资金是推动人才工作的资金保证，在人才投入上发挥引领性功能，可通过立法规定政府在人才工作方面的投入规模及其投入方向。同时，社会化的人才发展基金是促进人才开发的重要部分，在人才投入上发挥示范性功能。人才引进方面存在各地引才政策同质化，通过立法强化顶层设计，进行综合规范和整体协调，避免非理性竞争和资源浪费等问题。人才培养方面存在人才存量、结构、素质不能满足需要的问题，可通过立法明确人才队伍培养目标，进行人才培养规划，制订重点培养计划，构建培养格局，优化人才培养方式。人才评价方面存在重学历轻能力、重资历轻业绩、重论文轻贡献的倾向,可通过立法倡导科学的职称评定标准,克服唯学历、唯论文倾向,注重以实绩和贡献评价人才,重视重大改革、重大科研、重大工程项目、重要技术推广和急难险重工作实绩,重视创新和质量,从而利于潜心研究和技术创新。政府可鼓励企事业单位制定实施本单位专业技术职务任职资格评聘办法,并对被评定人员提供相关待遇。人才市场方面存在影响人才流动的体制性障碍,可通过立法推进人才市场体系建设,实现人力资源市场化配置。当然,影响人才流动的体制性障碍,比如档案、身份、户籍、学历、社保等问题的解决亦不可指望人才开发综合立法来完全解决,但至少可做一些有益尝试。人才服务业方面存在市场化、专业化水平不强的问题。理想的人才公共服务体系应该是对所有人才一视同仁,不因身份、所在部门、所处区域的不同而有所区别,所有的人才都可获得最基本的、均等化的公共服务,并且这些公共服务基本上免费,或者基本上是低廉的。要提供免费的人才公共服务,政府应加大财政投入,同时鼓励和引导社会、企业和私人提供人才公共服务。人才激励保障方面存在起步难、筹集资金难等,通过立法确定各级政府在人才激励保障方面的义务可推动人才激励保障工作的开展。创新创业人才拥有的是智力和项目,面临的最大困难往往是资金难题。因此,政府可以在财税、融资担保、启动经费等方面给予扶持,帮助其解决起步难的问题。成果转化是创新过程中的关键阶段,关系到创新创业的成败,政府服务面广、信息渠道畅通,可以在税费优惠、平台搭建等方面给予支持。

第二节 加快实现人才规划纲要的法制化

"毋庸置疑,我们正在跨入'规划行政'的时代,虽然法律和规划相比较具有终极意义上的正当性,但是不可否认的是行政规划的广泛采用显然正从多维度对传统的行政法治原则造成冲击。"[1] 传统的法治国家模式要求行政机关的任何行政活动都必须有代议机关制定的法作为依据,并严格按照法律规定来作为,即"无法律,无行政"。现代行政国

---

[1] 郭庆珠:《"规划行政":现代行政法的时代课题与挑战》,《河北法学》2008年第9期。

家的现实显然无法满足这一要求，尤其是规划纲要发挥着越来越重要的作用，从而给传统的法治主义提出了一道解释难题。在人才工作领域，人才强国战略的提出以及人才工作和人才队伍建设的推进，都是以规划纲要为重要指导性文件。行政法学界关于行政规划的探讨很多，人才学领域对人才规划的探讨也不少见，但从法学的角度对人才规划纲要的法律性质、拘束效力等的研究尚显不足。本节从人才规划纲要的梳理入手，探讨人才规划纲要的法律效力，探讨完善人才规划纲要法制化的方法，以期为科学编制并有效落实人才规划纲要提出相应对策建议。

一 我国人才规划纲要的制定情况

按照不同的分类标准，可以将人才规划纲要划分为不同类型。按照规划的功能，可以分为职能型规划、系统型规划和战略型规划等。按照主体分为国家人才规划、区域人才规划、行业人才规划和企业人才规划四类。按照制定实施的年代分析，我国人才规划纲要的制定在人才强国战略提出以及《国家中长期人才发展规划纲要（2010—2020年）》出台之后均有明显的增长趋势。按照制定主体来分析，占比最大、数量最多的是地方政府制定的规范性文件。按照所涉及的人才队伍来分析，综合类的人才队伍建设规划或者分行业、分地区的人才发展规划占比最大、数量最多。

1. 按照制定实施的年代分析

人才规划纲要的制定实施有三个关键时间点，分别是2002年、2006年和2010年。2002年，中共中央、国务院制定下发了《2002—2005年全国人才队伍建设规划纲要》，首次提出了"实施人才强国战略"。2006年，人才强国战略作为专章被列入"十一五"规划纲要。同年，国家中长期科学和技术发展规划纲要出台。2010年4月，中共中央、国务院印发《国家中长期人才发展规划纲要（2010—2020年）》。从人才规划纲要制定实施的年代来看（见图6—1），充分体现了这三个规划纲要出台的带动作用。[①]

[①] 需要注意的是，2002年之前，地方也出台了类似规划纲要的人才战略，如西城区1995—2010年人才战略、上海人才战略、中国西部地区人才开发战略。

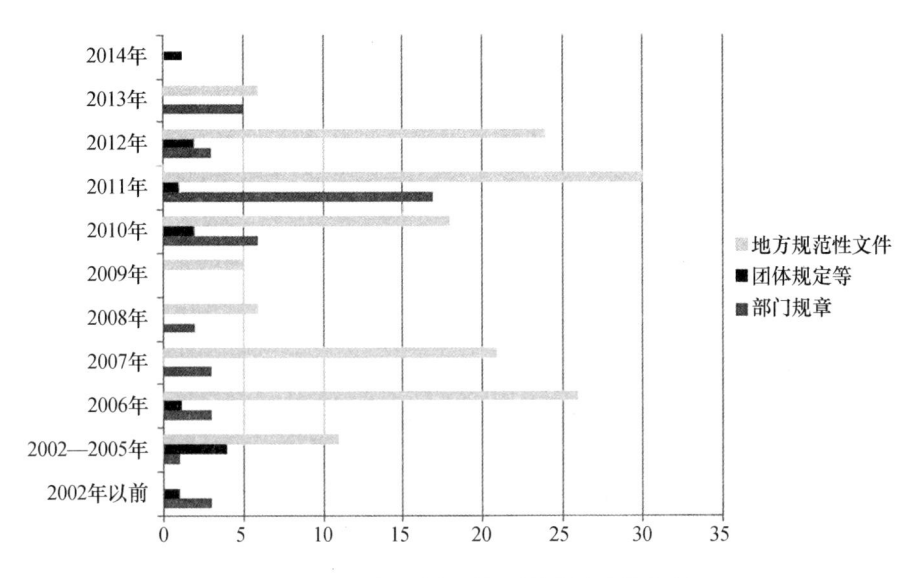

第六章 人力资源开发法制建设的重点任务 / 143

图6—1 人才相关规划纲要的制定实施年份

2. 按照制定的主体分析

据初步统计，截至2014年年底，涉及人才规划的司法解释1条（最高人民检察院关于印发《2004—2008年全国检察人才队伍建设规划》的通知），部门规章44条，团体规定、行业规定、军事法规、军事规章及其他12条，地方规范性文件147条，地方司法文件1条（陕西省人民法院关于印发《陕西省人民法院2008—2012年人才建设规划》的通知）①。总体而言，人才规划纲要以地方规范性文件居多。

3. 按照纲要所涉及的人才队伍分析

综合类的人才队伍建设规划或者分行业、分地区的人才发展规划占比最大、数量最多。除此以外，还有一小部分涉及专业技术人才队伍、高技能人才队伍、社会工作专业人才队伍、农村实用人才等的人才规划，以及税务领军人才、会计人才、水利人才、资产评估行业人才、残联系统康复人才、公路水路交通运输人才等各类行业相关人才的规划。

---

① 数据来源："北大法宝"统计地方规范性文件为151件，实则有4件重复，因此地方规范性文件为147件。同时，该统计当中仅包括标题中含有人才、规划关键词的，不包括人才战略等具有规划纲要性质的规范性文件。

二 人才规划纲要的法律效力分析

目前的研究当中鲜有针对人才规划纲要的法律性质、制定和修改程序、拘束效力等方面的研究。人才规划纲要到底属于法律、行政法规、规章、其他规范性文件还是内部行政规定,制定人才规划纲要是具体行政行为还是事实行为,既无法律法规的明确界定也没有相应的权利救济方式。

1. 依据拘束力的强弱程度划分,人才规划纲要属于非强制性规划纲要

从法学的角度来分析规划纲要,可根据拘束力强弱的不同分为强制性规划纲要与非强制性规划纲要。其中,人才规划纲要属于非强制性规划纲要,不同于土地利用等强制性的规划纲要,后者对其所涉及的对象具有强制力,并对有关主体或人员的权利构成实质性影响。强制性规划纲要对于行政主体而言,具有执行的义务,否则构成行政违法;对相对人而言,强制性规划纲要既是自己行为的依据,也包含了对该行政规划的合理期待和信赖。[①]

2. 人才规划纲要的实施机制不同于传统的法律实施机制

传统的法律实施机制由明确的行为模式和法律后果构成。人才规划纲要由国家制定或认可,但其行为模式不太明确,或者行为模式明确,却没有规定法律后果,或者即使规定了法律后果,也主要是积极的法律后果。人才规划纲要不依靠国家强制力保障实施,但这并不意味着人才规划纲要没有任何拘束力。人才规划纲要生效后,对行政主体和相对人都具有约束力,违者要承担相应的责任,只是这种责任可能不是以法律后果的形式表现,而是以政治责任或组织纪律等形式出现。因此,人才规划纲要往往会表现出"一种松紧不一、强弱不等的法律效力"[②]。国家从"十五"规划开始就把人才规划纳入了我国经济社会发展的总体规划。但目前尚未有相关法律法规针对人才规划纲要的制定主体、制定权限、制定程序、主要内容、实施保障、法律责任等作出规定。由于其实施机制不同于传统的法律实施机制,未设定相应的法律责任并不会导致人才规划纲要丧失拘束力,

---

[①] 陈保中等:《行政规划理论与实践若干问题研究》,《政府法制研究》2009年第10期。
[②] 罗豪才、宋功德:《软法亦法——公共治理呼唤软法之治》,法律出版社2009年版,第371页。

但如果无相关配套工作检验规划纲要实施效果,政治责任、组织纪律等"软法"性质的拘束力也没有跟上,人才规划纲要的权威性就会大打折扣。

三 人才规划纲要的效力保障需重点关注

人才规划纲要的效力保障可以通过制定有法可依、实施有法可据、调整有法可循来实现。首先,人才规划纲要的编制应当有法可依,由统一的规划法来规定纲要编制的主体、程序、内容等;其次,人才规划纲要的实施应当有法可据,统一的规划法当中应当明确人才规划纲要各项目标措施的责任主体以及违反规划纲要应当承担的责任等;最后,人才规划纲要的调整应当有法可循。大部分的人才规划纲要,由于没有直接的法律依据,而是由行政机关依据职权来制定的,其调整与变动往往缺乏法定事由,亦非经过法定程序。因此,统一的规划法应当明确除非具备法定事由并经法定程序方可调整修改人才规划纲要,保障人才规划纲要的效力,树立纲要的权威性。

四 完善人才规划纲要的法制化建设

学者认为,行政规划法制化可以选择的立法模式主要有三种:一是通过个别单行的立法将各个领域的规划法制化;二是将行政规划行为纳入行政程序法,再辅以单行的规划立法;三是制定一部统一的规划法作为基本法,再辅以单行的规划立法。第三种模式在我国有一定的可行性。作为一部统一的规划基本法,它应当对规划行为的基本内容作出规定,包括规划法的立法目的、基本原则、规划程序、规划关系人和社会公众在规划法上的基本权利以及规划行为的法律救济等内容。①

(一) 统一的发展规划法是人才规划纲要法制化的基础

人才规划纲要法制化建设建立在统一的行政程序法或者规划法基础之上。江苏省先行先试,在规划的法制化方面进行了探索。2010 年 10 月 1 日开始施行《江苏省发展规划条例》,这是我国第一部规划方面的地方性法规,其规范内容包括发展规划的对象、内容、编制、批准、实施、监督与法律责任等。此后,国家发改委启动《中华人民共和国发展规划法》

---

① 应松年主编:《当代中国行政法》(下卷),中国方正出版社 2005 年版,第 1062—1063 页。

的研究起草工作，旨在规范规划的编制与实施，减少规划编制与实施的随意性，增强程序合理性，强化各级各类规划纲要之间的系统性。人才规划纲要的法制化可借助发展规划法的出台这一契机进行完善，更好地发挥人才规划纲要的公共治理功能。

（二）人才规划立法有助于将人才规划纲要的编制与实施纳入法制化轨道

《中华人民共和国发展规划法》作为统一的规划法，是规划纲要的基本法。具体到人才规划纲要方面，需要辅以单行的规划立法。通过规划立法，完善规划体系，规范规划编制程序，保障规划顺利实施。通过规划立法，进一步厘清人才开发职能部门与市场之间的关系，清理各地关于人才开发的各项政策，对于有悖市场公平竞争精神、以行政手段干预市场的政策应当予以废止，真正将人才规划纲要的编制与实施纳入法制化的轨道。

总之，规划纲要对传统行政法治的挑战毋庸置疑，人才规划纲要的法制化任重道远。由于不具有传统意义上法律的强制力，不依赖国家强制力保障实施，且规划纲要的灵活性特征与传统法律规范的稳定性之间形成张力，将人才规划纲要的编制与实施纳入法制化的轨道任务重、难度大，但无论如何，这都是我们要努力实现的目标。

第三节　加快完善地方人才开发立法

2010 年《国家中长期人才发展规划纲要（2010—2020 年）》（以下简称"纲要"）明确，研究制定人才开发促进法和终身学习、工资管理、事业单位人事管理、专业技术人才继续教育、职业资格管理、人力资源市场管理、外国专家来华工作等方面的法律法规。人才开发促进法属于人才综合立法，是人大制定的调整和规范人才工作与人才事业发展基本问题的法律法规，它适用于各类人才队伍和人才开发工作各环节。终身学习、工资管理等方面的法律法规属于人才专门立法，适用于某类人才队伍或人才开发的某个环节。自 2010 年至今，我国尚未出台国家层面的人才综合立法，地方人才综合立法则呈现出从欠发达地区向发达地区转移的趋势。

人才综合立法与人才专门立法、欠发达地区立法与发达地区立法

"一冷一热"或是"忽冷忽热"的现象究竟是源于实践中的操作障碍还是理论上的认知原因并非本书的讨论重点。本书着重从地方人才综合立法的现状出发，基于云南、宁夏、珠海三地的人才综合立法实践，廓清我国地方人才综合立法的现状，探寻地方人才综合立法实践中的经验，以期为其他地方人才综合立法甚至全国层面的人才综合立法提供相关参考。

一 地方人才综合立法的基本情况

相较于人才市场[①]等人才专门立法的火热，人才综合立法稍显冷清。现行有效的地方人才综合立法包括2006年的《云南省人才资源开发促进条例》（以下简称"云南条例"）、2009年的《宁夏回族自治区人才资源开发促进条例》（以下简称"宁夏条例"）、2013年的《珠海经济特区人才开发促进条例》（以下简称"珠海条例"）、2017年的《深圳经济特区人才工作条例》、2018年的《南通市人才发展促进条例》。此外，北京市、山东省莱芜市的人才综合立法工作也被提上日程，前期调研工作已经开展，立法文本已具雏形并已进行专家论证。

一个较为明显的现象是：2010年人才规划纲要颁布之前，地方人才综合立法的尝试出现在经济发展欠发达的云南、宁夏，且立法文本差别不大，具体见表6—1。纲要颁布之后则出现在珠海、深圳等经济较发达地区，地方特色较为突出。

表6—1　　　　　　云南、宁夏人才资源开发条例比较

序号	比较项目	《云南省人才资源开发促进条例》	《宁夏回族自治区人才资源开发条例》
1	出台时间	2006年11月30日审议通过，自2007年1月1日起施行（3218字）	2009年5月27日发布，自2009年7月1日起施行（2950字）
2	出台部门	云南省人大常委会	宁夏回族自治区人大常委会

[①] "北大法宝"的统计数据显示，以"人才市场"为主题词搜索，结果为：部门规章（27）、地方法规规章（191）。地方法规规章中地方性法规（70）、地方政府规章（22）、地方规范性文件（48）、地方工作文件（31）、行政许可批复（20）。2018年《人力资源市场条例》出台，这是改革开放以来我国人力资源市场领域的第一部行政法规，成为做好新时代人力资源市场建设工作的基本依据和准则。

续表

序号	比较项目	《云南省人才资源开发促进条例》	《宁夏回族自治区人才资源开发条例》
3	法律性质	地方性法规	地方性法规
4	结构设置	包括总则、预测与规划、培养与引进、评价与使用、监督与奖惩和附则六个部分	包括总则、培养和引进、评价、使用和流动、激励和保障、监督措施和附则六个部分
5	立法目的	实施人才强省战略，规范和促进人才资源开发	加强人才资源开发
6	人才资源开发的原则	人才资源开发应当坚持以人为本、政府引导与市场运作相结合、统筹规划、注重效益的原则	人才资源开发坚持党管人才原则，以人为本，市场配置与宏观调控相结合，统筹人才队伍建设，促进人才资源开发与经济社会协调发展
7	人力资本投入	县级以上人民政府应当把人才资源开发纳入本地国民经济和社会发展规划，根据本地实际，在同级财政年度预算中相应安排人才资源开发经费，建立政府、社会、用人单位和个人合理负担的多元化投入机制。营造有利于人才发挥作用、合理流动和社会承认人才价值的环境	县级以上人民政府应当建立人才资源开发专项资金，用于人才的培养培训、引进和奖励等，并保证逐年有所增长。国家机关、社会团体、企业事业单位和其他组织应当保障本单位人才资源开发资金
8	海外人才就业创业	县级以上人民政府应当采取有效措施，建立规范、便利和畅通的人才引进机制，积极引进国外、省外人才和智力。人事、公安等行政部门应当及时办理引进人才的有关手续。为本省提供智力服务的国外、省外高层次人才，在服务期间，本人及其配偶、未成年子女享受当地居民同等待遇。引进人才从事专业技术工作及投资（包括技术入股）、兴办实业的，按照有关政策享受相关优惠待遇	鼓励企业事业单位和其他组织引进海外高层次人才。人才工作主管部门和政府有关部门，应当为海外高层次人才的引进做好相关服务工作。鼓励行业组织、学术团体和个人推荐海外高层次人才

续表

序号	比较项目	《云南省人才资源开发促进条例》	《宁夏回族自治区人才资源开发条例》
9	人才培养	各级人民政府应当加强各类教育，提高人才培养质量，鼓励各类人员参加在职培训或者接受继续教育。用人单位应当支持本单位人员攻读与所从事工作相关的专业学位、参加在职培训或者接受继续教育。县级以上人民政府和有关单位应当根据需要选拔各类优秀人才到国外培训和学术交流，或者到上级单位和发达地区挂职、兼职、进修及学术交流。县级以上人民政府应当定期组织选拔中青年学术技术带头人、技术创新人才、创新人才团队进行重点培养	人才工作主管部门指导、协调和服务人才的培养和培训工作。县级以上人民政府有关职能部门、其他国家机关、社会团体、企业事业单位和行业组织，应当积极开展专业人才培养和培训工作。人才工作主管部门、政府有关部门以及其他国家机关、社会团体、企业事业单位，应当重视和加强少数民族人才和妇女人才的培养和培训工作。县级以上人民政府应当加强人才培训基地和师资队伍建设。鼓励以各种形式培养青年人才，人才工作主管部门以及政府有关部门、青年人才所在单位应当为其提供相关条件和便利
10	人才评价	人才评价应当坚持以业绩为核心，建立以品德、知识、能力等要素构成的各类人才评价标准。县级以上人民政府应当逐步建立社会化、科学化、专业化的人才评价机制，健全人才评价机构，规范人才评价中介组织的行为，完善人才评价的方法，形成组织评价、群众评价、专家评价、市场评价、测评技术评价的人才综合评价体系。技术推广、应用的实绩可以作为专业技术人员评聘专业技术职务的重要依据	人才评价应当以能力和业绩为依据，建立以品德、知识、能力等要素构成的人才评价标准。评审专业技术职务任职资格、制定人才评价标准及科研成果评选标准、安排科研项目及科研经费，聘请专家、学者开展相关评审工作，应当统筹兼顾不同地区、不同专业的人才特点和工作实际需求。鼓励用人单位制定实施本单位的人才评价、考核等标准，并给予被评定人员相关待遇。专业人才聚集的高等院校、科研单位、大型企业，经自治区人才工作主管部门委托，可以评审本单位的副高级以下专业技术职务任职资格，并给予被聘任人员相关待遇。鼓励企业事业单位和其他组织制定实施本单位的专业技术职务任职资格评聘办法，被聘任人员享受本单位规定的相关待遇

续表

序号	比较项目	《云南省人才资源开发促进条例》	《宁夏回族自治区人才资源开发条例》
11	人才激励保障	县级以上人民政府应当对在经济建设和社会发展中作出突出贡献的各类人才给予表彰、奖励，并在其职称职务晋升、科研项目确定、经费投入、设备购置、工作环境改善、进修培训等方面给予优先安排	人才资源开发实施以政府奖励为导向，用人单位和社会力量奖励为主体的人才激励体系。县级以上人民政府应当根据各类人才的实际和特点制定实施人才奖励标准、政策。县级以上人民政府可以根据实际需要，实施年度创新人才奖励制度。鼓励行业协会、社会团体制定和实施专业人才奖励制度。农村集体经济组织和非公有制经济组织中的各类人才，在政府奖励、职业技术职务任职资格评审、教育培训、成果申报等方面平等享受相关待遇和优惠政策。人才资源开发实施劳动、资本、技术、管理等生产要素按照贡献参与分配的制度
12	人才流动与人才市场	各级人民政府应当引导人才向社会需要并能发挥作用的地方流动，疏通各类人才在不同地区、行业、所有制单位之间流动的渠道。鼓励国家机关、国有企业、事业单位各类人才和高校毕业生到非公有制单位就业。人事行政部门所属的人才服务机构可以在规定的范围内接受用人单位或者个人的委托，开展人才档案管理等人事代理服务	县级以上人民政府应当规范人才流动秩序，通过规划和政策指导、信息发布等，引导人才向社会需要并能发挥作用的地方流动。人才工作主管部门、政府有关部门以及其他国家机关、社会团体、企业事业单位和其他组织，应当为各类人才合理流动提供便利和服务。专业技术人才经所在单位同意，可以通过兼职、定期服务、技术开发、项目引进、科技咨询等方式进行流动。县级以上人民政府应当加强人力资源市场建设和管理，建立和完善人才信用制度，发展和规范人才社会化评价、服务中介组织，发挥市场在优化人才配置中的作用。县级以上人民政府应当建立健全专业化、信息化的人力资源市场服务体系；建立和完善人才流动与社会保险相衔接的制度

续表

序号	比较项目	云南省人才资源开发促进条例	宁夏回族自治区人才资源开发条例
13	人才权益保护	人事行政部门和劳动保障行政部门依照各自的职责,对用人单位违反国家法律法规、侵害各类人才合法权益的行为,应当依法予以纠正;对以人才资源开发为名从事非法活动的,提请有关部门依法予以取缔;对人才中介机构的不规范运作,应当依法责令限期整改;对其违法行为,应当依法处理	人才工作主管部门、政府有关部门和人才所在单位,应当建立健全人才利益诉求和表达机制,维护人才合法权益。人才工作主管部门应当建立和完善人才意见、建议的征询和回复制度。社会团体、企业事业单位和其他组织及其工作人员在人才资源开发工作中侵害人才合法权益的,由人才工作主管部门或者其他行政主管部门给予通报批评;造成损害的,依法承担赔偿责任

二　地方人才综合立法的评价标准

我们所讨论的地方人才综合立法是地方立法机关制定或认可的在地方区域内发生法律效力的法律文件,效力层级上属于地方性法规。对地方性法规的质量评价标准进行的理论探讨较多。有学者探讨了地方性法规的质量评价标准及其指标体系,将评价标准划分为法理标准、价值标准、实践标准、技术标准四大类,并详细列举了各类指标体系。[①] 有学者将地方性法规参照国家法律分类的路径,划分为宪法类法规、经济类法规、行政类法规和社会类法规,认为不同类型的法规应当采取差异化的评价指标体系。文本质量评价和实施效益评价指标子体系在立法质量综合评价中的量化占比权重依据地方性法规的类型不同而有所不同。[②] 有学者强调在地方立法主体扩容的背景下,坚持地方立法的地方特色是提高地方立法质量的关键所在。[③] 2005年《甘肃省人大常委会地方性法规质量标准及其保障措施（试行）》中将地方性法规的质量标准确定为法理标准、实践标准、技

[①] 王亚平:《论地方性法规的质量评价标准及其指标体系》,《人大研究》2007年第2期。
[②] 俞荣根:《不同类型地方性法规立法后评估指标体系研究》,《现代法学》2013年第5期。
[③] 石佑启:《论地方特色——地方立法的永恒主题》,《学术研究》2017年第9期。

术标准、实效标准。

即便穷尽学者或规范性文件当中对地方性法规质量评价标准的论述，我们也无法形成一个基于普遍共识且放之四海皆准的评价标准体系。基于此，本书无意在评价标准和评价指标方面力求全面，拟聚焦"立法文本的质量"和"立法实施的实效"两个维度，从侧面分析地方人才综合立法的现状。

（一）立法文本的质量

立法文本的质量在一定程度上影响立法实施的实效，立法实施的实效在某些方面印证立法文本的质量。在地方人才综合立法中，判断立法文本的质量，重点应当关注实践层面的地方特色体现问题、价值层面的效率与公平问题、技术层面的行为模式与法律责任配套问题等。

首先，不同地方的人才资源总量、素质结构、竞争比较优势、使用效能等均存在较大的差异，人才开发的目标及目标实现路径也大相径庭，立法规制的问题、立法调整的主要内容需要具体分析，因此地方人才综合立法必须围绕当地人才开发工作的核心问题展开。例如，对于欠发达地区而言，人才开发工作的核心问题是增加人才资源总量，提升人才资源素质结构，形成与发达地区差异化的人才竞争优势。体现在立法文本质量上，则强调立法文本应该突出当地人才工作的重点，规范人才工作中的突出问题，处理人才及相关主体之间基于不同地方经济发展阶段产生的不同关系。例如，在经济欠发达地区，人才市场尚未完全成熟的阶段，则应强调政府对人才流动的引导。在经济发达地区，人才市场已经趋于完善，通过市场调配资源应成为主导，政府角色应当不断弱化。

其次，人才综合立法涉及"人才"这一具备专业知识和专门技能的特殊群体，不同于一般弱势群体保护的立法。不同地方基于经济社会发展需要关注的人才类别不同，经济发达地区基于战略定位将重点放在开发高精尖人才，经济欠发达地区基于自身的发展阶段和发展特色将重点放在开发产业人才或技能人才等。地方人才综合立法在强调效率的同时要强调公平，应当关注资源配置的公平性，体现不同区域、不同行业的相对公平和不同类别人才享受政策、资金等资源的相对公平。

最后，由于人才开发要配合不同时期经济发展的不同需要，要兼顾政策调整的不同作用，要发挥市场在人才资源配置中的决定性作用，地方人才综合立法的功能作用定位应当为指导、号召、激励性质条款居多的软法。但这并不意味着地方人才综合立法的所有条款只有行为模式，缺乏法律责任。地方人才综合立法的文本应当软硬兼施，涉及人才投入保障等可以量化并以强制力予以保障的内容应当尽可能量化，涉及需要多方主体共同努力方可实现的人才权利等内容则采用激励性质的条款。

(二) 立法实施的实效

"法律实效是国家实在法效力的实现状态和样式，是应然的法律效力实然化的情形，是法律主体对实在法权利和义务的享有和履行的实际状况。"[①] 影响地方性法规实效的因素既有法规自身的文本质量因素，也有执法、司法层面的协调、衔接等因素。各主体的权利和义务清晰、权责相称、权利救济措施齐全可有效防范执法不作为、乱作为等。人大常委会与法院就地方性法规贯彻实施的衔接顺畅可在一定程度上提升地方性法规的司法适用率，强化地方人才综合立法在推动人才开发工作方面的有效性和权威性。

地方人才综合立法属于创制性地方法规，目前尚未出台国家层面的人才开发综合法，人才方面的立法也多集中在人才市场等领域。从体现地方特色来看，衡量地方人才综合立法的实效需关注地方人才开发存在的重要问题是否通过法的实施得以解决。从体现效率与公平平衡的价值导向来看，应当重点关注实施过程中是否有侵害弱势群体利益的现象，资源在各主体之间的分配是否公平。从行为模式与法律责任配套的技术层面来看，应当重点关注保障的权利是否得到全面救济。

(三) 几个重要的评价指标

确定地方人才综合立法的评价标准、评价指标之前需要明确的是：第一，地方立法区别于一般意义的立法，评价应当突出地方性法规的特殊性；第二，人才立法区别于一般群体的立法，评价应当突出特殊群体的不同要求；第三，综合立法区别于专门立法，评价应当突

---

① 谢晖：《论法律实效》，《学习与探索》2005 年第 1 期。

出内容的综合性。总体而言，几个重要的评价指标包括：一级指标"立法文本的质量""立法实施的实效"主要考察文本自身的逻辑自洽和实施过程中及实施后的效果。一级指标下可设"地方特色""公平与效率平衡""技术规范"等二级指标。三级指标的设置具体如表6—2所示。

表6—2　　　　　　　地方人才综合立法的评价指标

一级指标	二级指标	三级指标	备注
立法文本的质量	地方特色	创制性条款	突出地方事务的特点，明确地方立法的目的、任务
		重复率	与上位法或同类地方性法规、政策性文件如人才规划纲要等的重复率
	公平与效率平衡	各主体之间的权利义务清晰	公民、法人、其他社会组织在人才开发促进中的权利义务是否均衡
		资源配置在各类人才之间的平衡	既突出重点，又把握资源配置的相对公平
	技术规范	职权明确、权责称	党政人才工作部门分工明确，各司其职
		行为模式所对应的法律责任清晰	权利保障对应救济措施，违法违规行为对应法律责任
立法实施的实效	地方特色	法规实施对地方问题的解决	地方事务的主要矛盾、突出性问题得以解决
	公平与效率平衡	对弱势群体权益的保障	资源的"马太效应"，侵害弱势群体的权益
	技术规范	条款的针对性、可操作性	因条款的不明确、职责的不清晰、救济措施的不全面等而导致执法不力的情况

三　地方人才开发综合立法的实效分析

云南（2006年）、宁夏（2009年）、珠海（2013年）三地人才综合立法的出台在某种程度上回应了我国人才工作发展阶段的现实需要。2003年印发的《中共中央国务院关于进一步加强人才工作的决定》（以下简称"决定"）提出，要加大人才工作立法力度，围绕人才培养、吸引、使用等基本环节，建立健全中国特色人才工作法律法规体系。云南、宁夏的人才综合立法都是在此背景下开展的,法规文本中关于人才的界定基本上沿用决定中的表述。2010年的纲要指出:研究制定人才开发促进法,完善保护人才和用人主体合法权益的法律法规。珠海人才综合立法首次将纲要关于人才的界定和分类纳入地方立法。我们尝试用上述几个重要的评价指标对三地的人才综合立法进行分析,以期把握立法现状,总结立法经验。

(一) 云南条例文本体现地方特色但知晓度较低

从立法文本来看,云南条例体现了云南作为边疆欠发达省份在人才工作方面的特色,没有重复决定的相关规定,而是在决定的基础上进行了拓展,体现了地方事务的特色。例如,云南地处西南边陲,高层次创新型人才匮乏,人才总体创新创业能力不强,人才总体发展水平低于发达地区。但云南同时又是一个多民族的边疆省,民族民间文化丰富,民族民间文化人才数量很多。基于此,云南条例立足云南人才工作的特色,将民族民间文化人才与在国内外有较高声誉的人才并列作为人才资源开发的重点。除此之外,云南条例兼顾了发展急需的技术带头人、创新人才等与边远贫困地区、少数民族等人才开发之间的平衡。技术规范上基本做到了权责对称、行为模式与法律责任的配套。

表6—3　　　　　　　　云南条例的文本质量分析

评价指标	具体条款	备注
地方特色	第4条第5款;第20条第4、5、6、7款	第4条第5款将民族民间文化人才作为人才资源开发的重点;第20条第4、5、6、7款在"决定"的基础上完善了相应人才的评价重点
公平与效率平衡	第4条、第6条	第4条明确人才开发的重点,第6条强调对少数民族以及民族自治地方、边远贫困地区人才的开发力度
技术规范	第7条、第28、29、30、31条	第7条明确各人才开发主体的职责。第28、29、30、31条具体规定监督与奖惩,明确法律责任

云南条例出台之后在多大程度上符合当初的立法预期？是否解决了立法初期所面临的实际问题？事实上要回答这个问题难度很大，因为尽管从操作层面上可以梳理云南省自条例颁布以来的人才工作发展情况，如人才资源总量、结构、素质等人才资源开发与经济社会发展不相适应的矛盾是否得以解决，但我们很难区分这种矛盾的解决是因为人才工作发展的本身还是人才综合立法的作用。从调研的情况来看，云南条例的知晓度较低[①]，既缺乏司法适用也没有成为执法依据。造成这种现象的原因，既有文本本身的问题，也有条例宣传缺乏广度和深度的原因。文本质量方面的问题主要体现为：一是第7条规定的人才开发主体职责将县级以上人民政府人事行政部门作为人才资源开发工作的综合管理部门，与现行的党管人才格局不符。组织部门作为人才开发资源工作的牵头抓总部门在条例中并未体现。二是部分条款过于原则，难以在实践中进行操作。例如条例第26条第二款规定，鼓励国家机关、国有企业、事业单位各类人才和高校毕业生到非公有制单位就业。

（二）宁夏条例文本优缺点并重且成效不明显

在西部大开发战略的背景下，宁夏回族自治区政府意识到人才尤其是高层次急需紧缺人才缺乏、市场配置人才资源的作用不充分是实施西部大开发的障碍，希望通过立法解决这些突出问题。针对这些问题，立法文本当中有所体现，但仍不足，呈现出立法文本优缺点并重的情况。优点体现在进一步明确了党管人才的原则，使党管人才成为人才工作法治化的有机组成部分。针对宁夏人才资源总量、质量、结构和人才环境处于劣势地位，缺乏与市场机制相适应的多渠道人才投入机制等现状，宁夏条例明确建立人才资源开发专项资金，并保证逐年有所增长。缺点主要表现为市场主体作用发挥不够，且缺失法律责任的具体规定。从市场主体作用的发挥来看，条例文本并没有对人才引进培养等工作"政府一头热、企业一头冷"的现象作出规制。从法律责任来看，以侵害人才合法权益这一行为模式为例，云南条例列举了予以纠正、予以取缔、予

[①] 2013年11月6日，笔者前往云南省调研，与省政府法制办行政立法处、人力资源市场处、省教育厅、省公务员局、省卫生厅等部门的相关同志围绕立法背景、实施现状等问题进行讨论。本书关于云南条例实施状况的部分判断来自此次讨论。

以整顿等多种法律责任，宁夏条例则多为"依法予以处分、依法承担赔偿责任"等模糊表述。

表6—4　　　　　　　　　　宁夏条例的文本质量分析

评价指标	具体条款	备注
地方特色	第25条	第25条规定：县级以上人民政府应当建立人才资源开发专项资金，用于人才的培养培训、引进和奖励等，并保证逐年有所增长。国家机关、社会团体、企业事业单位和其他组织应当保障本单位人才资源开发资金
公平与效率平衡	第4条、第10条	第4条明确人才资源开发实施公开、平等、竞争、择优的人才培养、选拔、任用、激励等制度。第10条强调对少数民族人才和妇女人才的培养培训
技术规范	第5、29、30、31、32条	第5条明确人才主管部门的职责，但对其他主体应当如何支持人才工作并未作具体规定。第29、30、31、32条明确了监督措施，但并未对法律责任作详细规定

宁夏条例的成效主要体现在两个方面，一是人才经费保障的支持大幅提升。从2001年的预算安排700万元，到2009年的4000万元，2011年增加到了5000万元。经费保障的加强很大程度上是因为国家和地方大力推动人才开发的整体环境变化，但在某种程度上也是宁夏条例规定人才开发专项资金并要求每年有所增长的驱动使然。二是人才发展的法制环境得以改善。在条例基础上，自治区政府出台一系列加强人才队伍建设的政策，整合相关的资源，增强人才工作合力，推动人才及人才工作的发展。人才工作监督考核机制和人才利益诉求表达机制在一定程度上促进了良好人才发展法制环境的形成。但宁夏条例在解决立法之初所面临的突出问

题，实现立法初衷等方面的效果似乎并不明显①。

(三) 珠海条例的优点及经验分析

中央鼓励各地方各部门制定相应的人才开发相关法规。在此背景下，珠海先行先试，制定并实施了自《纲要》颁布以来的第一个人才开发地方性法规。2013年7月26日，珠海市第八届人民代表大会常务委员会第十二次会议通过《珠海经济特区人才开发促进条例》，该条例于2013年10月1日起施行。

1. 珠海条例文本兼具创新性和可操作性且实施成效显著

珠海条例是《纲要》颁布后的第一个地方人才综合立法，作为创制性地方法规，兼具创新性和可操作性。地方特色主要体现为人才培养和引进的重点紧密围绕产业发展、经济结构调整的需要，首创性地在立法中允许境外人才服务机构在珠海独资。公平与效率平衡主要体现为建立重要人才政府投保制度，为在重要科研、产业领域中有引领作用和重大影响力的人才购买养老、医疗等商业保险，提供健康管理等服务。同时，强调逐年提高主要劳动年龄人口受过高等教育的比重、每万名劳动力中研发人员的数量、高技能人才占技能劳动者的比重。技术规范方面的特点主要体现为可操作性强，如详细规定了人才专项资金不少于当年地方公共财政预算收入的1%。② 每年安排不少于5%的市服务发展引导资金支持人才服务业发展，③ 职工教育培训经费支出不低于职工工资总额的2%。④ 但珠海条例基本没有规定相应的法律责任，法规结构的完整程度有待提升，授权性条款和倡导性条款的救济措施不明确，禁止性条款的违法责任设定也不是很清晰。

---

① 2013年9月16日，笔者前往宁夏调研，与公务员局、人大、组织部、教育厅、法制办、财政厅、科技厅、卫生厅、干培中心、人社厅专技处等部门的同志进行座谈。本书关于宁夏条例实施状况的判断主要来自此次讨论。

② 第8条第二款：市、区人民政府（以下简称市、区政府），横琴新区和经济功能区管理机构每年应当按照不少于当年地方公共财政预算收入的1%建立人才专项资金，用于人才开发。

③ 第36条第二款：市服务业发展引导资金中应当每年安排不少于5%的资金用于支持人才服务业发展。

④ 第38条第二款：用人单位应当保障本单位人才开发投入，保证人才培训经费的投入和增长，职工教育培训经费支出不低于职工工资总额的2%。

表6—5 珠海条例的文本质量分析

评价指标	具体条款	备注
地方特色	第14条、第35条	第14条关于重点培养引进的人才紧扣珠海经济结构优化、产业转型升级的需要，突出珠海产业发展的特点。第35条允许境外人才服务机构在珠海独资，是问题导向立法，立法解决问题的重要尝试
公平与效率平衡	第13条	第13条明确逐年提高主要劳动年龄人口受过高等教育的比重、每万名劳动力中研发人员的数量、高技能人才占技能劳动者的比重
技术规范	第8、36、38条	第8、36、38条明确规定相应人才投入的确切比例，具有可操作性。缺乏明确的法律责任条款

珠海条例实施之后的成效主要体现为：一是人才投入的刚性约束带来投入总额的大幅增长。2014—2017年，全市人才工作预算累计投入15.5亿元，较前四年增长近15倍。[①] 二是地方性法规的宣传力度加大，国际引才效果显著。条例出台后，珠海市人大常委会联合法制局、人力资源和社会保障局共同召开新闻发布会，介绍条例制定的意义和内容，强调条例坚持创新先行，结合珠海科学发展需要，将行之有效的人才实践经验上升到法规层面，为广东乃至国家的人才法制建设积累经验。这种跟国际接轨的方式让国际人才通过法规文本了解政府和企业的责任，明确珠海人才开发的目标和方向，对国际人才具有更大的吸引力。

2. 珠海具备先行先试的独特优势

珠海多年的政策实践为人才立法奠定了有力基础。改革开放以来，珠海先后制定出台了重奖科技人才、支持技术入股、鼓励自主创新等系列政策法规，为鼓励人才创新创业、推动科技进步、提高城市综合竞争力发挥

[①] 朱芳：《给力！珠海6年人才政策3次"升级"》，《珠海特区报》2017年10月13日。

了积极作用，也为珠海的人才立法工作积累了丰富的经验，其中许多政策措施经过实践取得了积极的效果，可上升为法规层面来规范与指导人才工作。例如，2011年8月，中共珠海市委组织部、市人力资源和社会保障管理局等多个单位联合发布了《关于印发加强高层次人才队伍建设八个配套暂行办法的通知》，其中《珠海市高层次人才认定评审暂行办法》明确将珠海市的高层次人才分为一、二、三级，并对这三类高层次人才的认定标准作出详细的规定。该办法指出，对高层次人才的认定和评审采取分级的方法进行，根据业绩与专业水平的差异性，将某一领域或某一方面贡献卓越、业绩及专业水准处于领先地位的人才再进行分级资助，突出重点。此外，除具备多年的政策实践经验积累之外，珠海经济特区具备立法权，有条件在人才使用与管理方面进行地方立法，着眼于创新开辟试验田，进行人才开发综合立法的先行先试，在人才立法思想、人才综合立法、人才权益保护等方面形成突破口。

3. 人才立法使人才开发促进工作有法可依

珠海条例首次通过立法将《国家中长期人才发展规划纲要（2010—2020年）》中关于人才的界定和分类纳入地方立法，并对人才开发各项工作进行了详细规定，促进人才开发工作有法可依。

（1）通过立法明确人才引进与人才培养的重点，有针对性地进行人才引进与培养

珠海市人才工作和人才队伍建设面临严峻挑战，原有的人才竞争优势正在逐渐减弱。因此，需要加强人才引进工作，但珠海经济总量偏小，区域综合竞争力相对较弱，人才吸纳力和承载力有限，尤其是对高端人才的吸引力不足，人才引进应当明确重点和方向，更好地服务于珠海经济社会发展的需要。通过立法确定人才引进重点，解决珠海在短期内通过自身人才培养无法满足的高端人才、急需紧缺专门人才和高技能人才的需求。基于此，珠海条例明确了珠海市人才引进的重点，规定珠海市重点引进高层次创新创业人才、急需紧缺专门人才和高技能人才，引进高层次创新科研团队和领军人才。通过地方立法明确人才引进类别的重点，对引进工作的开展具有指导意义，同时也具有鲜明的珠海特色。

珠海人才存量及结构还不能满足珠海产业转型升级与规模扩张的需要，人才队伍整体素质还不能与当下和未来所担负的历史使命相匹配，人

才队伍结构还不能完全适应珠海新一轮大建设大发展的需要，需要盘活存量，加强人才培养。基于此，珠海条例明确了珠海人才培养的重点，规定珠海应当大力培育各类人才队伍，重点培养以下实用人才：优秀企业家和职业经理人；创新型专业技术人才；技师和高级技师；农业产业化的企业经营管理人员、农民专业合作组织带头人和农业经纪人；中高级社会工作专业人才。

（2）通过立法确立人才开发责任制，科学评估政府人才开发工作

人才开发过程中存在一些突出的问题，如人才的科学使用问题，人才投入的科学性、有效性问题，这些都直接影响到人才开发的效能。政府应当对人才开发的成效承担责任，明确人才开发责任，有必要科学评估政府人才开发工作。以人才引进为例，对政府人才引进工作的评估采取第三方评估的方式，对包括引进人才经费投入效果、政府在人才引进过程中行为方式等进行全面评估。对人才经费投入效果的评估，有利于优化人才投入的方向和方式。对政府人才引进行为方式的评估，有利于行政行为的规范化和合法化，杜绝以人才引进之名行违法乱纪之实的现象出现。基于此，珠海条例规定对人才开发工作进行考核和评估。将人才开发工作纳入政府绩效考核体系，建立重大人才政策和工程的第三方评估机制。以地方性法规的形式约束政府的行政行为，有利于政府人才开发工作在法治的轨道上有序进行，促进责任政府、法治政府的建设。

（3）通过立法为人才赋权，从物质和精神两方面保障人才权益

珠海具有尊重人才、重视人才的传统。1992年3月，珠海召开首届科技进步突出贡献奖励大会，在全国率先对有突出贡献的科技人员进行重奖，获特等奖的每位首席获奖者奖品总值超过100万元。"百万元重奖"成为珠海尊重人才和知识的代名词，吸引了大批人才落户珠海，引起国内外的广泛关注。通过立法建立荣誉制度，为人才提供层次更高、权威性更强、影响力更大的激励，可起到特殊的示范作用，同时也是人才精神层面权益保障的重要内容。基于此，珠海条例建立珠海经济特区荣誉制度，规定对珠海经济社会有重大贡献的人才授予特区荣誉称号，予以表彰。完善优秀人才奖励制度，设立人才奖项，激励各类优秀人才在珠海经济社会发展中发挥作用。

对重大或重要科研、产业领域具有引领作用和重大影响力的人才，即

珠海条例所称的重要人才，其具有稀缺性、高端性、不可替代性、收入非市场化等特征，而现行的基本养老保险、基本医疗保险保障水平有限，无法提供匹配其价值和贡献的保险，不利于其潜心研究和干事创业。基于此，珠海条例建立重要人才政府投保制度，规定对有突出贡献的重要人才提供养老金补贴、医疗费用补偿、深度体检、商业投保等特殊保障。

人才不同于一般的人力资源，其最显著的差别在于知识和技能。因此，人才对于知识产权保护的诉求明显高于其他劳动者。政府应当加强知识产权保护，完善权益人保护制度，以多种救济手段对知识产权进行全方位保护。一方面完善知识产权制度体系建设，加大知识产权行政执法力度，加强知识产权司法保护，有效运用各种诉讼手段和强制措施，强化法律救助的时效性。另一方面要依法加大司法惩处力度，推进行政执法与刑事司法"两法"衔接工作，强化法律监督，有力打击各种侵犯知识产权的犯罪，营造有利于自主创新的法制环境。基于此，珠海条例提出，加强知识产权保护，完善权益人保护制度，以多种救济手段对知识产权进行全方位保护；保护非职务发明的发明人或者设计人的专利申请权、身份权、使用权和转让权。对珠海支柱产业发展有利的非职务发明专利，经评估后政府在专利申请和专利维持等费用方面给予资助。

（4）通过立法规范人才行为，确保人才开发工作有序进行

全国各地加大人才引进力度，通过各种活动平台引进海外人才、落实人才政策，吸引的优秀人才为当地经济发展发挥了重要作用，但同时也出现了个别申请国家、地方人才资金资助计划的政策申报专业户，在进行申报的过程中偶尔也会出现弄虚作假的情况，这一现象的出现既浪费了国家资源，也会破坏社会的公平正义。基于此，珠海条例要求建立人才诚信体系。珠海人力资源社会保障行政部门组织建立人才诚信档案制度，实行人才诚信举报监督和失信惩戒机制。人才诚信体系建设有助于规范人才本身的行为，在全社会倡导守信激励、失信惩戒的氛围，从而确保人才开发工作有序进行。

（5）发挥特区特色，放宽境外人才服务机构规制

珠海的产业吸引力和人才吸引力有所下降，其中一个主要原因是产业政策和人才政策不够宽松，缺少突破。随着珠海产业转型升级，有必要吸引境外企业以及高端人才来珠海发展，同时需要境外中介服务机构为企业

和人才提供配套服务。《珠海市中长期人才发展规划纲要（2011—2020年)》也提出：建立珠港澳区域性人力资源市场，推动跨区跨境人才服务合作。鼓励引进境外人才中介服务机构，加快本土人才服务与国际人才服务惯例接轨。基于此，珠海条例规定允许境外人才服务机构在珠海独资，还规定允许从事人才中介或者相关业务的境外公司、企业和其他经济组织在珠海经济特区境内合资或独资开展人才中介服务活动。通过立法明确放宽境外人才服务机构规制，可以充分发挥珠海毗邻港澳的地理优势和作为经济特区的政策优势，从而在法律法规的范围内更好地开展人才开发工作。

4. 通过法律责任的落实使得人才开发违法必究

从法理上来看，珠海条例属于"软法"条款居多的地方性法规。但是，"软法"条款居多并不意味着无须追究法律责任。相反，珠海条例若要真正发挥促进作用更多地依赖于法律责任的落实。珠海条例对法律责任的规定散见于各条款当中。首先，将人才开发工作纳入政府绩效考核当中，人才工作主管部门对人才开发工作的情况进行督查，对不落实人才开发法规、政策的，责令改正；拒不改正的，给予通报批评。其次，从事人才开发工作的国家工作人员违反本条例，滥用职权、徇私舞弊，侵害用人单位和人才合法权益的，由所在单位或者上级主管部门给予行政处分；造成损失的，依法承担赔偿责任；构成犯罪的，依法追究刑事责任。再次，对用人单位违反国家法律法规、侵害各类人才合法权益的行为，应当依法予以纠正；对以人才开发为名从事非法活动的，提请有关部门依法予以取缔。又次，对人才中介机构弄虚作假的行为，情节严重者可责令停业整顿，并可吊销执业许可证。最后，通过失信惩戒来落实人才违法的责任追究。

5. 通过立法后评估明确条例落实面临的困难和障碍

珠海条例自颁布实施以来，有效地规范了政府在人才开发中的行政行为，推动了人才开发工作的法治化进程，对海外人才起到了宣传示范效应，从而加快了珠海引进海外高层次人才的步伐。但是，作为地方人才法制化建设的先行先试，珠海条例在落实的过程中是否遭遇困难和障碍，制定是否科学有效，还有待立法后评估进行判断。通过立法后评估可以掌握珠海条例的实施效果，功能作用以及实施存在的问题，为进一步的修改完善奠定基础。

(1) 通过立法后评估掌握珠海条例的实施效果

立法后评估因其制度内涵的公正性、民主性、公开性和科学性在实践中得以广泛运用，取得了良好的社会效果。珠海条例落实所面临的困难和障碍可以通过立法后评估进行了解。立法后评估可采取人才满意度调查的方法，掌握人才对珠海条例实施的具体意见。通过对这些意见的分析，掌握珠海条例的实施效果，明确其是否真正做到行得通、切实管用。

(2) 通过立法后评估总结珠海条例的功能作用

珠海条例自颁布实施以来在人才引进、人才培养、人才投入、人才激励保障等方面究竟发挥了何种作用，对于规范政府人才开发行为，保护人才合法权益方面的成效如何等，都将成为立法后评估的内容。

(3) 通过立法后评估了解珠海条例实施存在的问题

针对一些法律规定比较原则、需要制定的配套法规和规章过多等问题，强调要科学严密设计法律规范，能具体就尽量具体，能明确就尽量明确，努力使制定和修改的法律立得住、行得通、切实管用。立法后评估工作可以查明珠海条例在实施过程中是否存在障碍，例如人才投入资金是否到位，适合人才发展的法制环境营造工作是否顺利进行，有无需要修改完善的地方，这些都将成为立法后评估的重要内容。

总之，珠海条例的立法后评估工作将对珠海条例实施的具体情况进行摸底，充分发挥珠海地方立法先行先试的优势，推动人才开发工作法治化的进程，在全国形成标杆，产生示范效应。

四 地方人才立法的具体分析——以北京市为例

地方人才综合立法作为创制性地方法规，文本质量上强调地方特色、效率与公平的平衡等，但在不同的地方所要处理的关系、面临的实际问题可能存在较大差异。如产业发展的优先顺序、整体资源的配置需求对人才开发的重点提出不同要求，各地人才工作呈现不同的地方特色，且随着区域经济一体化的发展，需效率与公平兼顾，地方特色与区域协调发展并存。地方启动人才综合立法既需要考虑立法的必要性，是否为本地经济社会发展急需，也要考虑立法的可行性，本地是否具备立法条件，立法涉及的相关问题是否理顺。在立法资源相对有限的当下,地方启动人才综合立法应当谨慎为之,全国层面的人才综合立法能在多大程度上解决当下人才工作的矛盾亦是需要认真对待并谨慎处理的问题。

作为法治中国首善之区,客观上要求北京市在人才工作和法治建设方面形成标杆效应,形成国际竞争优势砝码。北京市发展的新背景、新定位、新需求,客观上要求全面加强法治政府建设,人才工作法治化是推动法治中国首善之区建设的重要突破口。法治中国的建设、北京市的立法权限和法治基础、法治建设经验和人才政策铺垫、人才工作体系及相关经验、人才立法的阻碍因素逐步消除等都是北京市人才立法的有利条件。北京市人才立法可在"聚天下英才而用之"的主旨下,以"国际化、高端化、市场化、法治化"为建设路径,实现创新驱动发展、人人皆可成才的立法目标。

(一)北京人才立法的必要性分析

1. 人才立法是建设"法治中国首善之区"的客观要求

(1) 法治中国首善之区的建设首在人才

党和国家高度重视人才工作,近年来更加重视人才法治建设,国家中长期人才发展规划对人才立法提出了明确要求。北京作为首都,人才工作和法治建设在全国具有标杆意义。北京市人才立法,是建设法治中国首善之区的客观要求,对我国人才法治建设具有重要的引领和示范意义。

(2) 国际竞争优势砝码的形成需要营造法治环境

随着全球人才竞争愈趋激烈,世界各国/地区抢夺人才尤其是高端人才的砝码已经上升为"法"与"法"的比较。[1] 法律是国际共通的国家治理工具,推进人才工作法治化,是实现人才制度国际接轨的重要条件,也是形成具有国际竞争力的人才制度优势的必然路径。

人才立法是北京市打造具有国际竞争力的人才制度优势的必然要求。长期以来,北京人才事业发展主要依靠政策指导,人才政策在人才事业发

---

[1] "为了更好地吸引优质人才,现代欧洲的移民政策已经跨越了简单的许可或者禁止移民进入的初级阶段,而进入了通过法律保障移民享有符合人权标准的权利义务来鼓励与吸引优质移民的更高阶段。"引自王世洲《我国技术移民法核心制度的建立与完善》,《中外法学》2016年第6期。

展中发挥了巨大作用。但由于政策的权威性、透明性、共通性不足，难以和国际接轨，更难以承担新时期推动人才事业国际化的历史使命，导致北京人才制度缺乏国际竞争力。北京作为国际交往中心，有必要通过人才立法积极对接国际先进理念和通行规则，使法治环境更规范、更透明、更便利，加快形成具有国际竞争力的制度优势。

（3）协同发展人才领跑的实现亟须法治建设

首都的人才集聚效应为北京创造了很多经济发展的奇迹。时至今日，集聚人才的政策优势已经不再明显。人口的无序增长导致城市不堪重负，交通拥堵、资源匮乏、污染严重等大城市病层出不穷。北京地域空间有限、资源有限，要把解决北京的问题纳入京津冀和环渤海地区的战略空间加以考量。基于此，中央提出了实现京津冀协同发展的国家发展战略[①]。北京要想充分发挥在京津冀协同发展中的作用，必须推进体制机制创新，矢志不移地探索和打造"新优势"。人才立法是北京在京津冀协同发展中制度领跑的内在要求，是北京打造"新优势"的突破口，建设一流的人才法治环境，以法治聚人才，以人才促发展，以法治建设突破带动全局改革，面向未来打造新型首都经济圈。

2. 人才立法是实现"聚天下英才而用之"的迫切需要

（1）立足首都战略新定位需要打造法治引力

2014年2月，习近平总书记视察北京并发表重要讲话，明确了北京作为全国政治中心、文化中心、国际交往中心、科技创新中心的战略定位，提出了建设国际一流的和谐宜居之都的目标。落实新定位、迈向新目标，根本举措在于实施创新驱动。创新驱动本质上是人才驱动，北京作为科技创新中心，更要重视人才创造的价值，建设配置高端创新资源的能力。

针对新时期首都城市战略定位，需要推动教育体制改革、科技体制改革和人才体制机制改革的协调配合，打通人才发展的国际壁垒，坚持人才对外开放，让首都成为天下英才的聚集地、人才成长的最优地、创新创业的首选地。法治化为这一目标的实现提供了最佳路径和载体，北京市人才立法，用法治推动人才制度的国际接轨，促进人才环境的对外开放；用法

---

① 中共中央政治局2015年4月30日会议审议通过《京津冀协同发展规划纲要》。

治维护人才工作的规范有序,实现人才权利的依法保障;用法治优化人才发展环境、集聚人才、激发创新活力、推动发展。

(2) 完善创新驱动发展需要激发人才活力

党的十八大把创新驱动发展上升为国家战略,提出创新的主体是企业,创新的关键是人才。① 从适应国家经济结构调整、产业转型升级的要求看,创新性不足,人才使用中的活力激发不充分仍是一个严峻的挑战。

北京市首都功能的发挥需要大量高素质人才,尤其是高层次创新型人才以及现代服务业高端人才。作为科技创新中心,更要重视人才创造的价值,鼓励人才向企业流动、向一线科研岗位聚集,最大限度激发科技人才的创新激情和活力。北京作为首都要勇于"破冰",先行先试进行人才立法,使与人才资源有效开发、利用、保护和调控相关的各个环节都能在法治的轨道上运行。

(3) 营造人人皆可成才的环境需要建设法律后盾

党的十九大报告强调,要"努力形成人人渴望成才、人人努力成才、人人皆可成才、人人尽展其才的良好局面,让各类人才的创造活力竞相迸发、聪明才智充分涌流"。人才资源的开发对个人来说是一项权利,权利的实现以法律为后盾。人才立法符合公平正义价值,具有保障作用,它可以使各类人才的权利在法律的限度内得到充分而有效的保护,充分挖掘自身潜能,发挥自身应有的作用。

人才资源开发是一项庞大、复杂的系统工程,要有现代科学技术予以管理,还要用人才资源开发、利用、保护和调控的相关法律法规予以规范,扼制传统阻碍人才资源有效开发的运行模式复活,避免新的历史条件下影响人才被有效开发、利用及合法保护和调控的情况产生。

3. 人才立法是推动"国际化、高端化、市场化"发展的客观需要

(1) 推动首都人才"国际化"需要人才立法

首都建设发展需要更多的国际人才。2016 年年末北京市常住人口2172.9 万人,人才资源总量 651 万人,人才密度居全国之首。② 但外籍人

---

① 2016 年 5 月 19 日,中共中央、国务院印发《国家创新驱动发展战略纲要》。
② 《北京地区人才资源总量已达 651 万》,《北京日报》2016 年 12 月 27 日。

口、外籍学生占常住人口的比例不高。① 北京要广开进贤之路、广纳天下英才，必须依靠人才法制建设，完善人才法治体系，为吸引海外人才营造宽松的法治环境。

（2）推动首都人才"高端化"需要人才立法

北京在引进国际人才的工作机制、政策措施、引才渠道方面进行大量卓有成效的探索，取得显著的效果，是全国人才资源尤其是高端人才资源最为密集的地区之一。然而，高端人才不足，尤其是能够主导产业发展和科技进步的高端创新型人才不足，是当前首都人才发展存在的主要瓶颈之一。新时期北京人才立法，仍然需要瞄准高端化的方向，培养引进一批创新创业高端领军人才，不断优化人才结构，突出人本化、立体化和信息化，提升人才队伍整体水平。

（3）推动首都人才发展"市场化"需要人才立法

北京市人才流动受体制机制等因素的制约明显，人才资源的合理配置受到束缚。人才资源配置的"非市场化"在一定程度上制约了北京市人才的发展，亟须进行人才立法，形成公平公开公正的竞争环境，促进人才发展工作健康发展。要在北京市形成优秀人才脱颖而出的环境，需要通过人才立法确保人才资源有效开发、利用、保护和调控相关的各个环节都能在合法的轨道上运行。

4. 推动首都人才工作"法治化"需要人才立法

（1）打破人才工作"无法可依"局面需要人才立法

当前，北京市人才政策还有很多需要完善改进的地方。一是人才政策碎片化。二是人才政策知晓率不高。三是人才法制体系不够健全完善，人才工作缺乏法律依据和法律约束，工作目标、内容、方式、权力、责任等于法无据。组织部门牵头抓总主要靠协调，协调属于软约束，需要法律的硬约束予以配合。北京市人才立法，将有效提升人才工作的法治化程度，建设符合北京市社会、经济、产业及各项事业发展需要的人才法治环境。

---

① 第六次全国人口普查的数据显示，2010年居住在我国境内的港澳台居民和外籍人员为107445人，当年全市常住人口为1961.2万人，占比仅为0.548%，且该数据统计还包括了港澳台居民，若只统计外籍人员，比例则会更低。

(2) 深化人才体制机制改革需要人才立法

深化人才体制机制改革,法治化是助推器。遵循市场配置人才资源规律,法治化是孵化器。进行人才立法,可以促进政府提供规范有序、公开透明、便捷高效的人才公共服务,也有利于构建优质的法治软环境。当前,人才资源开发已经从追求数量的规模效应转向市场配置的自主效应,已经从地区间政策分割的马太效应转向打破体制壁垒的蝴蝶效应。北京市应当肩负起首都责任,直面人才事业发展当前面临的瓶颈和问题,紧紧抓住全面推进依法治国的历史机遇,打通人才发展的体制壁垒,闯出一条法治化的新路子。

(3) 推动人才工作规范化需要人才立法

目前北京市人才政策和体制机制上存在"三多三少"的问题,即人才工作"碎片多、统筹少;部门多,协调少;政策多,权威少"。一是人才政策稳定性不够,亟须法律保障实施。当前人才政策稳定性不佳,社会和公众难以形成稳定预期,严重影响着政策的实施效果。二是人才政策部门化、碎片化严重,亟须法律矫正。人才政策由各级政府、各部门分头制定、分散管理,带来严重的碎片化、地区化和部门化问题。三是政策强制性不足,亟须法律硬约束。一方面许多政策优惠难以兑现到基层和企业,致使高层次人才吸引与激励承诺无法兑现。另一方面人才违规及诚信缺失问题仍然存在。

当前的形势、任务和存在的问题凸显了市场化、社会化、法治化、国际化的时代背景下改变传统人才工作模式的必要性和紧迫性。新时期,必须解放思想、转变观念,坚定不移地走法治化的路子。用法治推动人才制度的国际接轨,形成具有国际竞争力的人才制度优势;用法治明确政府的权力与责任、用人单位和人才的权利与义务,促进人才发展的社会化和人才配置的市场化;用法治约束政府行为,规范人才政策的制定和人才工程的实施;用法治维护公平正义,推动人才公共服务的均等化。

(二) 北京人才立法的可行性分析

立法可行性的论证需要关注立法的背景、时机、条件等因素。处在法治中国建设大背景下的北京市,承担法治建设先行先试的重大责任。良好的法治建设基础及完备的立法权限为人才立法提供有利条件。人才工作体系及人才工作经验解决了立法所涉及的权能分配和体制矛盾是否已经经协商达成共识①的问题。立法所要解决的重要问题，如人才概念问题在理论上也日趋完善。

1. 法治中国建设提供人才立法重大机遇

党的十八届四中全会提出全面推进依法治国，建设中国特色社会主义法治体系，建设社会主义法治国家。党的十九大报告强调"全面依法治国是中国特色社会主义的本质要求和重要保障"。北京市全面加强法治政府建设总体谋划和顶层设计工作，提出建设法治中国首善之区的目标。首善之区，首在人才，人才工作法治化是推动法治中国首善之区建设的重要突破口。北京承担着法治建设先行先试的重大责任，致力于在新一轮改革发展中继续领跑，矢志不移地探索和打造"新优势"，特别是要将法治打造成为北京新时期最为显著、最为核心的竞争优势。

在首都功能重新定位、京津冀协同发展的重要机遇期，及时启动北京人才立法工作，可加快形成人才工作制度化设计、系统化推进的良好格局，构建和完善符合国情、与国际接轨的人才法律法规体系。建设一流的人才法治环境，集聚国际人才，集聚高端科技创新人才。以法治聚人才，以人才促发展。

2. 立法权限和法治基础提供了立法条件

北京作为直辖市具有人才立法的地方立法权。2015年新修订的《中华人民共和国立法法》（以下简称《立法法》）第72条规定，省、自治区、直辖市的人民代表大会及其常务委员会根据本行政区域的具体情况和实际需要，在不同宪法、法律、行政法规相抵触的前提下，可以制定地方性法规。《立法法》第73条第三款规定，除本法第8条规定的事项外，其他事项国家尚未制定法律或者行政法规的，省、自治区、直辖市和设区的市、自治州根据本地方的具体情况和实际需要，可以先制定地方性法规。北京作为直辖市具有地方立法权，可以制定地方性法规，同时人才立法不属于《立法法》第8条所规定的法律保留事项，国家层面目前尚无人才开发综合法，北京可以先制定地方性法规。

改革开放以来，北京着力建设法治城市，积累了比较丰富的经验。一是立法引导改革。北京市作为全国司法改革第三批试点省份，坚持运用法

---

① 秦前红：《法律监督专门化立法的时机和可行性分析》，《人民检察》2011年第9期。

治思维和法治方式深化改革、推动发展、化解矛盾、维护稳定。二是优化立法布局。北京市积极适应立法体制、立法需求、立法模式变化调整的新常态，科学处理人大主导立法与政府协同立法、改革发展需求牵引与立法前瞻引领等重大关系，围绕全市立法规划优化政府立法布局。三是坚持依法行政。2004年，国务院发布《全面推进依法行政实施纲要》以来，北京法治政府建设各项工作成效卓著。四是公开透明程度高。北京以公开透明的服务型政府助推发展，保障人才权益，坚持"开门立法"，广泛开展立法调查，保障群众广泛参与立法听证会，尝试立法辩论制度，推进科学立法、民主立法，提高立法质量。

3. 人才政策铺垫是人才立法的重要基础

北京人才政策基础扎实，廓清了人才法制建设的基本框架。着眼于自身面临的问题，北京出台了大量人才法规政策，提出解决方案，其中一些有效的政策内容可以进一步固化上升为法律法规。如围绕实施首都中长期人才规划纲要，市相关部门、各区县配套制定和出台了教育人才发展、科技人才发展等8个行业性专项规划、16个区域性发展规划，形成了相对完善的实践工作顶层设计，为制度建设与创新奠定了基石。

北京重视人才发展并较早动员部署人才立法。北京市委、市政府十分重视人才发展，多次强调依靠人才作为第一资源的优势，解放和发展科技第一生产力。人才工作已成为市委、市政府推动创新和促进经济发展升级转型的重要着力点。2016年发布的《中共北京市委关于深化首都人才发展体制机制改革的实施意见》明确要求制定地方性人才法规。研究制定北京市人才发展促进条例、北京市人力资源市场条例等法规，推动人才竞业避止、职务科技成果转化、终身教育等方面的地方性立法工作，强化人才法规与教育、科技、文化等立法的衔接。

4. 人才工作体系及相关经验提供了组织保障和参考借鉴

北京具有完善的人才工作体系，为人才立法提供了组织保障。人才工作领导小组包括32个成员单位，对全市人才工作统筹谋划、宏观指导、综合协调、督促检查。区人才工作领导小组形成一把手亲自抓，分管领导具体抓，班子成员一起抓的领导体制。各级党委和政府制定和实施人才引进、培养、激励等方面的政策。用人单位党委打造人才发展平台，充分发挥人才作用，同时做好人才的政治引领和政治吸纳工作。

国内的地方立法实践经验提供了可资借鉴的启示。2013年的珠海条例为珠海建设国际化、法治化营商环境提供了重要制度保障。2017年的深圳条例对人才工作体制机制相关规定进行突破或者创新，同时将目前人才工作中成熟的、需要长期适用的政策、做法通过立法予以固化，为今后的人才工作提供法律依据。这些立法实践的经验可为北京人才立法提供借鉴参考。

5. 人才概念逐步清晰为人才立法破解重要理论难题

关于人才的界定，有广义和狭义之分。广义的人才泛指所有人，旨在创造人人皆可成才的环境。狭义的人才则是从权益保障的角度应重点关注的群体。人才至少应当具备以下某一方面的因素：一是专业知识和专门技能。学历证书是专业知识的重要体现方式，反映职业资格水平的证书则是体现专门技能的重要方式。专业知识和专门技能都需要经过认证，认证的主体既可以是国家相关权力部门，也可以是行业机构，或是经过授权的其他专业机构。二是创造性劳动。创造性劳动主要反映在专利发明上，主要认证手段是通过国家批准授权专利的方式进行。各国对创造性劳动保护的通行做法是通过专利法进行保护。三是为社会作出贡献。衡量是否对社会作出贡献的方式有多种，包括政府颁发的奖励，如劳动模范等，社会公认的某些民间组织、社会组织颁发的奖励等，还有一种是通过成果转化在市场上带来效益等。总体而言，为社会作出贡献体现为能够提高社会生产率，促进社会发展等。

北京人才立法中的"人才"适用范围应当是狭义的人才范围，即从首都需求、权益保障的角度应重点关注的群体。这一群体的概念逐步清晰，既可以界定，也可以统计，能够用法律法规进行规范。当然，党政人才队伍有《公务员法》等专门的法律法规规定，从其另外规定。

（三）北京人才立法要处理的四组关系

北京人才立法需要首先在立法思路上明确人才工作的效率与公平关系。作为地方法规，北京人才立法应着重处理其与其他相关规范的关系。首先，人才立法不能违背宪法、法律、行政法规等上位法的规范要求。其次，人才立法应注重与国家层面的人才规划、人才战略的衔接。最后，人才立法应注重与现有不同类别人才的专项法律法规之间的协调。

1. 人才立法思路方面的效率与公平关系

北京作为全国政治中心、文化中心、国际交往中心、科技创新中心的战略定位[①]，产业发展的优先顺序以及整体资源的配置需求等因素，决定了北京人才工作不可能面面俱到，在效率与公平之间必须进行权衡，权衡既要有科学依据，也要有现实考量。一方面基于发展需要强调效率，人才立法应当关注战略定位对高精尖人才的引进、培养、使用等，以立法的方式保障人才投入、人才权利的实现以及义务的履行。另一方面基于稳定需要强调公平。人才立法应当关注资源配置的公平性，这种公平性既体现为政策、资金等资源在不同区域、不同行业间的相对公平，也体现为政策、资金等资源在不同类别人才之间的相对公平，处理好创新创业人才与技能人才、京籍人才与非京籍人才、北京市属人才和中央单位人才、海归人才与本土人才等的关系。

2. 人才立法位阶方面的下位法与上位法关系

国家层面尚无促进人才发展的综合性法律，北京人才立法属于创制性立法，应当秉承问题引导立法的理念，对于国家法律没有必要也无可能进行立法规范的不具有普遍性的地方特有事项，或是即便已有国家法律规范，但不能完全涵盖地方特殊问题的事项进行地方立法。人才立法不能违背上位法的规范要求，北京人才立法作为地方性法规，按照《立法法》第87、88、89条的规定[②]，其上位法包括宪法、全国人大及其常委会制定的法律和国务院制定的行政法规，其下位法包括本级和下级地方政府规章。"地方立法具有从属性，既不能与宪法、法律和行政法规的具体规定相抵触（称为直接抵触），也不能与宪法、法律和行政法规的原则精神相抵触（称为间接抵触）。"[③] 法律层面上，人才立法应当遵循现有的《公务员法》《教师法》《职业教育法》《科学技术进步法》《中华人民共和国

[①] 《北京城市总体规划（2016年—2035年）》第5条强调，北京城市战略定位是全国政治中心、文化中心、国际交往中心、科技创新中心。

[②] 第87条 宪法具有最高的法律效力，一切法律、行政法规、地方性法规、自治条例和单行条例、规章都不得同宪法相抵触。第88条 法律的效力高于行政法规、地方性法规、规章。行政法规的效力高于地方性法规、规章。第89条 地方性法规的效力高于本级和下级地方政府规章。省、自治区的人民政府制定的规章的效力高于本行政区域内的设区的市、自治州的人民政府制定的规章。

[③] 石佑启：《论地方特色：地方立法的永恒主题》，《学术研究》2017年第9期。

促进科技成果转化法》等法律规范的规定。行政法规层面上，不能违背《事业单位人事管理条例》《国家科学技术奖励条例》《教师资格条例》等的规定。本级政府规章层面上，要适当考虑与《北京市科学技术奖励办法》《北京市工人技师考评和聘任暂行办法》《北京市人才招聘管理办法》《北京市人才市场中介服务机构管理办法》《中关村科技园区接收非北京生源高校毕业生办法》等的对接，同时要给北京市各个层面的人才相关部门的人才专项法规和政策留下空间，对人才专项法规政策进行宏观指导。

3. 人才立法与国家人才规划、人才战略的关系

我国目前虽无国家层面的人才立法，但国家层面的人才规划、人才战略是地方人才立法的基本遵循。《国家中长期人才发展规划纲要（2010—2020年）》明确加强人才工作法制建设的主要任务之一是研究制定人才开发促进法。人才强国战略是人才领域的总体战略，规划并指导各层级、各类别的人才开发工作。落实人才强国战略，需要人才资源首先开发，人才结构首先调整，人才投资首先保证，人才制度首先创新。北京人才立法以立法的形式保证人才资源的开发，促进人才结构的调整，确保人才投资的到位，推动人才制度的创新，破除思想观念和体制机制障碍，构建科学规范、开放包容、运行高效的人才发展治理体系，是落实人才规划、人才强国战略的有效途径。

4. 地方特色与区域经济一体化发展的关系

地方特色是地方立法的价值所在，区域经济一体化发展是经济发展的必然趋势，地方人才立法要兼顾地方特色与区域经济一体化发展的需求。从北京的城市战略定位及"实现建设国际一流的和谐宜居之都"的发展目标来看，北京人才立法必须体现人才事业发展的国际化趋势，站在建设世界城市的战略高度谋划人才事业，形成具有国际竞争力的人才制度优势，营造国际领先的人才发展环境，集聚国际英才，汇聚全球智力，确立支撑世界城市建设的人才竞争优势。从京津冀协同发展、雄安新区建设等区域经济一体化发展来看，北京人才立法必须妥善处理与区域协调发展规划的关系，平衡各方利益关系，推动区域合作发展、互助共赢等局面的形成。北京市人才密集，但首都规模、功能定位及产业发展优先顺序，决定了其"有所为有所不为"的发展模式。

(四) 北京人才开发立法的实现路径

在全面推进法治中国建设的背景下，北京立足自身发展的新背景、新定位、新需求，推动人才开发立法工作，既具有重要的现实意义，又具备现阶段的现实可行性。在明确立法主旨与目标的基础上，要突出北京作为首都的地方立法特色，服务于首都新常态、新定位、新目标的需求。

北京人才立法的主旨及目标可以概括为"一个主旨，两个目标"。一个主旨即"聚天下英才而用之"，这是贯穿北京人才立法的核心理念和基本方向，重在促进人才集聚。两大目标即"创新驱动发展、人人皆可成才"，这是首都人才队伍建设的航向和目标，所有制度和条文的设计都要服务于这两个目标，前者重在创新创业，后者重在促进人才成长和能力提升。北京人才立法需要立足于北京需要，突出"国际化、高端化、市场化、法治化"的北京特色。

1. 明确"一个主旨，两大目标"的立法主旨与目标

创新驱动需要人才，首都发展战略目标实现需要人才，要着眼于聚天下英才而用之，以全球化的视野和开放包容的心态广纳天下英才，以科学的体制机制和优良的发展环境用好各类人才，激发人才潜能，释放人才红利，形成大众创业、万众创新的生动局面。

《中共中央国务院关于深化体制机制改革　加快实施创新驱动发展战略的若干意见》把坚持人才优先作为实施战略的基本思路，要求把人才作为创新的第一资源，更加注重培养、用好、吸引各类人才，促进人才合理流动、优化配置，创新人才培养模式；更加注重强化激励机制，给予科技人员更多的利益回报和精神鼓励；更加注重发挥企业家和技术技能人才队伍创新作用，充分激发全社会的创新活力。这些要求应当融入北京市人才发展促进条例的制度和条文中，作为北京市人才立法的出发点和落脚点。此外，创新驱动需要人才支撑，首都人才事业发展要着眼于人人皆可成才，让所有人都有脱颖而出的机会，让所有人都有自我提升的可能，首都不仅要成为创新创业的"成功地"，也要成为人人向往的"成才地"，不仅要有能力集聚人才，也要有能力造就人才，形成人才结构不断优化、智力资源持续涌现的良好循环。

2. 突出北京作为首都的地方立法特色

首都的城市定位和发展目标决定了北京人才事业发展必须走国际化的

道路，站在建设世界城市的战略高度谋划人才事业，形成具有国际竞争力的人才制度优势，营造国际领先的人才发展环境，集聚国际英才，汇聚全球智力，确立支撑世界城市建设的人才竞争优势，成为世界一流的"人才之都"。高端人才不足，尤其是能够主导产业发展和科技进步的高端创新型人才不足，是首都人才发展存在的主要瓶颈之一，也是首都人才发展总体水平与世界发达城市和地区的主要差距所在。新时期首都人才工作仍然要瞄准高端化的方向，培养引进一批创新创业高端领军人才，不断优化人才结构，突出人本化、立体化和信息化，提升人才队伍整体水平。市场化是人才体制机制改革的基本方向，人才工作只有遵循市场经济的一般规律，让市场在人才资源配置中发挥决定性作用，才能真正形成有利于聚天下英才而用之和人人皆可成才的良好环境，形成人才辈出、人尽其才的良好局面。法令行则国治国兴，依法治国，是实现国家长治久安的重要保证。法治化是首都人才发展的基本保障，要科学立法，形成完整有效的人才法制体系；严格执法，依法行政，发挥法治的规范作用；公正司法，运用法治解决人才发展中的源头性、根本性、基础性问题；全民守法，突出治理的民主化，让人才管理与开发的主体都自愿接受法律的约束。

3. 确定服务于首都新常态、新定位、新目标的立法内容

北京人才立法是要用法治规范并保障首都人才事业改革发展，服务于新时期首都工作适应新常态、落实新定位、迈向新目标的战略部署。

一是明确促进人才发展各类主体的职责。政府在人才发展中的职责主要在宏观层面，以间接途径实现开放、动态地促进人才发展。用人单位是人才使用的主体，要对用人单位的人才选拔、管理、使用、评价进行明确规定，要在立法中明确用人单位和人才的权利和义务，同时，要健全用人单位和人才的救济制度，明确其权益救济途径。政府应当引导和督促用人单位贯彻执行人才方针政策，自觉做好本单位的人才引进、培养和使用等工作。社会组织是人才发展的重要力量，从某种意义上来说，它连接着政府和用人单位。一方面，发挥原来由政府包办的一些服务功能；另一方面，接受用人单位的委托，提供人事代理等相关服务。人才作为人才发展的主体，需要以法律途径加强其诚信机制建设，促进其自我发展；还可以通过法律对其他主体的规范，保护人才相关权益，达到促进人才发展的目的。二是规范人才工作各环节。主要包括人才规划、人才引进、人才培

养、人才使用评价、人才流动、人才激励保障等人才工作环节。三是促进人才服务业发展，推动区域合作。四是强化人才公共服务，加强监督管理。

4. 推动立法调研进入立法工作程序

加强北京人才立法相关基础研究。进行北京人才立法，有必要根据《立法法》等相关法律法规进行深入研究，明确所要解决的主要问题、依据的方针政策和拟确立的主要制度。从解决的主要问题看，应进行北京人才管理体制和人才开发机制等方面的研究；从依据的方针政策看，应全面梳理我国人才发展相关法律法规政策，明确上位法的具体要求；从拟确立的主要制度看，应从促进北京市人才发展和经济社会发展双重目标出发，进行人才需求、人才管理、人才开发、人才使用、人才服务业发展、人才区域合作、人才公共服务和监督管理等方面的研究。

开展北京人才立法的前期调研。为加快推动北京市人才立法进程，进一步确保立法的科学性和可操作性，应积极开展人才管理相关的上位法、行政法规、政策文件等实施情况的前期调研，归纳总结相关制度的实施效果与存在的问题，厘清上位法的要求，协调好与同位阶地方性法规之间的关系，摸清现行政策性文件规定的哪些制度或措施可上升为法规制度，哪些应予以修订完善，哪些应予以废弃，为推动人才发展促进条例的立法进程节省立法资源，为今后条例的制度设计提供参考。

列入北京立法计划并推进立法程序。人才管理部门加强与市人大和市法制办的沟通协调，尽快总结梳理本部门的立法工作重点与主要任务，做好项目储备，积极把握立法契机，列入立法计划并尽快推进立法程序。

第四节 加快健全人力资源开发的专门立法

人力资源开发的专门立法是与人力资源开发综合立法、人才开发综合立法相比较而言的提法，强调的是某一开发领域，比如培养、流动或权益保障等方面的专门立法。总体来看，健全人力资源开发的专门立法是经济社会发展的必然要求。比如，经济发展的供给侧结构性改革势必要求完善职业培训制度以化解结构性就业矛盾。

一 加快完善职业培训的法制建设

职业培训对于人力资源开发的意义不言自明,可以快速提高受训人员的职业素养和专业技能,大大缩短企业人力资源开发的时间。同时由于其针对性强,可根据具体的岗位进行培训设计,因而可以提升企业人力资本的投资收益率。职业培训主要包括就业培训、岗前培训、转岗培训等,有助于员工了解企业需求,提升岗位工作能力,实现对人力资源的优化配置。

职业培训制度是我国劳动立法的重要组成部分,其法律渊源包括《宪法》《劳动法》《职业教育法》《就业促进法》等。"但从其发展和立法情况来看,还存在很多缺陷:(1)法制化程度不高……(2)基础理论研究不足……(3)制度运行机制不畅"。[1]

总体来看,目前我国的职业培训法律制度还存在以下几个问题:一是法律制度规范过于原则。《劳动法》专设职业培训一章,明确国家通过各种途径,采取各种措施,发展职业培训事业,开发劳动者的职业技能,提高劳动者素质,增强劳动者的就业能力和工作能力。各级人民政府应当把发展职业培训纳入社会经济发展的规划,鼓励和支持有条件的企业、事业组织、社会团体和个人进行各种形式的职业培训。虽然规定了国家、各级人民政府在职业培训中的职责,但较为原则和笼统,并没有明确采取的具体途径、具体措施、开发的具体手段等。同时,虽原则上规定了要把发展职业培训纳入社会经济发展规划,但没有明确经济社会发展规划中职业培训的主导者、主要任务、重点工程、目标愿景等。二是未能回应经济社会发展出现的新问题。供给侧结构性改革催生了一些新兴业态,这些新兴业态带来了劳动关系的改变,也势必带来职业培训权的变化,法律制度必然要对此进行回应并提供相应保障。三是法律制度对政府和用人单位在职业培训中的具体职责缺少相应的规范,这为政府和用人单位违反或逃避职业培训义务埋下了隐患,增加了劳动者的职业培训权利无从实现的风险。

加快完善职业培训的法律制度,应当一方面积极回应经济社会发展中的新问题。比如,对新职业从业人员培训机构的规范管理,包括培训教

---

[1] 张琳:《我国职业培训制度的法律完善》,《中国劳动》2017年第7期。

材、职业标准、数字培训资源等，充分发挥职业技能培训的积极作用。另一方面，明确界定政府和用人单位在职业培训中的职责，在未来的立法或修法过程中，进一步明确政府和用人单位在职业培训中的职责以及相应的监督惩戒举措。

二 健全人力资源权益保障的法律救济

人力资源受法律保护的权利和利益则是人力资源的权益。不同群体的人力资源，其权利和利益的重点不一样，但法律救济的需求都是一样的。我国自1993年建立公务员制度开始，已经形成了较为规范的公务员权益保障制度，各方面的权益保障机制已基本完善。但是，公务员对与自己切身利益相关的考核结果产生分歧争议时，往往缺乏有力的法律保障武器。具体分析如下：

（一）复核、申诉是考核争议处理的主要手段

1952年《国家工作人员奖惩暂行条例》第一次确立了我国国家工作人员申诉制度，首次明确了公务员权利救济的渠道，但申诉的范围仅限于奖惩决定。1990年颁布的《中华人民共和国行政诉讼法》实际上将行政机关对行政工作人员的奖惩、任免等决定所提起的诉讼排除在受案范围之外。1993年颁布的《国家公务员暂行条例》明确了复核、申诉、控告三种救济渠道。"国家公务员对涉及本人的人事处理决定不服的，可以在接到处理决定之日起三十日内向原处理机关申请复核，或者向同级人民政府人事部门申诉，其中对行政处分决定不服的，可以向行政监察机关申诉。对行政机关及其领导人员侵犯公务员合法权益的行为，可向其上级行政机关或行政监察机关提出控告。"1995年颁布的《国家公务员申诉控告暂行规定》进一步明确了申诉控告制度，同时详细规定了可以申请复核或提出申诉的具体人事处理决定，包括：（1）行政处分；（2）辞退；（3）降职；（4）年度考核定为不称职；（5）法律、法规规定可以提出申诉的人事处理决定。1997年颁布的《人事争议处理暂行规定》明确，公务员与所在行政机关因人事关系发生纠纷的，可以就人事争议的事实和当事人的责任，申请人事争议仲裁机构作出有约束力的裁决。2007年颁布的《人事争议处理规定》明确了提起人事争议仲裁的人事行政行为，包括：实施公务员法的机关与聘任制公务员之间、参照《中华人民共和国公务员

法》管理的机关（单位）与聘任工作人员之间因履行聘任合同发生的争议等。

由此可见，我国公务员人事争议的主要处理手段是行政手段，行政手段的具体救济方式为：复核、申诉、控告、人事争议仲裁。对于因考核涉及本人权益的人事处理决定，则只能通过复核、申诉进行权利救济。按照《国家公务员申诉控告暂行条例》的规定，"年度考核定为不称职"可以向原处理机关申请复核，或者向有关机关提出申诉。该条例第9条明确，国家公务员对行政机关作出的除"年度考核定为不称职"的人事处理决定不服的，可以不经申请复核直接向有管辖权的机关提出申诉。综合这两条规定，可以明确，公务员对"年度考核定为不称职"的人事处理决定不服的，可以向原处理机关申请复核，但不能不经申请复核直接向有管辖权的机关提出申诉。也就是说，公务员对"年度考核定为不称职"不服的，必须先经过复核程序，未经复核的，不能提出申诉。

我国古代就有对考核不公的救济渠道，主要包括申诉和检举。申诉主要针对的是考核不公，检举则主要纠正考核工作中的营私舞弊问题。申诉和检举在明清时期已较为明显地运用于考核工作当中。地方官吏若认为考核不公，可以反映给总督、巡抚或按察使，由他们调查核实之后代奏给吏部、督察院，若情况属实则会给申诉者平反，但如果申诉毫无道理则要接受重罚。总督、巡抚或按察使如果不受理则会受到议处。比如，"弘治六年规定'朝觐'考察，'如有不公，许其申理'。弘治八年又奏准，'若被罢免的官员，有不服考察、摘取考语中个别句子、毫无道理的，打发回家当老百姓'""顺治十年议准：'考察处分官果有冤抑，情实，许督、抚据实代奏，吏部、督察院核实无异，即为昭雪还职。如督、抚、按明知诬罔，不为申理，并行议处。至本无冤抑，妄行反噬者，从重治罪'"[1]。可以看出，这种对考核不公的申诉仅限于由考核带来的处分直接关涉官吏的身份、财产权等个人权利的情形，比如，"罢免"这一处分，直接剥夺了当事人的公职身份。综上，我们认为，为考核结果的异议设计权利救济渠道，应该从考核结果运用本身带来当事人的权利影响程度出发，当某一不

---

[1] 侯建良：《中国古代文官制度》，党建读物出版社、中国人事出版社2009年版，第142页。

利的考核结果实际上会带来当事人身份资格、财产权等的变化时,则应当为其提供更加完备的救济渠道。当某一不利的考核结果不会带来相关权利的实际变化时,则可以以内部途径进行完善,比如申请复核等。

(二)救济范围过窄是考核人事争议处理面临的主要问题

从上述分析可知,只有"年度考核定为不称职"的人事处理决定才可以提起复核或申诉。公务员对年度考核基本称职、平时考核结果等人事行为不服,不能提出复核或申诉。事实上,公务员年度考核定为基本称职,也会带来相应的法律后果。按照 2007 年《公务员考核规定(试行)》第 18 条规定:公务员年度考核被确定为基本称职等次的,按照下列规定办理:①对其诫勉谈话,限期改进;②本考核年度不计算为按年度考核结果晋升级别和级别工资档次的考核年限;③一年内不得晋升职务;④不享受年度考核奖金。综上,可以看出,公务员被定为基本称职所带来的法律后果,会直接影响公务员的工资、福利待遇、职务晋升等,涉及公务员的具体权益,对公务员有较大的影响。那么,这种直接影响公务员具体权益的人事处理决定,由于缺乏相应的救济手段,也无法进行复核、申诉,实际上很难保障公务员的相应权益。

(三)司法救济渠道缺乏是完善考核人事争议处理的主要掣肘

考核属于内部人事管理行为,内部人事管理行为不可诉受制于司法资源、考虑司法权与行政权的分工等因素。除此之外,滥觞于德国的特别权力关系理论对我国立法影响深远,也是我国内部人事管理行为缺少司法救济渠道的最主要原因。

《行政诉讼法》第 13 条规定,人民法院不受理公民、法人或其他组织不服"行政机关对行政机关工作人员的奖惩、任免等决定"而提起的诉讼。这实际上将人事行政行为排除在行政诉讼的受案范围之外,关于考核的人事处理决定自然也不是行政诉讼的受案范围。在前述的分析当中,我们知道只有当公务员对"年度考核定为不称职"的人事处理决定不服时,才可以提起复核或申诉。司法实践中存在通过以申请信息公开的方式提起行政诉讼,以使人事处理决定进入司法审查范围的做法,这至少说明了公务员对将人事处理决定纳入司法审查范围有实际的需求,也说明了公务员权益保障的途径是否全面值得思考。

在"黄某台与广东省人力资源和社会保障厅申诉"[①]一案中,申请人黄某台向广东省人社厅提交《政府信息公开申请表》,申请公开对其2008年、2009年年度考核结果进行备案的依据。最高人民法院认为公务员年度考核结果是否合法或对其是否有利不属于《中华人民共和国政府信息公开条例》第2条规定的政府信息的内涵。公务员年度考核结果的法律效力问题不属于案件审理的范围,驳回黄某台的再审请求。

(四)美国公务员申诉制度的经验借鉴

从国际经验借鉴来看,1950年美国政府废除统一考绩制度,实行工作考绩制度,颁布《工作考绩法》。《工作考绩法》规定,公职人员如果对考绩不服,可以向考绩委员会或者复审委员会申诉,后者受理后进行审查并给出最后裁决,不得再有改变。[②] "不满意"的评分要求先进行一项90天的警告期,以便给予那些考核失败的公职人员在考核期结束前改进其工作的机会。该法案还规定了如果一个公职人员获得"不满意"的评分,他必须在向审查委员会提出申诉之前向公正委员会提出申诉。[③]

三 强调特殊人群人力资源开发的法制建设

特殊人群因其群体特征的不同,需要法律保障的重点也不一样。比如,老年人力资源开发,需要保障老年人的社会参与权等。农村人力资源开发需要保障农村的医疗和教育卫生等方面的人才开发。

(一)老年人力资源开发的法制建设问题

法治保障是老年人社会参与权最稳定的保障。尽管目前我国老龄法律政策体系更加健全,但相关配套进展缓慢。需要加强国家层面统一的顶层设计,围绕家庭养老支持、长期护理保障、养老服务人才队伍、老年人监护、老年人力资源开发、老龄产业、老年人优待、商业养老保险等方面形成统一的制度安排。

---

① 参见中国裁判文书网《黄璋台与广东省人力资源和社会保障厅申诉行政裁定书》(2015)行监字第1812号。https://wenshu.court.gov.cn/website/wenshu/181107ANFZ0BXSK4/index.html?docId=4bddfb0dbaf54c6993f777847f8d054c。

② 杨士秋、王京清主编:《公务员考核》,中国人事出版社、党建读物出版社2008年版,第100页。

③ 杨柏华:《美国公务人员考绩制度》,世界知识出版社1989年版,第24页。

一是加强空白领域的立法工作。老年人社会参与的立法还存在某些空白区域，特别是要加强关键领域、重要环节的立法，如表6—6所示。首先，推动养老金立法，为老年人社会参与提供基本的经济支撑和保障。通过养老金立法，明确国家养老政策的目标，确定养老金制度结构，清晰界定政府、组织、个人的确保养老金收入责任、基金管理责任和缴费责任，实现养老金的科学决策、民主管理、确保支付，保障老年人经济权益。其次，促进老年人就业立法。制定保护老年人劳动权利的再就业法，禁止以年龄为条件歧视或禁止老年人口再就业，同时，明确老年人就业经济活动中的劳动关系认定，建议在劳动标准上与劳动年龄劳动者完全一致，在劳动合同期限和社会保障上允许灵活对待，并制定相关的政策法规来规范相关方面的权利和义务。最后，以法律保障老年人参与经济活动并获得报酬的权利。健全返聘和招聘制度与老年人才评价制度，对于再就业的老年人才的各项待遇、能力评价应有明确规定，国家立法保护再就业老年劳动者取得的合法收入和福利的权利。[①]

表6—6　　　　　　　　老年人社会参与相关立法清单

序号	名称	位阶	主要内容	备注
1	中华人民共和国养老金法	法律	确定养老金制度结构，清晰界定政府、组织、个人的确保养老金收入责任、基金管理责任和缴费责任	空白领域立法
2	老年人再就业保护法	法律	禁止老年人再就业的年龄歧视，保障老年人再就业过程中涉及聘用、报酬、职称评定等方面的权利	空白领域立法
3	《中华人民共和国老年人权益保障法》相关配套法规	部门规章或地方性法规	细化养老保险、老年医疗保健、老年福利等相关方面的配套法规	完善相关法律

---

① 王坤：《积极老龄化视角下低龄老年人再就业研究——以深圳市M区为例》，硕士学位论文，深圳大学，2017年，第48页。

二是强化相关法律的配套。《中华人民共和国老年人权益保障法》是保障老年人权益的基本法,也是保障老年人社会参与权的重要法律,但该法的原则性规定还需要相应的实施细则进行落实,需要细化法律责任,也需要养老保险、老年医疗保健、老年福利等相关方面的配套方能落实。"加强司法援助。提供专门针对老年人社会参与问题的法律援助和法律服务,及时受理协调老年人提出的法律援助申请,切实保障老年人社会参与的权利"。[1]

三是加强法律宣传,强化权利意识。加强法律宣传可以强化老年人的权利意识,促进老年人依法维权、依法参与社会活动。加强法律宣传可以促使从事老年相关工作的人员强化法治意识,运用法治思维开展活动,尊重老年人的社会参与权,为老年人进行社会参与营造良好的社会环境。

(二) 农村人力资源开发的法制建设问题

经过多年的努力,我国建立了以 1986 年《义务教育法》、1996 年《中华人民共和国职业教育法》等法律为主,2002 年《中共中央、国务院关于进一步加强农村卫生工作的决定》、2003 年《国务院关于进一步加强农村教育工作的决定》等行政法规为辅,以教育部、卫生部、农业部等大量关于农村教育、卫生的部门规章为主体的农村人力资源开发法律体系。但是,尽管法律法规日益完善,但与乡村振兴战略对农村人力资源的需求、农村人力资源需加快开发的客观形势相比,仍存在一定的差距,具体表现为:

一是某些重要领域的立法相对滞后。"如农村职业教育投入与管理、进城务工人员的职业培训的投入与管理、农村公共卫生投入与管理等方面的法律法规"[2]。由于缺乏相应的法律法规依据,政府投入不足,农村教育、卫生等发展相对滞后,进而影响农村人力资源开发的效果。比如,农村职业教育既要为农业生产培养人才,又要为农村劳动力提供非农就业技能培训。由于缺乏专门发展农村职业教育的相关法律规定,无法从法律层面规

---

[1] 李佳琦:《老年人社会参与制度研究》,硕士学位论文,长春理工大学,2012 年,第 36 页。

[2] 吴雨才:《中国农村人力资源开发政府行为研究》,经济科学出版社 2012 年版,第 92 页。

定各级政府对农村职业教育投入的责任,农村的人力资源开发缺乏资金保障。

二是农村人力资源开发规范的法律层次较低。教育、卫生事业是农村人力资源开发的重要方面,目前"除《义务教育法》《职业教育法》等涉及农村教育方面法律由全国人民代表大会及其常务委员会制定外,大部分关于农村教育、卫生等方面的法律、法规政策由国务院、各有关部门或地方人大及其常委会制定的行政法规、行政规章或地方性法规和地方性规章,没有一部由全国人民代表大会及其常委会制定的有关在社会主义市场经济条件下符合农村特点的农村基础教育、职业教育、医疗卫生等方面的权威性法律"。[①] 建立和健全与农村人力资源开发相关的教育、卫生等法律规范体系,提高立法层次,对于依法进行农村人力资源开发意义重大。

三是某些重要领域的法律规范尚不完善。"如农村职业、成人教育、农村创新创业人才培养、进城农民工岗位培训、农村公共卫生、进城农民工的医疗服务、公共卫生、医疗保障等方面的法律法规还比较缺乏"。[②]

[①] 吴雨才:《中国农村人力资源开发政府行为研究》,经济科学出版社2012年版,第93页。

[②] 吴雨才:《中国农村人力资源开发政府行为研究》,经济科学出版社2012年版,第93页。

第七章

国外人力资源开发法制建设概况

　　法律是一种不断完善的实践，虽然可能因其缺陷而失效，甚至根本失效，但它绝不是一种荒唐的玩笑。

——德沃金

　　国外人力资源开发的一个重要经验在于强调法制建设，以法制的完善为人力资源开发提供重要保障。

　　从不同类型的人力资源来看，主要发达国家对于公务员、专业技术人员、高技能人员的立法比较完善。主要发达国家均有关于公务员管理的法律，有专门针对教师、医生、律师等专业技术人员的法律。其中，德国非常重视高技能人员的立法，美国有对于农村人力资源的专门立法——《农民工和应季建筑工人保护法案》，日本有对科技人员的专门立法——《科学技术基本法》。

　　从人力资源开发环节角度来看，主要发达国家人力资源开发立法体现了一些共性特征：一是人力资源培养立法方面，各国均有基础教育、高等教育、职业培训和教育公平等方面的法律；二是人力资源引进立法方面，均进行出入境管制，但是一些国家近年调整移民法，正在加强海外高层次人力资源的引进力度；三是人力资源评价立法方面，强调对专业技术人员的行业评价；四是人力资源使用立法方面，主要是加强知识产权保护，鼓励创新；五是人力资源激励立法方面，各国有工资法和一些荣誉奖励制度立法；六是人力资源流动立法方面，各国引导规范市场行为，有些国家具有劳务派遣立法；七是人力资源保障立法方面，各国均有完善的劳动法和社会保障法，对最低工资、工时、工会、假期、工作安全和健康、救济保障等方面进行了详尽的立法。

从人力资源与用人单位的权利和义务来看,主要发达国家的人力资源开发立法规定了人力资源与用人单位的各种权利和应当履行的各种义务。人力资源的权利主要体现在受教育权、接受职业培训的权利、知识产权、自由流动、公平就业、签订劳动合同、休息假期、工资、劳动安全、保险福利等方面。第一,人力资源具有接受公平的继续教育、职业培训的权利。主要发达国家保障人力资源接受职业教育的法律体系多是以一个基本法、若干个单项法和地方各级职业教育法组成,体系完整,规定严格。例如,德国构建了以《联邦职业教育法》为基本法,以《企业基本法》《青年劳动保护法》等职业教育法律,《职业培训条例》《实训教师资格条例》《考试条例》等部门规章和各州的职业教育法为主体的职业教育法律体系,保障人力资源接受职业教育的权利。第二,人力资源的知识产权受到保护。立法保护专利权、著作权、商标权等。例如美国《专利法》《贝耶—多尔法案》等。第三,人力资源自由流动的权利受到保护。主要发达国家立法均引导规范市场行为,避免用人单位干预人力资源流动,例如德国《劳动促进法》和《工厂法》奠定了人力资源市场的法律基础。第四,人力资源享有公平就业、签订劳动合同、休息假期、工资、劳动安全、保险福利等方面的权利。这些权利主要体现在各国的劳动法中,例如德国《青年劳动保护法》、英国《雇佣合同法》、日本《劳动基准法》、《职业安定法》《雇佣对策法》《工资支付保障法》等。

用人单位的权利主要体现在为维护自身利益而自主择优录用、监督、奖惩、任免人力资源的权利,以及对侵犯其权利的人力资源要求赔偿损失的权利。相应地,人力资源具有接受绩效评估、忠实、勤勉等义务。第一,人力资源负有接受用人单位绩效评估的义务。例如,英国立法规定公务员有接受绩效评估的义务。英国《公务员管理法》建立了严格而完整的公务员绩效评估制度,提出了十个方面的要求。评估类型包括:自上而下评估、自我评估、同级评估、自下而上评估、360度评估。第二,人力资源负有对用人单位保持忠实和勤勉的义务。各国公司法均规定了公司经营管理人才的忠实义务、勤勉义务,保证董事对公司业绩负责。在忠实义务方面,积极性规定体现在董事具有披露信息的义务,例如英国《公司法》规定公司财务报告中必须披露董事报酬总额。对忠实义务的消极性规定体现在明确规定竞业禁止后契约义务，明确规定滥用公司财产等的法律后果，并对违背义务的行为处以严格的惩罚，赋予用人单位以股东诉讼等多种法律维权途径。在勤勉义务方面，主要发达国家的法律制度均规定公司经营管理人才具有勤勉义务，应当尽其所能发挥业务能力，维护用人单位利益。

第一节　美国引进国外人力资源的法制保障

国外人力资源开发法制建设情况可以从各国引进外国人力资源的做法当中窥见一斑。以美国为例，美国引进高层次人力资源取得成效的主要经验在于其完善的法律制度。无论是职业移民还是通过非移民签证的海外高层次人力资源引进，美国的海外高层次人力资源引进工作主要通过移民法来进行规范。美国移民法主要包括三个不同层次的法律：第一个层次为美国国会通过并由总统签字生效的移民法，第二个层次为美国行政当局按照移民法的宗旨和规定制定的具体行政规章，第三个层次为法院和行政上诉机构宣判的移民法案例。

一　移民法是规范所有移民事务的基本法

"美国移民法有四大原则：其一，家庭团聚；其二，吸纳人才；其三，保护难民；其四，保障移民人口来源多元化。"[①] 艾森豪威尔总统在1956年美国第84届国会第2次会议上阐述了美国移民立法必须综合考虑的因素，其中一条就是国家对专业技术人才或具有文化成就人才的需求。美国移民法是美国进行高层次人力资源引进的基本法，移民法的每一次修改都体现了美国经济社会发展对人力资源的不同需求。

二　具体行政规章提供可操作性的具体标准和程序

在美国，涉及移民事务、人员流动的相关事宜，由国土安全部、司法部、国务院、劳工部等多家机构共同管理。"9·11"事件以后，美国成

[①] 刘宗坤：《移民政策与国家利益：美国职业移民中的国家利益豁免条款》，载刘国福、刘宗坤主编《出入境管理法与国际移民》，法律出版社2013年版，第413页。

立国土安全部下设"公民权及移民局""海关及国境巡防局",国务院与劳工部分别设立"人口、难民及移民局""国际劳工事务局"处理相关业务。行政规章主要由国土安全部、劳工部、司法部等制定,其主要目的在于提供具有可操作性的具体标准和程序。例如,美国移民局按照移民法的宗旨,为"特殊人才"类移民制定了确定"特殊才能"的具体标准,要求申请人必须满足以下十项条件中的至少三项:①获得过全国性或国际性奖项;②有专业协会会员资格,协会仅限有杰出贡献的人加入;③专业刊物或主流媒体报道过申请人及其工作或其在专业领域的成就;④以个人或组员身份担任评委,评判过同行的工作;⑤对科教艺体商方面有原创性的重要贡献;⑥在专业或主要的商业出版物或其他主流媒体上发表学术文章;⑦在艺术展览会或商业演出中展出过自己的作品;⑧在重要机构担任领导角色或发挥关键作用;⑨收入远远高于同行;⑩在表演艺术上获得商业成功。①

三 移民法案例为移民事务的法律规定提供重要补充

美国是英美法系的国家,注重法典的延续性,以判例法为主要形式。1875 年美国联邦最高法院在"亨德森诉美国纽约市长案"(Henderson V. Mayor New York)中裁定:各州制定的有关移民的法律均属违宪,只有国会拥有在美国国内统一适用的移民法律的立法权力。美国移民上诉委员会(简称 BIA 或 Board)是负责解释和裁决移民法律的最高行政机构。移民上诉委员会的行政裁定,对所有的移民官及移民法官皆有约束力,只有司法部部长和联邦法院有权修正或否决移民上诉委员会的裁定。职业类的移民申请(包括投资移民)和所有职业类的非移民申请,如果被拒,可以到上诉行政办公室(AAO)上诉。美国移民局在网上公布移民上诉办公室(AAO)对各种上诉申请的决定。

---

① 摘译自美国移民局网站,2014 年 2 月 28 日最后访问。http://www.uscis.gov/working-united-states/permanent-workers/employment-based-immigration-first-preference-eb-1。

表7—1　　　　　　　　美国引进高层次人才大事年表

序号	时间	法案	备注
1	1864 年	《鼓励外来移民法》	
2	1882 年	《关于执行有关华人条约诸规定的法律》	
3	1906 年	《1906 年移民法案》	首次建立了移民与归化局（INS）统一管理全国的移民与归化事务
4	1921 年	《移民配额法》	法案规定优先吸收精于农业耕作技术的移民。逐年减少一般性移民，技术移民比例迅速上升
5	1924 年	《1924 年移民法》	第一次制定了"国籍配额"和"种族配额"，但对精于农业耕作的限额移民及其配偶和 16 岁以下的子女实行了移民优先权制度
6	1946 年	《富布赖特计划》	通过提供奖学金接受各国学生及学者赴美学习
7	1952 年	《移民与国籍法》	制定了全世界的总额与各国的限额，同时还确定了几项优先类别的配额。其中排在第一位优先的是拥有美国急需的专业技术和突出才能的移民及其妻子和子女，并将限额比例提高到了 50%。移民法还规定了技术移民的范围
8	1961 年	《共同教育及文化交流法案》	确立与外国交换留学生计划
9	1965 年	《外来移民和国籍法修正案》	废除种族歧视条款。每年专门留出 2.9 万个移民名额给来自国外的高级专门人才。优先考虑那些受过高等教育、具有突出专业才能的移民以及美国急需的熟练与非熟练工人
10	1990 年	《移民法》	重点向投资移民和技术移民倾斜，鼓励各类专业人才移居美国。将技术类移民和家庭团聚分开，明确指出要吸引更多美国所需的高科技移民。开始实施专门吸纳国外人才的"H-1B签证计划"，允许美国公司临时雇佣拥有特殊专长的外国人赴美工作

续表

序号	时间	法案	备注
11	1998年	《美国劳工竞争力与改善法》	规定在1999年和2000年将H-1B计划的限额从每年的6.5万名增加到11.5万名，到2001年时酌情回归每年6.5万名的规模
12	2000年	《21世纪美国竞争力法》	在2001—2003年，将H-1B计划的年度限额增加到19.5万名
13	2011年11月29日	《高技术移民公平法案》	美国设法留住高学历高科技人才的重要举措，该提案在参议院暂时受阻
14	2012年11月30日	《STEM学生就业法案》	这一提案已经被众议院批准。但受到了奥巴马和参议院的反对。在这个提案下，对于在美国大学STEM理科（科学、技术、工程、数学）中获得博士学位并且希望在其研究领域工作5年的外国学生，美国每年会有55000个签证发给他们。剩余名额将会留给从美国STEM学科毕业并希望在本领域工作5年的硕士生或本科生
15	2013年1月29日	奥巴马政府综合移民政策改革	加强边境安全，严打雇佣非法移民行为，为非法移民提供入籍途径，提高移民体系效率
16	2014年5月6日	两项新签证建议	一项是通过发放就业授权卡（Employment Authorization Cards, EAD）来扩大某些类型人才配偶的允许就业范围，为高技能人才移民美国扫除阻碍。另一项是政策变化就是将增加某些高技术人才和过渡群体留美的机会，主要对智利、新加坡的H-1B工作签证持有者以及澳大利亚的E-3工作签证持有者等放宽申请要求

四 美国引进高层次人力资源的现状

了解美国引进海外高层次人力资源的现状，可以从三个方面展开：首先，分析美国引进海外高层次人力资源占新增职业移民数的比例，可以在一定程度上了解美国国家政府对海外高层次人力资源的重视程度。其次，职业移民的年龄分布可以在一定程度上反映移民政策在人力资源年龄方面的不同着力点。最后，引进的海外高层次人力资源所发挥的作用，可以从一个侧面反映移民政策的效果。

（一）引进海外高层次人力资源占新增职业移民数的比例

1. 职业移民中的三类优先移民数值变化（2002—2011年）

美国国土安全部移民数据办公室发布的2011年移民数据年度报告（2011 Yearbook of Immigration Statistics）显示，从2002年到2011年10年间，包括杰出人才、杰出教授及研究员、跨国经理及管理人员在内的新增第一类优先移民总量为39193人，占新增职业移民数（248184人）约15.8%。具备高学位或特殊技能的专业人士的新增第二类移民总量为18470人，占新增职业移民数约7.4%。包括技术劳工、专业人员和其他劳工在内的第三类移民总量为163819人，占新增职业移民数约66%。

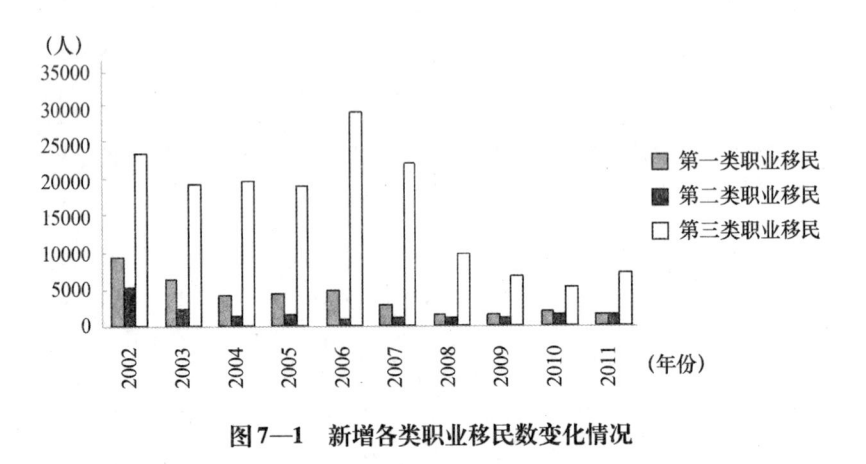

图7—1　新增各类职业移民数变化情况

从图7—1可以看出，第三类职业移民的数量明显高于前两类职业移民，这主要是因为美国对前两类职业移民条件限制较多，而对第三类职业移民的条件较为宽松。2006年美国新增的第三类职业移民数达到10年来的峰值，随后有所下降，第一类职业移民与第二类职业移民10年间变化幅度相对较小，维持一个较为稳定的水平。但总体而言，这三大类职业移民的数量占据了美国职业移民的大部分。

2. 非移民签证中涉及人才的签证数量变化（2002—2011 年）

在非移民签证中，我们选取了 H-1B 签证、O1/O2 签证、P1-P3 签证的数量来分析（见图7—2）。可以看出，H-1B 签证长期以来是美国雇主雇佣专业人才在美国临时工作的选择。该数值在2007年达到了10年间的峰值，2008年有所下降之后，到2009年成了10年间的谷值。从2009年到2011年，受金融危机和经济衰退的影响，美国公司雇佣外国人的意愿降低，H1B 签证的配额并不紧张。根据报道，2013年4月仅仅5天时间，2014财年的8.5万个配额都已经用完。这一方面显示出美国公司雇佣外国人的意愿增强，经济开始复苏；另一方面也显示了 H-1B 签证将成为美国挽留和抢夺国际人才的重要手段。

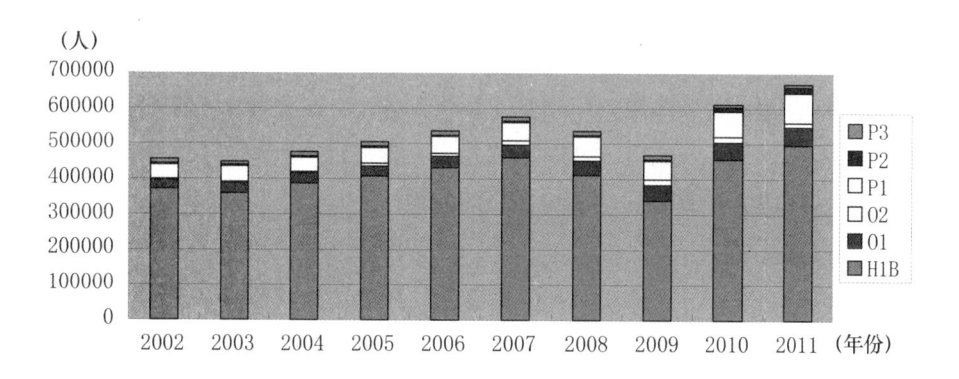

图7—2 非移民签证的数量变化

（二）职业移民的年龄分布

2011财年的移民数据显示，139339 名职业移民当中，比例分配如图7—3 所示。

从图7—3 中可以看出，年龄在30—39 岁阶段的职业移民占据了相当大的比例。根据美国学者 H. 莱曼的研究发现，创新的最佳年龄段是30—39 岁，这说明众多人力资源在事业发展的最好年华移居美国，高起点上继续提升人力资本。

（三）引进海外高层次人力资源创造就业机会、发展经济

美国是一个移民国家，长期以来，移民尤其是高层次人力资源的引进

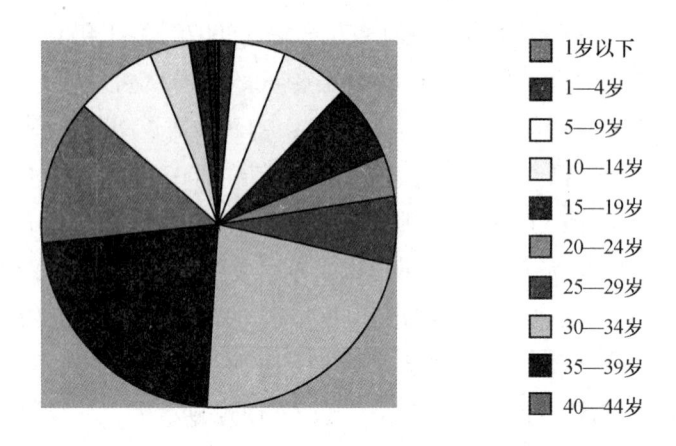

图7—3 职业移民的年龄分布

对美国的发展有着不可磨灭的作用。引进的海外高层次人力资源创造了工作机会，提升了科研水平，也增加了国民财富。"在全球经济中，投资往往与人才在一起。当引进人才时，投资也会随之而来。因为公司都希望运用优秀的工作者。资金的注入与经济的发展水涨船高，为所有美国人提供工作和机会"。①

"2012年，美国信息技术产业理事会、新美国经济伙伴关系、美国商会联合发表题为《虚位以待：外籍劳工在创新经济中的作用》的报告。报告根据美国人口局和教育部提供的数据，分析了科学、技术、工程和数学领域就业情况，发现外国出生的高学历专业人才补充了美国这方面的人才短缺。报告指出，平均每一个高学历留学生可为美国创造2.62个工作机会。"②

作为一个移民国家，美国是受益于人力资源流动最为突出的国家。引进的海外高层次人力资源为美国创造了巨大的财富，对美国经济发展具有巨大的推动作用。"美国Cato研究所史蒂芬·摩尔曾表示，研究所和国家

---

① https：//www.uschamber.com/blog/immigration - reform - will - save - and - create - american - jobs.

② 美众议院通过高科技人才绿卡法律草案，http：//news.xinhuanet.com/world/2012 - 12/01/c_ 113872838.htm，2014年3月1日最后访问。

移民论坛完成的研究发现,每增加一名外来的高技术人才相当于给美国带来大约 11 万美元的人力资本,每增加 5 万个 H-1B 签证则相当于将外国公民的 55 亿美元财富转移到美国公民的手中。"①

美国考夫曼创业基金会 2012 年公布的美国移民创业报告显示,2006 年至 2012 年成立的美国工程技术公司当中,有 24.3% 的公司至少有一名主要创始者是外国出生。在硅谷,这一比例达到了 43.9%。在全国范围内,这些公司大约雇用了 56 万个劳动者,并且在 2012 年创造了 630 亿美元的销售额。这份报告所调研的 458 家移民创办的企业,创造了 9682 个工作机会,平均每家企业雇佣 21.37 名劳动者②。

五 美国引进海外高层次人力资源的相关启示

大力引进海外高层次人力资源是美国在很长一段时间的国家战略。纵观美国海外高层次人力资源引进的法律政策调整,不难理解美国在全球人才竞争中一直处于领先地位的原因。基于上述分析,我们认为,中国要引进海外高层次人力资源,可以借鉴美国四个方面的主要经验:一是海外高层次人力资源引进的方向主要是适应国家竞争需要;二是海外高层次人力资源引进的规制手段主要为法律政策调整;三是海外高层次人力资源引进的目标为实现人才红利与福利成本的平衡;四是要营造良好人才法治环境。

(一)适应国家竞争需要引进海外高层次人力资源

美国的海外高层次人力资源引进一直围绕国家竞争的需要开展。1924 年移民法对熟练农业技术工人进行了优先移民权分配,以满足当时经济社会发展对农业技术工人的迫切需求。1952 年的移民法规定凡申请技术类移民的外籍人士都必须"接受过高等教育,有技术培训的经历、专业化经验或者其特殊才能,其服务为美国之急需"。H-1B 工作签证获得者最后能否成为永久性居民,关键在于其技能是否为美国就业市场所急需紧缺的,这些都体现了美国的海外高层次人力资源引进适应美国经济社会发展

---

① 美国人才引进政策,参考 http://www.scistc.com/view.asp?id=836,2014 年 3 月 2 日访问。

② 根据"Then and now Americas new immigration entrepreneur"翻译整理而得。

需求，满足国家竞争需要。近年来，基于对国家竞争力下降的担忧①，围绕国家环境和社会基础，依据时代发展需求，美国采取了具有特色的人才引进做法，具有比较优势、战略意识和竞争能力。

（二）采取法律政策调整海外高层次人力资源的引进

美国对人力资源引进满足国家竞争需要的规制手段通常是法律政策，且其法律政策反应和调整非常迅速。可以说，美国的国家历史就是一部移民的历史，而美国的移民一直以来都依靠法律政策进行调整。无论是管理移民事务的机构变化，还是移民的重点变化，都是通过法律政策来进行的。法律政策的调整主要围绕国家利益的需要，通过国家配额、种族配额、优先类别等的变化适应移民趋势的变化，迅速地对国家社会经济发展所需的高层次人才引进作出反应。

（三）实现人才红利的最大化是海外高层次人力资源引进的目标

任何一个国家的人力资源引进，都试图充分享受人才红利，且尽可能减少所承担的福利成本，美国亦是如此。在美国各个历史阶段进行移民法案的修改过程当中，关于引进人力资源的红利及其由此带来的成本方面的争论一直没有停止过。1998 年《美国劳工竞争力与改善法》和《面向 21 世纪的竞争法案》都对聘用外籍人才作了相关规定，目的就在于避免引进外籍人才伤害本地劳动者的利益。作为一个依靠外来移民建立并发展的国家，美国会一如既往地保持其对移民的选择权和限制权，加大对海外高层次人力资源的引进力度，尽可能地实现人才红利的最大化。

（四）营造良好人才发展法治环境

以硅谷科技园为例，优良的法治环境是硅谷科技园成功的最重要因素。科学及时的立法，克服了阻碍人才创新创业的各种不利因素。强劲有效的执法保障了有法必依和违法必究，维护法律的权威。

硅谷的特色之一在于高密度的人才迁徙，硅谷所在的加利福尼亚州宽松的人才法律环境是人才顺畅流动的保障。加州《商业和职业法》（*California Business and Professionals Code*）第 16600 条规定，"除本章另

---

① 《2013 年全球创新指数报告》显示，美国的全球创新指数排名第五，在瑞士、瑞典、英国和挪威之后，其中人力资本及研究得分 61.1，排名第六。

有规定外,任何限制任何人参与合法职业、商业或任何类型的贸易之合同均无效。"这一举措极大地鼓励了人才流动,也较好地保护了劳动者权益。对于硅谷这样一个依靠人才的创新创业发展的科技园区意义重大。

健全的知识产权保护立法,有效激发了硅谷人才创新的活力。1787年美国宪法规定"保障作家及发明家对其作品及发明于限定期限内的专有权,以奖励科学及实用技术的进步"。这是世界上最早以宪法的形式对科技创新作出的规定。自此,美国出台了一系列知识产权保护法律,为人才创新提供了制度保障。20世纪80年代以来,美国先后制定了《拜杜法案》《联邦技术转移法》《技术转让商业化法》《美国发明家保护法令》等法案,有效地推动了基础研究和技术转移。

完善的风险投资基金立法,成为硅谷人才创业的有力支持。美国政府加强风险基金的立法与管理是确保风险基金按照市场规律运作、公平竞争、有序发展的重要保证。如小企业投资法(SBIC)、小企业研究计划(SBIR)、知识产权政策、对外贸易政策等都有力地支持了风险投资的发展。

强劲有效的执法,保障有法必依和违法必究,维护法律的权威。以知识产权保护为例,针对硅谷等地区计算机犯罪和知识产权案件比较集中的情况,美国司法部从2000年开始在硅谷等地区设立"计算机犯罪与知识产权组"(Computer Hacking and Intellectual Property Units),负责案件起诉的同时与当地知识产权产业密切合作。2008年9月,美国参议院通过了《优化知识产权资源与组织法案》,整合知识产权执法资源,强化知识产权执法力度,提升知识产权执法效率。

第二节 引进国外人力资源的法律法规比较

美国以法制的完善保障国外人力资源的引进,积累了丰富的经验。事实上,还有许多国家同样重视人力资源引进的法制建设,呈现出共同的特征和鲜明的个性。我们选择了澳大利亚、法国、加拿大、日本、韩国、英国、德国、美国八个国家作为分析对象,比较这八个国家在引进国外人力资源法律法规方面的共性及个性。各国均注重移民管理法制建设,且通过立法明确区分吸纳外国人为移民的条件和类别，并实行类别评估或打分评定制度，但在移民理念、移民法律体系的健全程度、移民资格相关条款内容、吸引外国人才政策的有效性、合法权益的保障、移民准入的严格程度等方面存在差异；各国均重视管理开放化、法制健全化、理念统合化、服务信息化，但各有侧重。

一　移民法制建设兼具"选择"和"融合"两种理念

这些国家在移民法制建设理念上存在共性特征，即各国的移民法制建设兼具"选择"和"融合"理念，在"选择"的前提下"融合"。无论是传统移民国家，如美国、加拿大、澳大利亚，还是非传统移民国家，如英国、法国、德国、日本、韩国等，都制定了相关的体现"选择"理念的移民法，规定具体的入境条件限制；同时，为促进居留国内的外国人能够融入当地社会生活，各国又通过劳动法等法规制度保护外国的合法劳动权益。

值得一提的是，这些国家在"选择"和"融合"理念之间是有偏向的。美国、加拿大、澳大利亚等传统移民国家对外国人入境的态度较为开放，对外国劳工、优秀人才入境的政策较为宽松。如澳大利亚外国人移民政策历来的宗旨是鼓励移民工人入境，促进本国经济发展。英国、法国、德国等非移民国家则在限制外国人入境方面较为严格，如英国实施限制性移民政策，法国严格控制外来移民，并曾一度冻结招募外籍劳工，以达到减少移民的目的，德国则通过《外国人法》严格限定居留许可制度。日本、韩国等新兴移民国家在本国少子化、人口老龄化的背景下，不断修正、放宽其之前比较严格的移民政策，以吸引外国劳动力填补本国劳动力缺口。

二　移民管理部门的设置略有差异

这些国家在移民管理方面有明确的管理主体。在政府机构中，建立依法行使职能的专责部门。当然，因国情不同而设立的专责部门略有差异，具体情况如下。

澳大利亚设立"移民与多元文化及原住民事务部"①，全权管理澳大利亚的移民事务。移民部下设4个司：国内顾客司、海外顾客司、法律与国会司、行政司。其中海外顾客司负责移民的入境审批和签证工作。各州的移民部门无权对移民进行审批，只是作为总部的代办机构。另外，教育、就业和劳动关系部配合移民部进行移民审批工作。

法国建立大一统的移民主管部门归口管理移民事务。2007年之前多部门的外国人移民、就业管理部门被整合成立了"移民、融入、国民身份与共同发展部"。这是法国历史上第一次在政府机构中设立一个主管移民事务的全职部门。

加拿大的"公民权及移民部"是政府设立专门负责移民事务审批、管理与监督检查工作的机构，统筹管理全国的移民事务。与澳大利亚各州的移民部门只是联邦移民部的代办机构、无权对移民进行审批不同，加拿大为最大限度地吸引外国优秀人才和劳工，联邦政府采取了充分的分权策略，其移民管理体制是，国会在移民管理上有绝对权力，州地方在移民管理上与联邦中央具有共享权力，可以行使外国人移民、就业立法权等。

日本法务省内设"入境管理局"，入境管理局下设总务课、入境在留课、审判课、警备课、登录课。日本全国范围内还设有8个地方入境管理局、5个支局、78个出张所、3个外国人收容所。

韩国在法务部下设"移民局"，对外国人入境、出境、过境、居留、旅行等事务实施管理。

英国在内政部下设"移民及国籍行政局"，管理的职能主要集中为出入境管理审查、居留许可、难民认定、外国人遣送等事项。

德国2005年新修订的《移民法》中提到了联邦移民与难民事务局。

在美国，涉及移民事务、人员流动的相关事宜，由国土安全部、司法部、国务院、劳工部等多家机构共同管理。"9·11"事件后，美国成立国土安全部，下设"公民权及移民局""海关及国境巡防局"，国务院与劳工部分别设立"人口、难民及移民局""国际劳工事务局"来处理相关事务。

---

① 移民部约有4000名官员，其中1/3的官员在总部，有2300名官员分布在各州的移民部门，有132名官员分别在48个国家的澳大利亚使、领馆负责签证工作。

表7—2　　　　　　　　　　移民管理部门

序号	国家	移民管理机构
1	澳大利亚	移民与多元文化及原住民事务部
2	法国	移民、融入、国民身份与共同发展部
3	加拿大	公民权及移民部
4	日本	法务省内设入境管理局
5	韩国	法务部下设移民局
6	英国	内政部下设移民及国籍行政局
7	德国	联邦移民和难民局
8	美国	国土安全部、司法部、国务院、劳工部等多家机构共同管理

三　移民管理法律法规均较为完备

我们关注的这八个国家均建立了较为完备的移民管理法律法规，但各国的侧重点与准入条件等各有特色。

（一）移民管理法律法规的共性

1. 注重移民管理法制建设，并随着时代发展不断调整

从这些国家移民管理演变过程中不难看出，这些国家注重以立法形式管理移民事务，并根据形势变化的要求和面临具体问题的挑战，适时调整相关的法律法规，保证与时俱进地促进本国的经济社会发展。各国通过立法明确区分吸纳外国人为移民的条件和类别，并实行类别评估或打分评定制度。

日本由处理第二次世界大战战败后的原殖民地人在日滞留问题发端，形成了日本移民管理体系的雏形，制定了《外国人登录令》《外国人登录法》。20世纪50—70年代，日本以世界形势为背景调整其《外国人登录法》和《出入境管理法》；20世纪80年代，应加入难民条约的要求，日本国会通过了《出入境管理令部分修改法》，即《出入境管理及难民认定法》；20世纪80年代末，日本为应对当时"泡沫经济"危机，对《出入境管理法》进行修改；2009年日本再次修订《出入境管理法》，以适应日本社会发展需要。

德国于1990年颁发《外国人法》，2000年1月1日德国新《国籍法》生效，该法简化了国籍申请程序。2000年8月德国政府正式启动"绿卡

计划",以解决信息行业人才短缺问题,2001年11月7日德国内阁会议讨论通过了该项移民法草案,这部移民法草案的出台使德国在移民政策上向前迈进一大步。2005年德国新修订并出台了《移民法》。

英国的外国人移民法律体系以1971年的移民法为基础,其后30多年不断对其进行补充和完善,形成了完备的外国人移民管理法律体系。

2. 优先考虑本民族同胞、原附属国(殖民地)的移民进入

放宽移民准入是近年来各国移民的主要趋势,而优先受惠者是本民族同胞、原附属(殖民地)移民。

韩国制定相关法律制度,优先引进朝鲜族外国劳动者①。韩国于2002年11月开始实施就业管理制,规定外籍同胞可持探亲访问签证(F-1-4)入境,经韩国雇用服务中心推介后在韩国就业。2007年2月,韩国修订了"韩国出入境管理法实施令",将就业管理制改为访问就业制,大幅度扩展了适用范围和规模。

德国对日耳曼民族同胞、原东德移民实行放松管制。2000年1月1日生效的德国新《国籍法》,简化了国籍申请程序,第一次有条件地承认双重国籍,将传统的"血统"原则改为"血统和出生地双原则"。按照新《国籍法》,德国每年新出生的约10万外籍人子女将获得德国国籍。

法国于1996年11月通过了以新任内务部长德布雷命名的新法案,修正了帕斯格瓦法案中"不规则"条款,遵循平等原则重新确立了部分移民的合法地位,放宽了法国公民的外籍配偶、法国籍儿童的外籍父母的居住限制。

3. 普遍排除犯罪人员,并对非法移民的遣返遣送进行详细的规定

许多国家规定进行移民申请时,申请人必须提供居住12个月以上国家的无犯罪记录证明。2005年《德国移民法》规定,凡被证实从事恐怖活动、煽动民族仇恨及参与贩运人口的外国人,将被迅速驱逐出境。该法第5章第2节详细规定了离境义务的贯彻,包括遣返、遣送、遣送指令、遣送威胁、遣送之禁止、遣送之暂时搁置(容忍)、区域限制、离境机构、遣送目的地拘留等内容。

---

① 韩国的外籍劳动者中,外籍同胞占到六成以上,中国及俄罗斯国籍的朝鲜族劳动者占到外籍劳动者总数的66.76%;一般外籍劳动者只占总人数的33.24%。

英国一方面吸引科研高技术人才，另一方面大力打击移民犯罪。据英国移民边境局官方网站的信息，在过去12个月中，英国移民边境局已经将5000多名移民犯罪者"踢"出了英国。英国移民官员也多次在公开场合表示，欢迎对英国有用的移民人才，而坚决摒除移民中的"有害"分子。①

美国移民服务局2011年发布政策备忘录，对移民服务局向移民执法局移交无证移民案件和签发递解通知单的条件作出进一步澄清，明确遣返非法移民将聚焦有犯罪记录的外国人等。美国国土安全部和移民执法局于2011年颁布行政命令，要求移民执法部门在遣送非法移民的过程中区别对待，专注于4类人：有犯罪记录者、危害国家安全者、新近偷渡者、一再违反移民法和逃亡的非法移民②。

（二）移民管理法律法规的各国特色

这些国家的移民管理法律法规，除共性特点之外，也体现出具有本国特色的个性特征，或者在某些方面呈现出某些较为明显的差异。

1. 移民准入条件限制方面，有的在紧缩，有的在放松

在外国人移民准入条件限制方面，英国正在采取紧缩政策，韩国则越来越走向宽松和开放。

英国于1962年通过《英联邦移民法》，该法通过要求工作许可证的条件限制了移民的进入。这是英国历史上第一次限制英帝国/英联邦人移入英国本土。1971年移民法和1972年的移民法进一步体现限制移民政策，特别是1981年的国籍法从确认公民权角度加大移民限制。即使如此，移民英国的人数还是逐年增长。2009年1月15日，英国议会公布了新的移民法草案，集中体现了此前一系列的移民紧缩政策。

韩国降低"门槛"来吸引优秀人才。2000年11月，为了吸引IT领域、电子商务和电子商业等高新技术领域的专业技术外国劳动者，韩国政府实行无国籍条件颁发多次往返签证政策，扩大滞留期的上限以及允许滞留资格外的就业活动等。2002年11月，韩国政府放宽了专业技术人才的

---

① 潘俊武：《论英国移民法改革对中国移民法建设的启示》，《河北法学》2010年第1期。
② 《美国遣返非法移民或放缓，有犯罪记录者成遣返重点》，http://www.chinanews.com/hr/2011/11-11/3453116.shtml，2012年10月22日。

滞留许可期限。2009年10月开始，实行"永久居住签证"制度，"求职签证"制度、"外驻签证"制度以及"创业签证"制度；2010年12月对外国高级人才进行网上签证申请和审查程序。另外，推出了吸引优秀专业技术人才的"出入境特惠卡制度"。2010年2月，韩国颁布了最新投资移民政策，对投资韩国济州岛等指定地区的休闲娱乐设施，给予永久居住权。

2. 吸纳人才方面，各国基于本国战略及经济产业需求各有侧重

在吸引所需人才的政策上，各国根据自身产业需求均有侧重。

德国实行引进IT专业人才的"绿卡"计划。2000年7月德国劳工部颁布《IT专业外籍高级人才工作许可发放条例》，规定2000年8月起3年内，允许从非欧盟国家引进2万名IT专业人才。引进的IT专业人才可一次性获得最多5年的工作许可和居留许可，在此期间，可自由更换雇主，配偶可同行，并可于两年后获得工作许可。绿卡规定同样适用于在德留学的非欧盟留学生。

美国根据移民的杰出程度，确定不同对象的优先顺序；其中，杰出人才、跨国公司主管、优秀研究人员和教授处于第一优先顺序。

表7—3　　　　　　　　　　**美国移民的优先顺序**

第一优先顺序	杰出人才、跨国公司主管、优秀研究人员和教授等
第二优先顺序	拥有硕士或以上高学位人士或特殊人才等
第三优先顺序	有技能工人、专业人士和其他工人
第四优先顺序	一些特殊移民
第五优先顺序	投资移民和工作机会创造者

3. 投资移民的门槛在提高，技术移民更注重本国紧缺人才

加拿大联邦移民部2010年6月宣布联邦投资移民投资金额由40万加元倍增至80万加元，申请人资产要求也从80万加元倍增至160万加元。从2012年7月1日起，加拿大移民局暂停6个月接收联邦技术移民申请，无限期停止联邦投资移民申请。

之后，针对投资移民金额不高、资金来源及使用未能为本国创造就业

机会等现状，加拿大移民部多次考虑提高投资移民的投资额，同时效仿英国、美国的做法，只给移民申请者发放临时身份，数年后证明继续投资的，方能获得永久居民身份。可以看出，投资移民的条件从看重资产数额向投资能力转变。"就技术移民而言，加拿大新的移民制度将更看重移民申请者在加拿大的学习经历，以及移民是否能成功地在加拿大找到工作，新移民制度将会驱使技术移民在申请到加拿大之前得到专业资格认证，从而对于自己未来在加拿大的发展有一个比较清晰的了解。"[1] 2012 年，加拿大废除 28 万技术移民的申请，还修改了父母探亲签证，将老年人婉拒在移民大门之外。

2005 年，法国推行"选择性移民"政策，即根据法国经济需要选择劳动力，并接纳"持有投资、科研、文化及人文项目"的外国人。2006 年 7 月的新移民法规定增设新的居留证，即《优秀人才居留证》，鼓励拥有专业技术、能对法国社会繁荣起积极作用的人士来法定居工作。[2] 但是，根据经济合作与发展组织的报告，2016 年法国政府发放的"技术移民"居留证数量仅占全国外国人居留许可证的 16%。

四 移民管理的发展趋势

研究分析近年来海外各国移民管理的走向，管理开放化、法制健全化、理念统合化、服务信息化将是各国共同的努力方向和发展趋势。管理开放化，即转变限制移民入境的管理理念，在出入境管理上不再设置严格的限制关卡，以开放积极的态度吸引外国人。法制健全化，即弥补现存移民法规政策的不完善状况，制定完备的移民管理法制体系。理念统合化，是指制定政策措施，确保外国人能够享受与本国劳动者同样的劳动权益，医疗、住房等社会保障权益[3]，确保外国人不因种族、身份、国籍等受到

---

[1] 人民网：《加拿大暂停技术移民和投资移民》，http://world.people.com.cn/n/2012/0702/c157278-18420325.html。

[2] 《各国移民新政盘点：澳洲投资移民门槛提高》，参见 http://edu.ce.cn/html/2012/ymymzx_0525/15850.html。

[3] 2011 年 7 月 1 日起施行的《中华人民共和国保险法》第 97 条规定：外国人在中国境内就业的，参照本法规定参加社会保险。2011 年 10 月 15 日施行的《在中国境内就业的外国人参加社会保险暂行办法》制定了实施细则。

歧视，为外国人提供良好的工作生活环境，促使其能够较好地融入当地生活。服务信息化，就是充分运用现代电子化、信息化技术简化移民业务程序，缩短外国人移民业务办理时间，优化外国人生活工作社区服务质量等。

除此之外，各国亦呈现出具有个性意义的发展动向。

(一) 英国简化移民管理法律体系[①]，提高管理效率

英国的外国人移民管理法律体系以移民法为基础，但这一法律体系过于复杂，大大降低了对移民案件的处理效率，妨碍移民决定的及时作出，增加了出错率。为了解决这一问题，英国努力制定一部简约明了的移民法，来取代现在所有的移民法案。从2007年8月29日开始，英国有关部门就开始组织有关题为"简化移民法初期咨询"的活动。2008年7月14日，有关简化移民法的文件被公布，其中包括部分移民及国籍法草案、法案修改标准、移民及国籍法草案实施后果评估和移民保护规则草案。2019年，英国法律委员会向英国议会上书，提案简化移民条例的草案，要求形成简化、逻辑性更强的移民条例，避免法案实施过程中的不确定性和低效率。

(二) 德国颁布《专业人才移民法》，吸引专业人才

2019年，德国出台《专业人才移民法》，这是德国第一部较为全面的吸引专业人才的移民法。与之前的移民法明显不同的是，新法引入了"专业人才"概念，不仅包括受过大学教育的人才，也包括受过正规职业技术培训的人才。这意味着，德国的劳动市场从主要对有大学以上学历的人开放，扩展到低于本科学历的技术人才。中国的职业技术类高等院校（大专、高职以及职业技术学校）的毕业生，成为被允许在德国就业的新人群。《专业人才移民法》是德国应对人口结构原因造成的就业人口萎缩对经济发展的影响，应对人才紧缺现状的重要举措。

(三) 法国实行移民协作发展计划，促进移民融合

近年来，法国的限制入境政策已经松动，实施了与欧盟其他成员国有选择性的开放边境政策。除此之外，法国实行了关于移民的协作发展计

[①] 2000年9月，英国负责移民事务的内务部大臣Barbava Roche强调，英国是一个移民国家，并呼吁面对经济全球化中各国对人才的竞争，英国要采取更灵活的移民政策。

划,即"移民工程",目的是通过政策措施促进外国移民在法国的融合,同时支持与移民原籍国的稳固联系。

五 思考和建议

基于对八个国家移民法律法规相关问题比较研究,总结其管理的共性,分析各个国家的个性,为完善我国的移民管理法律法规,促进我国移民管理相关工作的开展,提出以下思考和建议。

(一)有选择地吸纳人才,消除出入境隐患

基于"选择"的理念,根据我国社会和经济发展的需求,立足产业需要,积极引进当前所需要的海外高层次人才。随着经济社会的发展和产业结构的调整升级,中国对高层次创新型人才的需求比较旺盛,因此,对于我国所需要的人才,可以通过新设投资移民、技术移民等制度进行规范引进;而对于影响我国一般劳动者就业岗位、影响我国社会稳定的人员,原则上要进行严格控制。尤其是对于非法入境、非法滞留、非法就业的情况,要参照其他国家的法律法规和管理方式,采取具体有效的手段进行遏制。

(二)关注具有血缘、地缘和渊源的人群

移民法律优先照顾本民族同胞和原附属国居民是国外移民法律法规的特点之一。我国历来有寻根的民族传统,在海外的华裔、华侨对自身的起源国具有深厚的感情,无论是否获得海外国籍,都十分重视宗亲血缘和同乡地缘,都对祖国有眷念之情。而且,历史事实证明,每到中国发展的关键时刻,海外侨胞都挺身而出,从各个不同的方面给予了极大的支持。因此,我国的移民法和出入境政策要关注具有血缘、地缘和渊源的人群,不仅要吸引高层次华裔华侨人才回国投资、工作发挥作用,同时要关注华裔华侨的情感需求,从法律法规上对华人的探亲和团聚等行为提供方便,提升海外华人报效祖国的积极性,增强中华民族的凝聚力和向心力。

(三)细化技术移民条件,完善长期居留规定

我国在技术移民等的规定方面还过于笼统,不能满足实际的需要,2013年7月1日实施的《中华人民共和国出境入境管理法》对此有所完善,其中第47条规定,对中国经济社会发展作出突出贡献或者符合其他在中国境内永久居留条件的外国人,经本人申请和公安部批准,取得永久

居留资格。外国人在中国境内永久居留的审批管理办法由公安部、外交部会同国务院有关部门规定。这一制度的建立有助于吸引海外高层次人力资源来华工作和定居。2020年2月司法部向社会发布《中华人民共和国外国人永久居留管理条例（征求意见稿）》，引起较大反响。目前，我国关于引进人才的政策繁多，但对技术移民尚缺少统一的规范和细化的标准，有必要促成各部门和各级政府积极合作，深入开展研究，根据我国实际需求确定技术移民和长期居留的细化标准和解决方案。

（四）进一步促进信息化，实现各部门数据共享

我国的外国人管理存在部门管理职能交叉、法规政策不统一、管理标准不一致等问题。各部门之间尚未实现信息数据和管理资源的共享，一些部门的外国人数据管理存在项目缺陷和数据误差。这方面有必要借鉴国外的一些做法，比如，日本的外国人管理信息化程度较高，原来实行的外国人登录证是进行个人登录，目前已经改为户籍登录，对外国人家庭或团队进行统一管理，各主管部门已经实现信息共享。我国有必要进一步加强各移民主管部门的信息交流，完善信息平台建设，完善数据项目设定和数据录入管理，实现各部门信息共享，推动移民管理的科学化和信息化。

第三节　人力资源开发法律制度调整的趋势
——以美国、德国、韩国为例

2018年1月，Adecco集团、欧洲工商管理学院（INSEAD）和塔塔通信公司在达沃斯世界经济论坛年会上联合发布了2018年全球人才竞争力指数（Global Talent Competitiveness Index）报告。该报告对119个国家和90个城市按照68个评判标准进行评估并排序。美国位列第3、德国第19、韩国第30，均属于人才竞争力指数排名相对靠前的国家。人才竞争力指数与经济发展水平呈现较高的一致性，也与人力资源开发法律制度的完善度较为契合。因此，本章选取美国、德国、韩国作为分析对象，观察三国人力资源开发法律制度的最新趋势，试图从一个侧面反映人才竞争力指数提升的路径，为我国人力资源开发法制建设提供借鉴。

一　美国立法适应发展形势且及时调整

美国关于人力资源开发的单行立法较为完备，涵盖引进、培养、使用、激励、保障等环节。以移民法为基本规范的高层次人力资源引进法律适时修改，体现高层次人力资源引进为经济社会发展服务、法律修改为市场主体提供明确预期等特点。以教育法为主要内容的人力资源培养法律依据发展需要进行废与改，体现改革渐进性与法律稳定性之间均衡发展的特点。以荣誉制度立法为鲜明特色的人力资源激励法律不断进行完善，体现标准不断具体化、立法推动制度影响力的特点。

（一）美国引进高层次人力资源相关法律调整变化内容

1. 1820—1920 年移民高潮下基于国家利益而进行法律的调整

"从 1820 年到 1920 年的 100 年间，美国一共接纳了大约 3350 万移民，形成美国持续百年的移民潮。"① 该时期为了弥补国内劳动力的严重不足，出台了鼓励外国移民定居美国的法案。例如 1864 年 7 月 4 日林肯总统正式签署了《鼓励外来移民法》，1865 年 7 月 4 日国会又通过了第 746 号文件，为《鼓励外来移民法》的修正法。但同时也出台了限制某些种类或地区移民入境的立法，例如 1882 年的《关于执行有关华人条约诸规定的法律》，即《排华法案》。该项法案的出台是对大量华人因铁路建设等工作迁入美国西部所作出的反应，之后经过多次修正，使得华人被美国拒之门外，直到 1943 年才废除。除此之外还有对移民管理机构进行调整的法案出台，如 1906 年 6 月 29 日通过，1906 年 9 月 27 日生效，后来被 1990 年移民法案修改的《1906 年移民法案》。该法案首次建立了移民与归化局（INS）统一管理全国的移民与归化事务。

2. 基于保护民族同质性进行移民配额制

在经历了三次移民高潮之后，美国移民的民族多元化趋势日益明显，形成民族多元化的格局。国内日益失控的排外主义使得国会不得不把保护美利坚民族的同质性作为移民法的重要目的。因此，在 1924 年的移民法中第一次制定了"国籍配额"和"种族配额"，以禁止亚洲移民入境以及

---

① 《三次移民潮带美国走向强大》，http://world.people.com.cn/GB/8212/42363/42377/3960165.html。

在欧洲移民中对不同国籍实行配额。但是，即便是在基于保护民族同质性而进行移民限额的情况下，也对精于农业耕作的限额移民及其配偶和16岁以下的子女实行了移民优先权制度，足以看出美国政府对农业技术工人的重视。

3. 冷战时期通过立法确定移民优先类别，侧重技术移民的引进

1952年的移民与国籍法制定了全世界的总额与各国的限额，同时还确定了几项优先类别的配额。其中排在第一位优先的是拥有美国急需的专业技术和突出才能的移民及其配偶和子女，并将限额比例提高到了50%。具体而言，该移民法还规定了技术移民的范围：属于司法部长认为美国急需的，受过高等教育、技术训练，具有专业经验或突出才能并有资格获得限额移民签证的外来移民及其配偶和子女；属于对国家经济、文化利益和美国的福利事业大有益处的移民。

1965年的移民法取消了种族歧视，实行了类别优先制。但技术移民的限额由原来的50%削减到20%，技术移民优先类别也从第一类降到第三类（受过高等教育、具有突出才能的移民。入境时需持美国劳工部颁发的就业许可证）和第六类（美国急需的熟练与非熟练劳工。入境时需持美国劳工部颁发的就业许可证）。尽管如此，由于移民总限额的增长，技术移民的绝对限额反而增加了，每年专门留出2.9万个移民名额给来自国外的高级专门人才。同时由于废除了民族来源限额制度，使得对这个国家的发展、实力和精神能作出贡献的人们将优先进入这个国家。

1978年修订的移民法确定了每年进入美国的移民总额以及每个独立国家均为2万人的额度。1986年移民改革与控制法、1990年移民法均对移民法进行了修订。1998年9月24日，美国国会通过法案，规定在未来3年内，额外增加142500个高科技专业人才的签证来吸引外国高科技人才。

4. 移民改革中出台专门政策吸引海外高层次人力资源

移民改革是奥巴马自执政以来重点关注的重要政策，美国近年来移民改革计划当中，有专门吸引海外高层次人才的政策。其中，有代表性的是两个提案。一是取消职业移民的国家配额上限，旨在让更多的中国和印度等国家高科技人才为美国贡献技术。该提案于2011年10月27日在众议院司法委员会（House Judiciary Committee）获得通过。2011年11月29

日，美国国会众议院通过了最新的《高技术移民公平法案》(Fairness for High-Skilled Immigrants Act)，这是美国设法留住高学历高科技人才的重要举措。二是STEM学生就业法案（STEM Jobs Act），这一提案已经被众议院批准。但受到了奥巴马和参议院的反对。在这个提案下，对于在美国大学STEM理科（科学、技术、工程、数学）中获得博士学位并且希望在其研究领域工作5年的外国学生，美国每年会有5.5万个签证发给他们。剩余名额将会留给从美国STEM学科毕业并希望在本领域工作5年的硕士生或本科生。可以看出，美国移民改革的重点之一在于通过立法的调整来吸引海外高层次人力资源。

（二）基础教育相关法案及时废与立以强化人力资源培养

2002年出台的《不让一个孩子掉队法案》是美国联邦政府关注基础教育质量，寻求教育公平，进行教育改革的重要依据，也是美国联邦政府继以立法方式加大对弱势群体的教育投入促进教育机会平等之后，以立法方式关注教育结果平等的重要尝试。教育改革势必进行各种探索，但并非每一种探索都卓有成效，改革的于法有据与法律的稳定性之间必然会存在一定的张力，这种张力同样体现在《不让一个孩子掉队法案》和《每一个学生成功法案》的废与立之间。

《不让一个孩子掉队法案》是对过去关注教育机会平等的重要改革，以严格的评估和教育问责制，对学校采取一刀切的管理，试图达成教育结果的平等。因此，该法案自通过伊始就存在放大联邦权力，有悖地方自治的宪法原则之质疑，加之执法过程中社会公众对标准化测试、教学责任制的诟病积累，引发了2007年、2011年、2012年、2013年美国国会四次修法。

美国政府在修法的烦琐程序、漫长的时间周期与改革对修法的迫切需求之间采取一种折中处理，也是在改革的渐进性和法律的稳定性之间寻求一种平衡。2011年9月，奥巴马宣布各州可以申请豁免权，获批的州将不再受《不让一个孩子掉队法案》的束缚，根据地方实际制定自己的解决方案。2015年12月10日《每一个学生成功法案》签署前夕，已有43个州、哥伦比亚特区和波多黎各拿到豁免权。

（三）荣誉制度立法不断完善以促进人力资源激励

美国有完善的荣誉制度立法，对荣誉的设立、更名、授奖范围、评选标准、推荐程序、授予方式、荣誉获得者所享有的权利、禁止买卖伪造行为及其法律责任进行了详细规定，提供了规范严谨的法律制度保障。荣誉的设立以法案形式进行，如1984年国会通过法案设立国家艺术奖章；荣誉的更名以法案的形式进行，如2007年8月，美国总统小布什签署了创造机会发挥技术、教育和科学优势法案，对原"技术创新法案"进行了修正，并将该奖章更名为"国家技术创新奖"（National medal of technology and innovation）；授奖范围以法案的形式进行调整，如1980年国会修正了相关法案，将国家科学奖授奖范围扩大到行为科学或社会科学领域；荣誉获得者所享有的权利由法案进行规定，例如国防部4515.13-R规定，荣誉勋章获得者享有空乘的特别资格，即在有空余仓位的情况下，获得者可以免费乘坐军事空运司令部的飞机。

近年来，美国荣誉制度立法趋向于具体，通过立法提升荣誉制度影响力的意图更加明显。比如2009年通过"2009荣誉勋章纪念币法案"，明确其立法目的在于要求美国财政部长铸币以承认并庆祝建立于1861年的荣誉勋章，同时也提升对于荣誉勋章内涵的关注度，让人认识到普通美国人如何通过其勇气、奉献、无私的服务和爱国主义来挑战命运并改变历史的进程。[①] 荣誉制度的标准更加具体。以国会金质奖章为例，2005年美国众议院通过了一项名为"国会金质奖章促进法案2005"的法案。该法案对《美国法典》第31篇的5111部分进行了增补，增加的内容为国会金质奖章的标准。包括：（1）最大数量——自2005年国会金质奖章促进法案颁布之日起，财政部长根据国会法案在任何自然年内打造的国会金质奖章不能超过两枚。（2）程序要求——财政部长打造国会金质奖章仅能够依据以下要求进行：（A）获得者——只有个人才能成为国会金质奖章的获得者；（B）有效性——代表任何个人的金质奖章都不能在死后授予（除非授权打造该奖章的国会法案在该个体死亡之前已经颁布）。

二 德国立法重点关注人力资源开发成效提升

德国重视人才使用，强调发挥人才使用过程中的潜力，以此提升人才开发的成效。立法进行职业资格等值评估，为国外专业技能人才尽快融入

[①] 根据美国国会网站整理而得，http://thomas.loc.gov。

德国劳动力市场提供便利，立法开放学位认可放宽时间限制，为发挥外国留学生的潜力提供条件。针对科研人才流失的情况，及时修法，积极应对。

（一）重视具有专业技能的外来移民，立法进行职业资格等值评估

为促进拥有外国职业资格移民尽快融入德国劳动力市场，充分发挥其潜力，同时改善各地在外国职业资格认可方面标准不一的现状，2012年4月德国颁布实施《改善国外取得职业资格认定法》（以下简称《认定法》），同年成立外国职业学历认证中心（IHK FOSA）。《认定法》首次以联邦法的形式规定将外国职业资格与德国相应职业进行等值评估。2015年6月，德国联邦内阁通过该法的实施报告。报告显示，计划实施前两年（2012年4月至2013年12月），共收到了26466份申请，2013年有96%被认定全部等值或部分等值，76%的申请属于卫生事业领域。

（二）重视外国留学生的潜力，立法开放学位认可放宽时间限制

为贯彻落实欧盟2009年颁布的关于放宽非欧盟国家高等学历专业人才来欧盟国家就业的指令（2009/50/EC），2012年8月德国出台《德国居留法》，即所谓的"蓝卡"法案。"蓝卡"法案旨在吸引非欧盟国家的高素质且技术熟练的公民，提供便利使其更容易获得居留许可。[①] 该法案新增的第18C条开放外国学位认可，增加"找工作"签证，即持德国高校学位证书或经德国认可相当于德国高校学位证书的外国学位证书的毕业生可申请最多6个月时间的"找工作"签证，此后"找工作"签证的时间延长至两年。

2017年8月新修改的《德国外国人居留法》生效，第16b条（§16b AufenthG）新增一款居留许可，即外国人赴德参加语言班（非大学预科语言班）、参加学生交流项目或者在特殊情况下不上学，亦可获得居留许可，且如果所学内容与职业教育相关，则每星期有10小时的工作许可，职业教育结业后可获得为期12个月的找工作签证。

[①] 获得居留许可的条件包括获得大学学历、与德国公司签订雇佣合同且该公司每年至少支付50800欧元的工资（紧缺职业如工程师、医生等则可放宽至39624欧元）。这是2017年的标准，该标准随着德国整体工资水平的提升而不断变化。2014年要求年薪47600欧元，紧缺职业37128欧元，2015年要求年薪48400欧元，紧缺职业37752欧元，2016年要求年薪49600欧元，紧缺职业38688欧元。

为吸引外国留学生在德国就业，德国不断修改相关法案，外国留学生每年的合法兼职时间由 90 个整天或 180 个半天延长至 120 个整天或 240 个半天，学业结束之后在德国的居留时间由 12 个月延长至 18 个月，且规定找寻工作期间不限时间打工等。

（三）直面科研人才流失之现状，修法改善工作环境

2015 年德国《时代周报》针对 7000 名在高校工作的奖学金生、科研助理、博士生、博士后及青年教授开展的一项调查[1]表明，81% 的年轻科研人员考虑离开高校。科研工作缺乏稳定的资金支持和可预期性，工作前景不佳是科研人才流失的主要原因。根据德国 2007 年《科学短期合同法》的规定，学术雇员在读博期间或博士毕业后，学校或科研机构与之签订的工作合同期限最长为 6 年。这一期限只规定了最长年限，对最短年限则没有规定。因此实际操作中，由于绝大部分的科研经费来自并不稳定的第三方，因此高校或科研机构往往与学术雇员签订期限不足一年的工作合同。为此，德国联邦政府在加大投入增加终身教授岗位的同时，启动了《科学短期合同法》的修订，修正案提出高校与年轻教师、科研人员和博士生签署的工作合同期限应与其参与研究项目或攻读博士学位所需时间匹配。

三 韩国立法规制松紧有度

韩国是目前唯一针对人力资源开发进行专门立法的国家。《大韩民国宪法》第 127 条第一款规定："国家应通过科学技术的革新、情报及人力开发来努力于国民经济的发展。"

（一）人力资源开发方面优先使用《人力资源开发基本法》

2002 年 8 月，韩国颁布了《人力资源开发基本法》，自 2003 年 2 月开始实施。该法第 3 条规定："此法在人力资源开发方面优先适用于其他法律。"2007 年 4 月，韩国国会通过了《人力资源开发基本法修订案》。韩国人力资源开发立法的基本特色体现如下。

一是清晰界定"人力资源"。该法第 2 条规定，"人力资源"是指人

---

[1] 驻德使馆教育处：《德青年科研人才对象牙塔不再憧憬》，http：//www.de‐moe.edu.cn/article_read.php? id=12016‐20151228‐2870，2018 年 5 月 7 日。

们所具备的在国民个人、社会以及国家发展过程中所必需的知识、技术、态度等能力和素质。"人力资源开发"是指国家、地方自治团体、教育机关、研究机关、企业等单位为了培养、分配、使用人力资源，并且形成和这些相关联的社会规范和网络而开展的各项活动。

二是明确各相关主体的职责。该法详细界定了国家、地方自治团体、教育机关、研究机关、企业等单位在人力资源开发中的职责，也提及了国民的自身开发。

表7—4　　　　　　韩国人力资源开发各相关主体职责

序号	主体	职责	注意事项
1	国家	为人力资源开发制定综合实施政策，并为推进该计划，在行政、财政等方面制定具体方案；及时向国民公布和人才需求等人力开发情况相关的信息，以便国民对自身进行开发时利用	考虑轻重缓急以及地区间均衡；及时向执行人力资源开发任务的教育、研究机关以及企业等部门通报信息并提供必要的支持
2	地方自治团体	根据国家计划和地区特点制定适合人力资源开发的措施；及时向国民公布和人才需求等人力开发情况相关的信息，以便国民对自身进行开发时利用	
3	教育机关、研究机关、企业等	执行人力资源开发任务	
4	国民	对自身进行开发	

三是着力进行人力资源开发的顶层设计。该法明确每5年制定一次有关人力资源开发的基本计划，并应将该计划通报相关中央行政机关长官和民众。基本计划的内容包括：①人力资源开发的基本方向；②相关行政机关的主要人力资源开发政策；③民间部门的主要人力资源开发政策；④国家及地方自治团体的人力管理和使用；⑤为人力资源开发而进行的，和人力资源相关的信息管理及中长期人力供给远景规划。该法还要求相关中央行政机关的长官根据基本计划，在业务范围内制订并执行年度实施计划。

四是加强统筹协调，建立人力资源开发会议制度。人力资源开发会议由含议长在内的不超过15名人员构成，议长由教育人力资源部长官担任。人力资源开发会议审议基本计划的制订和实施、相关中央行政机关间需要调整的教育人力资源开发政策（但如果是法案，仅限于提交国会提到议程上的法案）等。2007年修订案之后，新成立直属总统领导的国家人力资源委员会，办公室设在国家教育与人力资源部（即教育部），即国家人力资源政策本部，统筹协调全国的人力资源开发工作。

五是确立人力资源开发的绩效评价制度。该法明确对基本计划等的绩效评价以及对人力资源开发的相关事业进行投资分析。该法第8条明确，教育人力资源部长官每年对基本计划及实施计划的推进实绩进行评价；相关中央行政机关的长官按第1项之规定实施评价时，应依靠由总统令组成的评价团。教育人力资源长官把第1项规定中所需评价结果报告人力资源开发会议，并通报相关中央行政机关的长官，相关中央行政机关的长官应将此反映在所属业务中。该法第9条指出，教育人力资源长官每年对相关中央行政机关的人力资源开发事业进行投资实绩分析，并报告人力资源开发会议。

（二）修法推动全球人力资源引进的规制放松

韩国在人力资源引进方面立法的重大变革体现在国籍法的修改上。韩国积极适应全球人才流动日益频繁的国际化需要，为改善国内人才流失的现状，以国籍法的修改打破一直以来的单一国籍制度。2011年1月《国籍法修订案》正式生效。《国籍法修订案》废除"双重国籍者须在22岁前作出选择，否则韩国国籍自动失效"的条款，规定双重国籍者如果签署"放弃外国人权利备忘录"，作出在韩国境内不行使外国国籍权利的承诺，则可继续拥有韩国国籍。允许海外高级人才、结婚移民者、65岁以上高龄海外同胞持有双重国籍。在科学、经济、文化、体育等领域，能够为国家发展作出贡献的"外国优秀人才"，将不受国内居住5年以上的期间限制，可随时申请韩国国籍且无须接受入籍考试。从法的操作性来看，该法对"外国优秀人才"的选拔标准"符合国家利益、得到国民认可"较为模糊，难以操作。但从法的宣示性来看，正是这一较为模糊的标准，以放松规制的形式向全球表明一种引才的开放姿态。

（三）修法实现老年人力资源开发软法条款向硬法条款的转变

随着经济发展和人口结构的变化以及日益严峻的老龄化形势，韩国政府在开发老年人力资源方面作出诸多努力，其中较为突出的一个变化是老年人退休年龄规定的软法条款向硬法条款转变。韩国1991年制定的《高龄者雇佣促进法》规定"应努力使退休年龄达到60岁以上"。这一对退休年龄的规定属于规劝性条款，具有宣传、倡导性质，不具备强制性。2008年，韩国政府全面修订《高龄者雇佣促进法》，将其更名为《雇佣上年龄歧视禁止及关于高龄者雇佣促进的法案》，促进企业延长员工退休年龄，对于员工退休年龄仍未作强制性规定，虽具有一定程度的约束力，但无强制力保障。2013年5月韩国政府修改《高龄者雇佣促进法》，该法的一个重要变化就是规定从2016年起韩国所有公有企业和大企业都必须将员工的退休年龄延迟到60岁，2017年起扩大到社会全部。从立法条款中"努力"到"必须"的用词改变，是软法条款向硬法条款的转变，也是韩国政府应对老龄化趋势，开发老年人力资源在法律法规规定上的重要体现。

第八章

我国人力资源开发法制建设的发展思路

没有哪个社会可以制定一部永远适用的宪法，甚至一条永远适用的法律

——杰弗逊

从国际比较的视角出发，我们不难发现，国内外人力资源开发法制建设的根本出发点都是要最大限度地培养、吸引、留住人才，为本国的建设与发展服务。当前国际竞争的实质是以经济和科技为实力基础的综合国力的较量，是创新力的博弈。进入21世纪后，创新力在国家实力中的作用进一步凸显，成为国家发展的源动力、综合国力的核心、国家竞争力的关键。无论经济发展、科技进步还是创新力的提高，都需要强大的、源源不断的人才支撑。各项事业的稳步发展，最终还是要落实到具体的人身上。因此，无论中外，人力资源开发法制建设的深层动机是相同的——尽最大努力壮大本国的人才队伍，从而为综合国力的提升、国家利益的拓展和整个民族的长远发展提供坚实的人力资源保障。

从内容上看，国外的人力资源开发法制建设包罗万象，基本囊括了所有可能的与人才培养、引进、保留诸方面相关的领域。整体来看，国外人力资源开发立法集中关注的共同领域有两大块：移民（引进与保留）和教育。主导的立法思想从宏观层面而言是运用法律手段，包括一系列法制体系的建设、法律法规的制定、有关政策的实施等，从培养、引进、留住三个方面充实、壮大本国的人力资源队伍，为本国在激烈的国际竞争中争

得一席之地、为国家政治经济文化等各方面长远稳定发展提供智力支持和人力资源保障。从微观层面来说，突出体现为"以人为本"的价值理念，从移民优惠、就业保障、职业发展、住房购车、医疗福利、工作环境、家属安置等方面为人力资源提供充分的资金支持和政策保障。

国外人力资源开发法制建设的现状和立法趋势变化为我国完善人力资源开发法制建设的研究提供了一些参考，但各国国情、法律体系等方面的巨大差异决定了人力资源开发法制建设并不是简单的制度移植，哪些可以为我所用，哪些不适应我国的经济社会发展，这些都是有待进一步研究的内容。

完善我国的人力资源开发法制建设，要把握发展阶段，解决重点问题。完善我国人力资源开发的法律体系，应当立足我国当前的发展阶段及其对人力资源、人力资源开发工作的相关需求。我国经济步入高质量发展轨道，经济发展的创新力和竞争力依靠大量具有创新能力的高层次人才，因此现阶段人才引进工作的重点仍然是在全球招徕具备创新能力，引领科学发展的前沿人才。人才培养工作则是在继续强化基础教育的同时，加大创新能力的挖掘和发展。基于此，完善我国人力资源开发的法律体系，重点在于打破阻碍创新发展的体制机制障碍，形成有利于人力资源潜能发挥的良好环境。地方人力资源工作的重点与当地的经济发展阶段密切相关，例如，人力资源开发的重点类别有所不同，处于经济发展起步阶段的地区，围绕产业发展需要引进和培养大量技能人才和专业技术人才，处于经济快速发展阶段的地区，更多地强调创新驱动，需要引进和培养大量创新型人才。人力资源开发法律体系应当根据不同的人力资源工作以及形成的相关法律关系进行调整，解决人力资源开发工作中的重点问题。

完善我国的人力资源开发法制建设，要致力于营造良好法治环境，形成制度优势。国际人才争夺战背景下的人力资源开发工作需要突出我国的制度优势，人才强国、法治中国背景下的中国具有"集中力量办大事"的社会主义优越性，具备应对国际人才争夺战的强有力组织保障。在此基础上，要形成我国人力资源开发工作的绝对优势，还需要在环境和制度上进一步完善，营造良好法治环境，形成制度优势。国家层面的人才综合立法是对现阶段我国人才工作政策多、法规少，政策碎片化、约束力不强等问题的回应，也是解决当前人才工作中各主体职能交叉，各主体权利和义务不清晰等问题的有效路径。通过立法让人才对人才工作产生稳定预期，发挥人才的潜能，形成人才开发的长效机制，更有利于我国应对当前国际人才争夺战的严峻形势。地方层面的人才立法针对地方人才工作的突出问题，围绕各相关主体的特殊需求，形成具有地方特色的人才法治环境，从而推动全国层面统一规范的良好环境形成。

除此之外，要形成具有国际竞争力的人才制度优势，推动我国由人才大国迈向人才强国，需要进行人才开发综合立法的顶层设计，同时总结地方人才综合立法的经验并不断尝试复制推广，形成有利于人才发展、人力资源开发的法治环境。

第一节 完善保障人力资源开发的法律体系

在党的十八届四中全会上，习近平总书记深刻指出要完善立法体制机制，坚持立改废释并举。随后，中共中央印发的《法治社会建设实施纲要（2020—2025年）》特别提到要完善社会重要领域立法，"完善教育、劳动就业、收入分配、社会保障、医疗卫生、食品药品、安全生产、道路交通、扶贫、慈善、社会救助等领域和退役军人、妇女、未成年人、老年人、残疾人正当权益保护等方面的法律法规"。上述诸多领域与人力资源开发的各个环节密切相关。

我国目前已经形成了涵盖不同种类人力资源、涉及人力资源开发各个环节、区分不同法律规范位阶的人力资源开发法律体系。但法律规范效力层级低、缺乏时效性、具体适用较为僵化等问题仍然存在。我国人力资源开发法制建设的发展，需要建立在完善的人力资源开发法律体系基础之上。因此，直面我国人力资源开发法律体系的现实问题，立改废释并举，完善保障人力资源开发的法律体系是首要任务。

一 提高立法层级

人力资源开发法律体系涉及诸多环节、诸多群体、诸多法律关系，是一个庞大而又复杂的系统。但以人才工作为例，主要依据仍然是数量众多的政策、规范性文件。目前规范性文件在人力资源开发法律体系中占据相当大的比重。以"通知""意见""批复"等形式出现的人力资源开发政策仍大量存在，并成为相关部门的行动依据。这类以政策调整为主要手段的规范性文件在运行中变动频繁、适用范围狭窄，难以真正为人力资源的开发提供切实的法律保障。因此，我国有必要提高部分规范性文件的立法层级，增设与法律相衔接的行政法规与部门规章，并在时机成熟时上升为法律。

例如，我国养老保险法制的立法层级低、规范效力层级低，与解决老龄化问题的国家战略地位不相适应。目前与养老保险有关的法律仅有 1 部《社会保险法》，有关的行政法规仅有 2 部，分别为《社会保险费征缴暂行条例》和《全国社会保障基金条例》。养老保险征缴的直接依据多为部门规章以及规范性文件，例如《关于完善企业职工基本养老保险制度的决定》《关于建立统一的城乡居民基本养老保险制度的意见》和《关于建立城乡居民基本养老保险待遇确定和基础养老金正常调整机制的指导意见》等。因此，有必要提高立法层级，依托《社会保险法》建立专门的《养老保险法》，为各地区各部门提供明确的法规范依据和行为指南。

需要注意的是，在提高立法层级时，应该将现行人力资源法规内容作为重要的立法素材。我国现行人力资源法律法规的突出特点是：相关人力资源法规作为人力资源管理、开发方面具体可操作的依据，数量较多、内容较杂，但更能贴近我国人事人才工作的实际。比如，在招聘引进方面，2015 年 11 月，由中组部、人社部、国家公务员局联合制定的《公务员录用面试组织管理办法（试行）》规范了公务员招聘的基本规程，2005 年 3 月由原人事部制定的《人才市场管理规定》规范了管理人才市场的基本办法，2003 年 9 月由原人事部和商务部联合制定的《中外合资人才中介机构管理暂行规定》规范了中外合资人才中介机构的管理秩序。通过对已有人力资源管理、开发法规及部门规章的梳理，将法规、规章的条款理顺，并将其中的合理条款纳入相关立法之中，可以有效降低立法成本，提高立法质量。

二　及时进行相关法律法规的清理和修订

人力资源开发法制建设要与国际竞争环境和国情紧密联系。法律具有"有限性"，作为一种社会规范，必然受到社会经济条件的制约，法制建设是一个与时俱进的长期过程，与经济社会的发展演进程度密切相关。我国人力资源开发法制建设,是与国家不同历史阶段的人事人才事业发展和法制建设状况相适应的,具有长期性和复杂性。人力资源开发法律法规应当契合国家人力资源开发事业发展的现实,需要回应国家人力资源开发事业面临的现实难题,保持稳定性与发展性的统一。因此,立足当前我国人力资源开发事业发展的实际,放眼全球人才流动和竞争的态势,结合人力资源开发工作实践需要和理论研究的成果,有计划、有步骤地对我国的相关法律法规进行清理和修订,是我国人力资源开发法制建设的重要内容。

当前,加快转变经济发展方式、推进经济结构战略性调整,已成为我国当前十分重大而紧迫的任务。我国经济新常态下经济发展的新引擎之一是推动"大众创业、万众创新",适应实践需要,与快速变革的要求相适应,需要及时对人力资源开发相关法律法规进行清理和修订,以契合人力资源发展方向,消除阻碍人力资源开发的瓶颈,推进人力资源开发法制建设,实现人力资源开发法治化。

三 完善相关领域的立法

三胎政策、老龄化趋势等经济社会发展的新动向冲击着人力资源开发法律体系,对此,一方面可以考虑改革现有的人力资源开发法律体系,通过司法解释、典型案例等形式弥补漏洞、发展法律;另一方面,当现行法律体系无法容纳或不足以承载新事物时,要加快新法律的立法进程,在现有法律法规之外建立新的保障制度和保护机制,以更好地适应经济社会的快速发展。

(一)三胎政策下女职工权益保障

"全面三孩"政策是我国应对人口老龄化问题而作出的重要政策安排,在"全面三孩"政策背景下,如何加强对女职工的保护受到社会的热切关注。"全面三孩"政策的落实难点归根结底依然是女性在就业中的权利保障问题,无论是计划生育年代,抑或是"全面三孩"时代,女性职工的就业保护依然是最核心、最根本的问题。为此,我们要进一步切实落实、严格执行现有的《女职工劳动保护条例》。一方面,对于岗位招聘而言,用人单位对于未婚未育女性、已婚已育女性均需要承担一定的生育风险,长远来看或许能改变招聘时性别歧视的状况。另一方面对于生育意愿而言,二、三胎后的劳动保护、假期和工资待遇是否能受到一胎时的同样对待成为落实"全面三孩"政策过程中最大的绊脚石。因此,我们要加快完善《女职工劳动保护条例》,一方面减轻女职工的后顾之忧,完善产假政策、二胎或三胎后的工资及晋升待遇等,使女职工的权利得到法律的保障;另一方面也要减轻企业的后顾之忧,国家可以考虑给予用人单位为适当的补贴和税收优惠等,平衡政策需求与企业经济效益。

(二)老龄化背景下的老年人再就业权益保障

在人力资源领域,老年人群体存在社会阅历、社会经验丰富等优势,尤其是在人文艺术、工艺传承等领域可发挥出标杆式的作用。因此促进老年人再就业,进一步开发老年人力资源,既可以拉动内需,促进经济社会的持续发展,又可以缓解我国养老压力,弥补未来我国可能产生的劳动力短缺问题。促进老年人再就业有积极和消极两条途径。积极途径即开拓适合老年人的就业市场,创造适合老年人的就业岗位。消极途径即建立弹性的退休制度,对于身体健康状况良好、符合工作岗位需求、有继续就业意愿的老年人而言,可适当延长退休年限,且这一退休制度的修改应当与养老保险制度的改革相衔接。

老年人再就业离不开法律法规与相关政策的保障。日本作为率先步入老龄化社会的国家之一,1986年即颁布了《老年雇佣稳定法》,该法在促进老年人雇佣与就业、维护老年人再就业权益方面发挥了巨大的作用。我国可借鉴日本这一做法,颁布《老年人再就业暂行条例》作为试点,以法规的形式对老年人再就业的工作时间、工作强度、工作报酬、福利待遇、权利救济等方面作出规定,完善对老年人再就业的保障体系。随后在时机成熟之时,考虑制定《老年人再就业促进法》。

(三)人才强国战略背景下的劳动力素质提升

我国是一个人口大国,具有人力资源的天然优势,然而如何把人口资源优势转变为人力资源优势,实现从人口大国到人力资源强国的转变,是目前迫切需要考虑和解决的问题。提升劳动力素质,实现教育的全过程覆盖是实现这一转变的关键途径之一。

以人力资源开发的全过程为考察视角,教育涉及义务教育、高等教育、继续教育、职业培训等多种形式,正是这些不同形式的教育互相配合、互相衔接,才能达到对劳动力的素质进行持续性培养发展的目的。

第一,要继续坚定不移地推进义务教育。在社会经济状况发展到一定程度时，考虑将九年制义务教育转变为十二年制义务教育，基本普及高中阶段教育。第二，完善《高等教育法》，稳步提高高等教育毛入学率，逐步将教育教育从唯学历论的桎梏中解脱出来。第三，修订《职业教育法》，完善职业教育体系。习近平总书记在《就加快发展职业教育作出重要指示》中指出，"职业教育是国民教育体系和人力资源开发的重要组成部分，是广大青年打开通往成功成才大门的重要途径，肩负着培养多样化人才、传承技术技能、促进就业创业的重要职责，必须高度重视、加快发展"。我国《职业教育法》对职业教育的体系、体制、管理等宏观层面的事项作出了安排，但起步晚、内容单薄笼统、可操行程度不强。一方面，细化并完善《职业教育法》关于职业教育教师队伍建设、职业教育受教育者权利保护、职业资格准入、职业教育实施与监督等法律条款。另一方面，制定与《职业教育法》配套的行政法规、部门规章、规范性文件等，为职业教育的推进和普及提供明确、科学、可操作性的行动指南，推动《职业教育法》的切实落地。第四，制定《继续教育法》。继续教育是我国的一项法定教育制度，党的十九届四中全会明确提出，"完善职业技术教育、高等教育、继续教育统筹协调发展机制"。制定《继续教育法》，弥补单行法律的缺失，对于持续提高劳动力素质、构建终身学习型社会具有重要意义。第五，完善职业培训立法。目前的职业培训规定散见于《劳动法》《职业教育法》等单行法律之中，职业培训重政策调整而轻法律规范，亟须相应的制度规范进行职业培训的全流程管理，发挥职业培训在促进就业、提高就业质量等方面的重要作用。

第二节　我国人才开发综合立法的基本设想

在全面推进依法治国的背景下，人才工作依法有序开展成为当前的重要任务。目前的人才法律法规体系尚不能完全满足我国人才事业迅速发展的需要，其中较为突出的问题为缺乏一部全面、系统、综合性的人才法律，来统领和指导人才工作的开展，促进人才开发。人才法制建设的路径选择之一，是进行人才综合立法。加强人才综合立法，实现人才强国战略目标的重要性毋庸赘言。作为统摄人才工作的基本法，人才综合立法中需要体现的主要思想是通过对人才权利的保障，以及对行政权力的制约，实现权利与权力的平衡。一是对人才权利的保障。人才并没有不同于其他劳动者的特殊权利，人才与公民、普通劳动者权利和义务的不同点，主要体现在因专业知识和专门技能的不同所产生的不同诉求。人才重点关注的权利主要围绕专业知识和专门技能展，包括教育权、择业自由权、能力水平获得公正评价权、按劳取酬权、利益分享权、知识产权保护、话语权等。有效保障人才权利，并督促其履行相应的义务可通过立法明确人才的权利和义务。无论是人才的权利落实还是义务履行，在众多的保障路径当中，立法保障无疑是最稳定、权威性最高的保障方式。二是对行政权力的制约。在人才开发方面，加强规制与放松规制的需求同时存在。应当由政府提供服务、加强监管的领域，政府应积极主动进行规制。可以由市场、用人单位和中介组织来完成的人才开发工作，政府应当尽可能地放权。政府的行政权在人才开发领域该如何进退，行政权的作用边界应当如何界定，这些都是人才综合立法需要解决的前提问题。人才综合立法通过对行政权力的制约和人才权利的保障，实现权利与权力的平衡，营造人人皆可成才、优秀人才脱颖而出的法治环境，从而达成促进人才开发的目标。

一 人才综合立法的基本定位

在法学理论中，法的定位是从不同角度对法进行的解读，比如法的分类、法的效力层次、法的调整范围、法的功能作用等。在立法学上，明确法的定位是立法的重要前提。清晰而明确的立法定位，是立法的"指向标"和"边界线"，能够确保立法"不偏向""不越界"。人才综合立法的立法定位可从以下角度进行研究：一是纵向的效力层次定位，二是横向的调整范围定位，三是明确目标导向的功能作用定位。

1. 效力层次定位

效力层次定位是指人才综合立法在整个中国特色社会主义法律体系中的纵向定位。在法学理论中，法的效力层次有时也被称为法的效力等级，或法的效力位阶，它决定了法的适用顺序，效力层次较高的法要优先适用于效力层次较低的法。影响法的效力层次的因素主要有制定主体、制定程序、制定时间等。中国特色社会主义法律体系也是一个包含若干效力层次的"金字塔"体系，按照效力层次从高到低的顺序，依次包括宪法、法律、行政法规、部门规章和地方性法规、地方政府规章、其他规范性文件等。

人才综合立法在中国特色社会主义法律体系中的定位是法律，其效力层次低于宪法，但高于行政法规、部门规章等，它是我国人才领域的基本法。之所以确立这种效力层次定位，是由当前我国人才立法现状决定的。现行的人才立法，绝大部分都是部门规章和行政法规，人才综合立法要统摄和涵盖它们，必须具有更高的效力层次。同时，人才立法还包括一些专门针对某支人才队伍的法律，比如《公务员法》《律师法》等，人才综合立法要妥善处理与这些法律的关系，其效力层次也只能是法律。

2. 调整范围定位

调整范围定位是指人才综合立法的调整对象所涵盖的范围。法的调整范围是不同的，有些法针对的是特定地域，比如大量的地方性法规；有些法针对的是特定人群，比如《公务员法》《律师法》；有些法针对的是特定领域，比如《商标法》《专利法》。地域、人群和领域等因素共同决定了法的影响力边界。

人才综合立法的调整范围定位，从地域上来看应当涵盖全国，从人群来看应当涵盖六支人才队伍，从领域来看应当涵盖人才培养、引进、使用、评价、流动、服务、激励、保障等人才开发环节，它应当是指导和规范人才开发的综合法。这种调整范围定位也是由我国当前人才开发立法的现状决定的。现行的人才开发立法绝大部分都是针对特定人才开发环节的专门性立法，需要一部统摄各支人才队伍和各个人才开发环节的综合性立法。

当然，人才综合立法的这种调整范围定位并不意味着人才开发领域只需要综合性立法，不再需要专门性立法。有一部综合法统领，有利于发现专门立法的缺陷和不足。当前针对某些人才队伍和人才开发环节的专门性立法需要加强，比如针对农村实用人才和社会工作人才的专门性立法，针对人才评价等环节的专门性立法。两种立法模式不是相互冲突的，也不能相互替代，而应当各有功用、相辅相成。

3. 功能作用定位

功能作用定位是指人才综合立法对于人才开发而言所具有的功能和发挥的作用。在法学理论中，研究者将法分为"软法"和"硬法"。"软法"是指那些不能用国家强制力保证实施的法规范，比如国家立法中的一些指导性、号召性、激励性、宣示性的非强制性规范。相应的，"硬法"是指那些能够依靠国家强制力保证实施的法规范，比如国家立法中的一些禁止性、制裁性规范。

"软法"和"硬法"的功能和作用是不同的，前者主要在于指引和倡导，后者主要在于规范和保障。当然，在法的融合趋势下，已经很难找到完全的"软法"或者"硬法"，更多的是一部法中既有"软法条款"，也有"硬法条款"，只是两类条款所占的比重不同，从而使得某一部法"软法"性质更明显或者"硬法"性质更明显。通常认为，"促进法"的"软法"性质更强，比如《就业促进法》《循环经济促进法》《中小企业促进法》等。

人才综合立法的功能作用定位应当是"软法"性质为主，但应有一些必要的"硬法"条款。之所以要以"软法"性质为主，原因是多方面的。首先，人才开发工作有明显的阶段性，人才开发要配合不同时期的经济社会发展需要，立法规定得过细过死会禁锢人才开发工作的及时调整。其次，人才开发工作有明显的地域性，不同地区经济社会发展水平不同，对人才的需求不同，人才开发的方针策略也会不同，国家立法要给地方留有余地。再次，立法与政策要相辅相成，法律不能挤占政策空间。法律和政策作为两种治理工具各有特点，法律制定和修改都具有严格的程序，人为变化和更改法律比较困难，因此法律更为稳定；政策要因地制宜、因时制宜，可以不断地调整，因而相对灵活。在人才开发领域，有些事项不适宜法律规定，而更适合通过政策进行调整。以"软法"性质为主，既是法律特性的要求，也为政策预留了发挥作用的空间。最后，立法应当妥善处理政府和市场的关系，推动政府职能转变，发挥市场在人才资源配置中决定性的作用。人才开发中有些事情更适合交给市场，在这些方面立法"宜软不宜硬"。以上几方面原因决定了人才综合立法的功能作用应当是以"软法"性质为主。当然，对于人才开发中的某些重要和关键的问题，某些需要强制落实的要求，某些需要长期坚持的举措，比如人才开发投入，可以设置"硬指标"，并用法律责任的"硬条款"保障落实。

二 人才开发各环节的立法边界

人才开发立法要明确立法边界和立法框架。人才开发的哪些内容需要规定在立法中，哪些不适宜规定在立法中，人才开发需要如何促进，人才开发各个环节的事项是否都有必要在立法中进行规范，都需要进行专门研究。

关于人才规划。人才规划的制定，要依据发展战略，分析现有人才状况，预测未来一个时期的人才需求和供给状况。明确人才发展的指导方针、战略目标和总体部署，确定人才队伍建设主要任务，在具体制度、政策措施、保障机制等方面作出安排。我国在2010年颁布了《国家中长期人才发展规划纲要（2010—2020年）》，它成为指导一个时期全国人才工作的文件。在人才立法中，可以明确人才规划的重要性或必要性，界定规划制定、颁布和实施的主体等。

关于人才引进。人才引进有国家、地区、行业、单位等各种引进，国家层面的人才引进主要是海外人才引进。人才引进要根据国家发展需求，设定资格条件，以优惠条件吸引人才进来，目的是促进经济社会建设和发展。我国人才引进相关法律有《出入境管理法》《外国人在中国就业管理规定》《外国专家在华工作管理办法》。在人才立法中，人才引进规定有必要明确需求，制定急需紧缺目录，明确所需人才的资格条件等。

关于人才培养。人才培养是指对人才进行教育、培训的过程，目的是培养出各种职业和岗位所需要的人才。人才培养包括学校教育和继续教育。我国目前已经形成了以《中华人民共和国教育法》为主体，包括《高等教育法》《义务教育法》《职业教育法》等在内的教育法律体系，总体来看，我国学校教育的立法已经相对完善。在人才立法中可以较少涉及学校教育，更多关注人才在职业生涯过程中的继续教育和培训开发，以防止立法冲突和立法资源浪费。

关于人才评价。人才评价是按照一定的标准，对人才的价值进行衡量和评定。人才评价会涉及诸多标准，各类人才有着不同的选拔和评价标准。职业资格制度是重要的人才评价制度，职称制度是我国特有的专业技术人才评价制度。将人才评价纳入人才立法中予以规范，可以明确人才评价的原则导向，对于具体评价标准和评价程序的适用问题，可留给各个专门法规进行解决。

关于人才使用。人才使用管理的主体是用人单位，人才使用管理包括招聘、选拔、配置、调动、晋升等一系列管理过程。通过人才立法促进人才开发，主要是促进用人单位在人才使用过程中进行人才开发。立法具有倡导性，如提倡进行人才梯队建设，建立后备人才队伍，形成人才数据库，不拘一格降人才地选拔任用人才，大力保护知识产权等。

关于人才激励和保障。人才激励包含精神激励和物质激励，精神激励在制度中直接体现为表彰奖励，与荣誉奖励制度密切相关；物质激励包括薪酬、奖金、期权、股权等，与收入分配制度密切相关。人才保障包括社会保障和权益保障，社会保障包括养老、工伤、医疗、就业、生育等，与社会保障制度密切相关；人才权益保障涉及人才方方面面的权益，如工作时间、健康、安全、劳动条件、反歧视等方面的权益。人才立法有必要明确人才激励导向，明确人才应该获得保护的权益，为人才发展保留应有的空间。

关于人才流动。人才流动是指人才在地区、行业、岗位等方面的变动。它是按照人才的价值规律和社会要求所进行的空间动态调节。人才流动可以实现人才合理配置，提高人才使用效率。人才流动与人才市场直接联系，涉及户籍档案制度改革的问题。在人才立法中，应着眼于规范人才中介机构、人才派遣活动，进行诚信机制建设引导人才合理、正向、有序地流动。

三 人才综合立法的框架内容

人才综合立法的框架内容包括界定主体职责、规范人才开发各个环节、强化人才投入、推动区域合作、明确法律责任等。

（一）界定主体职责

在人才综合立法中界定主体职责，既包括政府与社会的职责划分，也包括党委与政府、政府各部门间、企业等用人单位在人才开发中的职责。政府在人才开发过程中，应当致力于人才管理体制机制的创新，提升人才管理服务水平，这也是创建服务型政府的要求之一。对于全社会而言，营造尊重人才的氛围，创造有利于人才集聚的社会环境，是政府的职责，更是全社会每个人的责任和义务。政府鼓励和支持有利于人才发展的环境建设，实现人尽其才、才尽其用。

各主体在人才工作中承担不同的责任，可采取不同的方式开展工作，其权利和义务也有明显的区分。通过立法界定各自的职责，有利于各主体有针对性地开展工作。随着我国人才管理体制改革的不断深入，政府宏观管理、市场有效配置、单位自主用人、人才自主择业的人才管理体制有待进一步完善。一方面，用人单位对人才主体地位尊重不够，不能坚持以人为本、以用为本的原则；另一方面，执行有关政策规定和创造性开展人才工作的结合存在问题。有必要激发用人主体创造性开展工作，对不符合本地实际的做法进行政策创新和改革。此外，目前行业组织比较弱，应当建立一种在人才开发中的行业自律机制。通过发挥行业的自律机制，来促进人才开发。行业组织可以确定人才标准，可以在自律机制、人才评价标准等方面发挥作用。

(二) 规范人才开发各个环节

人才工作离不开人才综合立法的顶层指导。在人才引进方面，人才综合立法可以有效改变当前政策碎片化、政出多门的现状，使得人才引进系统化、规范化。在人才培养方面，通过人才综合立法的顶层指导，有效改善目前人才培养与产业需求错位的现状。通过立法明确规定高校人才培养应当符合产业需求，要求学校在人才培养目标、课程设置以及教学方式等诸多方面应当转换思想，重视学生基本技能的培养。在人才使用评价方面，通过立法统一同行评价，确立人才使用评价规则，改变重学历轻能力、重资历轻业绩、重论文轻贡献的倾向。在人才流动方面，存在的体制性障碍需要通过法制建设予以突破。在人才激励保障方面，需要社会整体联动，完善制度体系，建立健全人才激励保障的法律制度。

(三) 强化人才投入

政府投入对人才的数量、质量、结构和配置产生重要的影响。

首先，立法明确投入增长。人才优先发展的重要标志是加大人力资本投入。人力资本投入主要包括"教育、研发、培训"，通常衡量人力资本投资的指标是人力资本投入占地区生产总值的比例。建立和完善人才优先投入机制，加大重大人才工程和人才开发项目的经费投入力度。完善体现人才价值的人才投入管理制度，明确并逐步提高重大人才工程、重大科研课题中人员经费的投入比重。

其次，立法鼓励多元化投入。人才投入的回报既有个体性又有社会性，因此，对于人才的投入，既不能完全由单位或个人投入，也不能完全由政府、社会投入，应当发挥政府、社会、用人单位和个人对人才投入的积极性,建立多元化的人才投资机制。比如政府主要负责基础性研究,应用性研究主要还是靠企业,政府投入的应该是"义务教育",而"高等教育"靠社会,政府投入的应该是"基础研究",而"应用研究"靠社会。用人单位是人才资源开发的主体,也是人才资源开发最大的受益者之一。财政拨款单位主要从工资总额占比的角度来界定人才开发费用的总量要求;经营性单位则从经营收入占比的角度来界定人才开发费用的总量要求。

最后,立法强制投入绩效评估等。人才投入要注重效益,只有取得收益才能更好地对人才进行投入,尤其是财政性人才投入资金,更加需要注重效益的评估。对于社会投入,也唯有让社会、企业意识到人才投入能够产生效益,才会更加自觉地加大人才投入。因此,人才开发综合立法当中可以明确,注重人才投入效益,对财政性人才投入资金的效益进行评估,以人才收益进一步促进人才投入。

（四）推动区域合作

人才开发综合立法可以明确推动区域合作,如珠三角地区与港澳之间的区域合作,珠三角地区可以发挥地缘优势,建立人才信息、人才流动和人才开发的合作平台,促使全社会运用合作平台,在人才开发平台建设、人才评价发现方式方法、人才信息共享交流、人才相关服务提供等方面开展交流互动活动。推动政产学研联合构建人才区域合作新模式,与港澳联合建设人才培训基地或合作培养平台,联合召开研讨会,开展合作研究,互派人员实地培训、考察或参会,通过互动交流等方式培养人才,形成联合培养机制。支持人才服务机构、行业协会与国（境）外机构加强业务交流与合作,形成以政府为引导、企业为主体、产业为依托、高校为平台、科研机构为载体、行业协会和中介组织为补充的全方位交融模式。

（五）明确法律责任

从法理上来看,人才综合立法属于以"软法"条款居多的法律。但是,"软法"条款居多并不意味着无须追究法律责任。相反,人才综合立法若要真正发挥促进作用,将更多地依赖于法律责任的落实。法律责任的落实可通过以下途径实现:首先,将人才开发工作纳入政府绩效考核当中,人才工作主管部门应当对人才开发工作的情况进行督查,对不落实人才开发法规、政策的,责令改正;拒不改正的,给予通报批评。其次,对从事人才开发工作的国家工作人员违反本条例，滥用职权、徇私舞弊，侵害用人单位和人才合法权益的，由所在单位或者上级主管部门给予行政处分；造成损失的，依法承担赔偿责任；构成犯罪的，依法追究刑事责任。再次，对用人单位违反国家法律法规、侵害各类人才合法权益的行为，应当依法予以纠正；对以人才开发为名从事非法活动的，提请有关部门依法予以取缔。复次，对人才中介机构弄虚作假的行为，情节严重者可责令停业整顿，并可吊销执业许可证。最后，人才诚信体系的建设也可以通过失信惩戒来落实人才违法的责任追究。

第三节　完善我国地方人才综合立法

我们从文本质量和实施实效两方面考察云南、宁夏、珠海三地的人才综合立法，不难发现云南、宁夏地处我国经济欠发达地区，且在国家规划纲要颁布之前就率先进行地方人才综合立法，希望通过立法来解决地方人才资源困境，推动经济发展的意图较为明显。但两地的人才综合立法在某种程度上似乎离最初的立法预期较远，有被束之高阁的感觉。珠海地处我国经济发达地区，是国家规划纲要之后颁布的第一个地方性人才法规，希望通过立法来促进人才开发工作，充分发挥人才基础性、战略性作用的意图较为明显。该地的人才综合立法成效较为显著，人才投入、国际引才等工作进展顺利。表面上，似乎地方人才综合立法的作用应当定位为锦上添花，而非雪中送炭。实际上，这反映出地方人才综合立法并非推动人才工作的尚方宝剑，也非一试即灵的灵丹妙药，而应当具备相应的条件方可发挥作用。

一　问题引导立法的同时需关注立法解决问题

立法的问题意识体现为针对问题立法，立法解决问题。[①] 云南、宁夏、珠海三地的人才综合立法均具备问题意识，前两者主要为解决人才资源的困境，后者主要为发挥人才作用，但实施后的效果却存在较大的差异。这说明，仅有问题意识并不能确保立法解决实际问题。前两者的立法

---

① 顾兆农：《针对问题立法　立法解决问题》，《人民日报》2013年12月11日。

文本中，对于如何解决人才资源的总量、结构、素质等问题仅泛泛而谈，缺乏具有可操作性的相关举措。珠海的立法文本则充分反映了问题引导立法、立法解决问题的核心思想。例如针对境外知名人才服务机构以变通的方式实际上在大陆地区进行独资经营①的现状，制定关于境外人才服务机构来珠海开展经营活动的规定，明确在合资基础上放宽独资经营，以促进人才服务发展，优化珠海人才环境。针对中高层人才对医疗资源的迫切需求，设定重要人才政府投保制度，有效地解决这一突出问题。

因此，问题引导立法意味着在准确把握问题的基础上，明晰问题有且仅有立法这一途径方能解决，并在立法文本中充分体现解决问题的思路。全面掌握本地人才需求，把握本地人才及人才工作现状，厘清本地通过立法需要解决的突出问题，通过立法文本指明问题解决之道，这是完善地方人才综合立法的首要条件。

二 立法基础完备的同时需突出人才工作的阶段特征

在问题引导立法的基础上，还需充分衡量本地进行人才综合立法所具备的条件。并非所有问题的解决都需要通过立法。"历来调整社会关系的手段多种多样，如市场机制、伦理道德、社会规范、行业自律、政府规章等。不同的手段调整不同类型的社会关系，只有那些带有普遍性、确定性、权利义务明确、需要国家强制力保障的关系，才适合运用法律的手段来调整。"② 例如，人才概念的界定和分类是人才立法当中的难点问题，人才界定标准的确定既要边界清晰、便于统计，又要考虑其与人力资源在层次上的交叉和模糊。云南、宁夏两地的人才综合立法出台之前，人才概念并未形成普遍性认识，处在不断发展的阶段。珠海条例则以地方立法的形式将《纲要》中对人才概念的界定和分类进行固化。

---

① 第十一条 开展人才中介或者相关业务的外国公司、企业和其他经济组织在中国境内从事人才中介服务活动的，必须与中国的人才中介服务机构合资经营。设立中外合资人才中介机构应当符合国家中外合资企业法律法规的规定，由拟设机构所在地省级政府人事行政部门审批，颁发许可证，并报人事部备案，同时按有关规定办理其他手续。香港特别行政区、澳门特别行政区、台湾地区的投资者在内地设立合资人才中介机构，参照前款执行。法律法规另有规定的，依照其规定执行。

② 闫鹏涛：《地方性法规论证要"过五关"》，中国人大网，2011年9月30日。

珠海在地方人才综合立法之前积累了较多的成功经验，出台了详细的政策性文件对相关问题进行规定。例如人才资金的管理和监督，早在2005年珠海出台《珠海市人才资源开发专项资金管理暂行办法》，对人才资源开发专项资金的额度、使用范围和方式、申报、评审和审批作了详细的规定。《珠海市高层次人才工作津贴和创业项目启动补贴暂行办法》规定，市人力资源社会保障局会同市科技工贸信息化局、市财政局、市审计局负责对高层次人才创业项目启动补贴资金的使用进行监督检查、追踪成效和绩效评价，保证资金的使用效益。

因此，就全国范围而言，各地经济发展水平不一，城市定位有明显的差异，人才及人才工作的主要矛盾完全不同。在启动地方人才综合立法之前，需明确本地人才及人才工作的基础，分析人才及人才工作的阶段特征，建立完备的人才综合立法基础，这是完善地方人才综合立法的必要条件。

三 主客观条件兼备方可表明立法时机成熟

立法时机成熟意味着立法具有可行性，问题清晰、基础完备并不必然代表立法时机成熟。博弈基础上的平衡性、科学上的可评估性、立法后的可执行性、立法后的可司法性[1]等均可在某种程度上衡量立法时机是否成熟。从云南、宁夏、珠海三地的比较不难看出，珠海的立法时机较前两者更为成熟，主要体现为：一是立法所涉及的重要理论问题已经界定清楚，如人才概念的界定等。二是立法所调整的社会关系范围比较清晰，人才立法所规范的对象基本清晰，政府在人才领域中的职责可以清楚界定、人才及用人单位的权利义务清晰明确。三是具备相关制度的配套作为保障。珠海在人才工作的各个环节均已形成较为完备的政策体系，立法出台之后，围绕立法出台了相关的配套文件，确保人才立法的各项措施得以实施。

因此，客观上有立法的实际需要，现有的政策体系存在不足且无法通过立法以外的手段予以弥补。主观上具备立法的能力，认识上基本能达成共识，实践中积累丰富经验。主观条件与客观条件同时满足，方能表明立法时机成熟。

---

[1] 于兆波：《立法必要性可行性的理论基础与我国立法完善——以英国立法为视角》，《法学杂志》2014年第11期。

参考文献

［美］彼得·德恩里科：《法的门前》，邓子滨译，北京大学出版社2012年版。

［英］丹尼斯·罗伊德：《法律的理念》，张茂柏译，新星出版社2005年版。

［美］曼昆：《经济学原理》，梁小民译，生活·读书·新知三联书店、北京大学出版社2001年版。

［美］博登海默：《法理学——法律哲学与法律方法》，邓正来译，中国政法大学出版社2004年版。

［德］康德：《法的形而上学原理——权利的科学》，沈叔平译、林荣远校，商务印书馆1991年版。

［美］L.亨金：《权利的时代》，信春鹰、吴玉章等译，知识出版社1997年版。

［美］罗纳德·德沃金：《认真对待权利》，信春鹰、吴玉章译，中国大百科全书出版社1998年版。

［英］洛克：《政府论（下篇）——论政府的真正起源、范围和目的》，叶启芳、瞿菊农译，商务印书馆2015年版。

［美］艾伦·德肖维茨：《你的权利从哪里来？》，黄煜文译，北京大学出版社2014年版。

《毛泽东文集》第6卷，人民出版社1999年版。

《建国以来重要文献选编》第1册，中央文献出版社1992年版。

《邓小平文选》第2卷，人民出版社1994年版。

罗豪才、宋功德：《软法亦法——公共治理呼唤软法之治》，法律出版社

2009 年版。

应松年：《当代中国行政法》（下卷），中国方正出版社 2005 年版。

余兴安：《激励的理论与制度创新》，国家行政学院出版社 2004 年版。

吴浩、李向东：《国外规制影响评估制度》，中国法制出版社 2010 年版。

胡建淼：《行政法学》，法律出版社 1998 年版。

夏勇：《走向权利的时代：中国公民权利发展研究》，中国政法大学出版社 1997 年版。

何志鹏：《权利基本理论：反思与构建》，北京大学出版社 2012 年版。

唐志敏：《人才配置与人才市场》，党建读物出版社 2008 年版。

瞿同祖：《中国法律与中国社会》，中华书局 2003 年版。

夏勇：《权利哲学的基本问题》，《法学研究》2004 年第 3 期。

张恩蓉：《非行政许可审批现象初探》，《求索》2013 年第 3 期。

袁曙宏、韩春晖：《社会转型时期的法治发展规律研究》，《法学研究》2006 年第 4 期。

于兆波：《立法必要性可行性的理论基础与我国立法完善——以英国立法为视角》，《法学杂志》2014 年第 11 期。

郭庆珠：《规划行政：现代行政法的时代课题与挑战》，《河北法学》2008 年第 9 期。

陈保中等：《行政规划理论与实践若干问题研究》，《政府法制研究》2009 年第 10 期。

秦前红：《法律监督专门化立法的时机和可行性分析》，《人民检察》2011 年第 9 期。

王世洲：《我国技术移民法核心制度的建立与完善》，《中外法学》2016 年第 6 期。

石佑启：《论地方特色：地方立法的永恒主题》，《学术研究》2017 年第 9 期。

程干远：《对人才立法几个理论问题的探讨》，《中国法学》1987 年第 4 期。

姜晓萍：《我国人才市场发展过程中的政府职能转变与制度创新》，《新视野》2006 年第 5 期。

丁艳丽：《战略性新兴产业以人才立身》，《中国人才》2013 年第 4 期。

刘追、邢春雷:《美国人力资源战略》,《中国行政管理》2011年第4期。

杨东风、张晓欣:《专业技术人才评价与政府职能作用发挥》,《人才资源开发》2013年第10期。

王亚平:《论地方性法规的质量评价标准及其指标体系》,《人大研究》2007年第2期。

俞荣根:《不同类型地方性法规立法后评估指标体系研究》,《现代法学》2013年第5期。

谢晖:《论法律实效》,《学习与探索》2005年第1期。

刘宗坤:《移民政策与国家利益:美国职业移民中的国家利益豁免条款》,刘国福、刘宗坤主编:《出入境管理法与国际移民》,法律出版社2013年版。

潘俊武:《论英国移民法改革对中国移民法建设的启示》,《河北法学》2010年第1期。

《〈珠海经济特区人才开发促进条例〉实施二周年珠海加速形成具有国际竞争力的人才优势》,载《珠海特区报》2015年12月2日。

顾兆农:《针对问题立法 立法解决问题》,《人民日报》2013年12月11日。

吴江:《人才流动要以市场调节为主、政府调配为辅》,2010年6月1日人民网—理论频道。

顾海兵:《建议弃用人才概念》,《南方周末》2007年7月12日,第E31版。

盛若蔚:《2003年全国人才工作会议以来我国人才发展纪实》,人民网,2010年5月25日。

吴江:《人才概念新内涵》,《中国组织人事报》2010年6月25日。

朱芳:《给力!珠海6年人才政策3次"升级"》,《珠海特区报》2017年10月13日。

闫鹏涛:《地方性法规论证要"过五关"》,中国人大网,2011年9月30日。

INSEAD (2016): The Global Talent Competitiveness Index 2017, Fontainebleau, France. First edition, printed December 2016.

中国人事科学研究院学术文库
已出版书目

《人才工作支撑创新驱动发展——评价、激励、能力建设与国际化》
《劳动力市场发展及测量》
《当代中国的行政改革》
《外国公职人员行为及道德准则》
《国家人才安全问题研究》
《可持续治理能力建设探索——国际行政科学学会暨国际行政院校
　联合会 2016 年联合大会论文集》
《澜湄国家人力资源开发合作研究》
《职称制度的历史与发展》
《强化公益属性的事业单位工资制度改革研究》
《人事制度改革与人才队伍建设（1978—2018）》
《人才创新创业生态系统案例研究》
《科研事业单位人事制度改革研究》
《哲学与公共行政》
《人力资源市场信息监测——逻辑、技术与策略》
《事业单位工资制度建构与实践探索》
《文献计量视角下的全球基础研究人才发展报告（2019）》
《职业社会学》
《职业管理制度研究》
《人力资源开发法制建设研究》